EDIÇÕES VIVA LIVROS

Não se deixe manipular pelos outros

Doutor em psicologia, Wayne W. Dyer é especialista em desenvolvimento pessoal. É muito requisitado em programas de rádio e TV nos Estados Unidos, além de reconhecido internacionalmente por suas inúmeras palestras e dezenas de livros já publicados. Presença constante na lista de best-sellers de todo o mundo, é autor de *Seus pontos fracos*, *A verdadeira magia*, *A força da intenção*, entre outros.

Wayne W.

DYER

Não se deixe manipular pelos outros

Tradução de
RUY JUNGMANN

3ª edição

viva livros

RIO DE JANEIRO – 2024

CIP-BRASIL. CATALOGAÇÃO NA PUBLICAÇÃO
SINDICATO NACIONAL DOS EDITORES DE LIVROS, RJ

Dyer, Wayne W., 1940-
D994n Não se deixe manipular pelos outros / Wayne W. Dyer;
3ª ed. tradução Ruy Jungmann; [prefácio de Susan Dyer]. – 3ª ed. – Rio de Janeiro: Viva Livros, 2024.
12 × 18 cm.

Tradução de: Pulling Your Own Strings
ISBN 978-85-8103-051-7

1. Autorrealização (Psicologia). I. Título.

13-07572 CDD: 158
CDU: 159.947

Não se deixe manipular pelos outros, de autoria de Wayne W. Dyer.
Título número 081 da Coleção Viva Livros.
Texto revisado conforme o Acordo Ortográfico da Língua Portuguesa.

Título original norte-americano:
PULLING YOUR OWN STRINGS

www.vivalivros.com.br

Design de capa: Marianne Lépine sobre imagem Getty Images (© Meriel Jane Waissman, "Business Man Puppet Manipulated by Giant Woman's Hand").

Nota do editor: Este livro foi publicado originalmente em 1978, nos Estados Unidos. Nesta edição de bolso optou-se por eliminar trechos do capítulo intitulado "Ensine aos demais como quer ser tratado", em particular questões que dizem respeito a escolhas conjugais.

Impresso no Brasil

ISBN 978-85-8103-051-7

Para Susan Elizabeth Dyer,
na presença dela posso pensar em voz alta.

Sumário

Prefácio

Susan Dyer

Grande parte do que aqui se discute diz respeito ao meu desenvolvimento como adulta que toma decisões e é voltada para a ação.

Como professora e conselheira de estudantes com deficiência auditiva, trabalho com numerosos jovens que são mais prejudicados por falta de autoconfiança que pela incapacidade física. Friso com eles a importância de a pessoa sentir-se no comando de si mesma, antes de poder assumir o controle de uma situação. Em seguida, meus alunos, aos poucos, assumem a árdua tarefa de aceitar riscos, desde comportamentos práticos, como fazer um pedido num restaurante em vez de esperar que um colega sem deficiência faça por eles, a atos psicológicos internos, como a decisão de uma estudante do ensino médio de ingressar num curso preparatório para a faculdade, tornando-se a primeira pessoa em sua família a vislumbrar tais níveis acadêmicos. É grande o desafio que ela enfrenta, mas não menor a sua confiança.

Muitos de nós prejudicamo-nos mentalmente e nos vitimamos devido a sistemas de crenças. Limitamo-nos a buscar segurança, sem nos dar conta da facilidade com que outros podem nos confinar ainda mais, utilizando, contra nós, nossas limitações. Um exemplo pessoal foi o de superação das alergias que sofria.

Continuar a sofrer com essas alergias como adulta significava corresponder ao rótulo de pessoa delicada, que me tornara centro de grandes atenções numa família muito ativa. Fungadelas imediatas também me livravam de numerosas situações de risco, tais como esportes ao ar livre (grama, árvores, pólen), em que me sentia fisicamente incapaz, ou de festas com muita gente, em que minha reação alérgica à fumaça de cigarros era, na realidade, um ataque de timidez. Meu alergista jamais dedicou um momento sequer a examinar meu perfil psicológico. Contentava-se com meu programa de visitas semanais ao consultório.

Logo que comecei a compreender que obter independência implicava não ser delicada nem vítima de meus próprios receios de rejeição, acabaram-se as injeções e começaram os esportes e as novas amizades.

Todos os dias enfrento desafios. Os exemplos diários incluem lidar com autoridades de escolas públicas, a fim de obter melhores colocações para estudantes com deficiência auditiva, tratar com vendedores que me prestam maus serviços, atender parentes que esperam de mim atitudes diferentes do que eu mesma espero, e desafiar o que sou a fim de tornar-me o que resolvi ser.

Este livro é dedicado a mim e muitos dos exemplos aqui citados são pessoais. Todas as mensagens aqui expostas são para mim e para você, também! Leia, cresça, aproveite!

Introdução

A filosofia de não vitimação

Um menininho voltou para casa, vindo da escola, e perguntou à mãe: "Mamãe, o que é um elefante perturbador?"

Perplexa, a mãe indagou por que ele estava fazendo uma pergunta como aquela.

O pequeno Tommy respondeu: "Ouvi minha professora dizer à diretora que eu era o elefante perturbador da classe."

A mãe de Tommy telefonou para a escola e pediu uma explicação. A diretora riu. "Não, não. A professora de Tommy me disse, depois da aula, que ele era o *elemento perturbador* da classe."

Este livro foi escrito para quem quer estar no comando total de sua vida, incluindo os independentes, os rebeldes, os "elefantes perturbadores" do mundo. Destina-se àqueles que não agirão automaticamente de acordo com os planos dos outros.

A fim de levar a vida da maneira que quer, você tem de ser um pouco rebelde. Tem de estar disposto a resistir. Isto pode ser um tanto perturbador para aqueles que têm fortes interesses em controlar seu comportamento; mas, se estiver disposto, descobrirá que ser você mesmo, não permitindo que outros pensem por você, constitui uma maneira alegre, digna e absolutamente satisfatória de viver.

Você não precisa ser um revolucionário, mas apenas um ser humano que diz ao mundo, e a todas as pessoas que nele vivem: "Vou ser independente e vou resistir a todos aqueles que tentarem me deter."

Diz uma canção popular:

> A vida é bela...
> Enquanto eu seguro seus cordões.
> Eu seria um joão-ninguém...
> Se em qualquer momento os soltasse...

Este livro ensina a não soltar os cordões. Destina-se àqueles que repelem a ideia de serem manipulados por outras pessoas dispostas a pôr fim a sua independência. É para aqueles que querem sua liberdade mais que qualquer outra coisa. E é principalmente um livro para os que têm um pouco de espírito de liberdade na alma, que querem circular sem restrições por este planeta.

Muitas pessoas preferem seguir normas a assumir o comando da própria vida. Se não se importa que os outros o governem, este livro não é para você. Ele é um manual sobre mudança e o que fazer para que elas ocorram. E propõe algumas ideias muito controvertidas e provocadoras.

Muitos considerarão essas ideias contraproducentes e me acusarão de estimular pessoas a se tornarem rebeldes e desdenhosas com as autoridades constituídas. A esse respeito não uso meias palavras – acho que, com frequência, deve-se ser assertivo, até mesmo combativo, para não ser vitimado.

Sim, penso que muitas vezes você precisa ser irracional, "insubordinado", com pessoas que tentam manipulá-lo. Proceder de outro modo implica ser vitimado e o mundo está cheio de pessoas que adorariam que você se comportasse da maneira mais conveniente para elas.

Um tipo especial de liberdade estará à sua disposição se quiser assumir os riscos de obtê-la: a liberdade de vaguear por onde quiser no terreno da vida, de tomar *todas* as decisões. O aspecto fundamental é que o indivíduo tem o direito de decidir como quer viver e que, enquanto o exercício desse direito não infringir os direitos dos demais, todas as pessoas ou instituições que interferirem devem ser consideradas como vitimadoras. Este livro foi escrito para quem acha que sua vida é excessivamente controlada por forças que fogem ao seu comando.

A vida de cada pessoa é única, separada de todas as demais, no sentido experimental mais autêntico. Ninguém mais pode viver sua vida, sentir o que você sente, entrar em seu corpo e experimentar o mundo como você. Ela é única e preciosa demais para que deixe alguém se aproveitar dela. É simplesmente lógico que *você* deva resolver como vai agir, e sua ação deve dar-lhe a alegria e o senso de realização de ter o controle da própria vida, e não a dor e o sofrimento da vitimação. Este livro tem por objetivo ajudar os leitores, homens ou mulheres, a obter controle total de suas vidas.

Praticamente todos sofrem alguma forma de dominação desagradável, que não deve continuar nem muito menos ser defendida, como muitos fazem inconscientemente. A maioria das pessoas sabe muito bem o que é ser mandada, manipulada, forçada a assumir determinada conduta ou crença contra sua vontade. Os problemas da vitimação tornaram-se tão agudos e gerais que, por todo o país, jornais abriram espaço para colunas a fim de ajudar pessoas que estão sendo maltratadas. "Telefones diretos", "linhas diretas" e outros tipos de serviço público constituem tentativas de transpor a burocracia, que é parte tão expressiva do processo de vitimação, e buscam obter resultados. Programas locais de televisão apresentam advogados de consumidores e auditores de comunidade, com a missão de encaminhar queixas. O governo instituiu órgãos de proteção e muitas comunidades possuem outros serviços que tentam combater formas mais localizadas de vitimação.

Embora tudo isso seja louvável e valioso, representa apenas um ínfimo avanço no processo de combate à vitimação e é, em sua maior parte, ineficaz, porque enfatiza culpar os vitimadores ou conseguir que alguém defenda a vítima, ignorando o ponto principal: que pessoas são vitimadas porque esperam ser maltratadas e, quando isto ocorre, não ficam surpresas.

É quase impossível vitimar pessoas que não esperam ser subjugadas e que estão dispostas a protestar contra aqueles que as querem dominar, qualquer que seja a maneira. O problema de ser vitimado é *seu*, não das pessoas que aprenderam a manipulá-lo. Este livro põe em foco você, a pessoa que tem de resistir. Foi escrito com a finalidade de ser útil ao leitor. Eu disse a mim mesmo: "Se determinado exemplo não puder ser útil, deixe-o de fora." Incluí alguns casos a fim de lhe dar ideias mais concretas das maneiras de evitar as numerosas armadilhas preparadas para vitimá-lo, e sugiro algumas estratégias e técnicas específicas com o objetivo de ajudá-lo a superar velhos hábitos de vítima. Questionários são oferecidos para ajudá-lo a avaliar seu próprio comportamento como vítima.

Todos os capítulos foram escritos em torno de um grande princípio, ou diretriz, que o ensina a não se deixar subjugar. Todos contêm instruções antivitimação, exemplos de como os vitimadores do mundo trabalham para impedir que você as use, exemplos e táticas especiais que visam ajudá-lo a se ajudar.

Cada capítulo vai auxiliá-lo a adotar um comportamento firme de não vítima.

Acredito que você irá obter grande proveito com a leitura deste livro. Mas se acredita que o livro vai libertá-lo, você já é vítima de suas próprias ilusões antes mesmo de começar a ler. Você, e só você, deve decidir se aceitará as sugestões e se as transformará em comportamento construtivo.

Pedi a um amigo e poeta muito talentoso que escrevesse algo especial sobre o processo de ser vitimado, da forma como é discutido neste livro. De maneira sucinta, Gayle Spanier Rawlings resume a mensagem de não vitimação, que tentamos transmitir nestas páginas.

Guiando a própria vida

Somos ligados
de maneiras invisíveis
aos nossos medos,
somos o títere
e o titereiro,
as vítimas de nossas
expectativas.
Fios de seda puxam,
braços e pernas
mexem-se e se sacodem.
Dançamos de acordo com a música
de nossos medos,
corpos encolhidos por dentro,
crianças escondendo-se, fingindo,
sob pedras,
por trás daquela árvore,
em algum lugar, em toda parte,
não o que controlamos.
Assuma o controle,
entre no seu corpo
e no compasso da vida
corte suas amarras,
estenda a mão para o desconhecido,
caminhe pela escuridão,
abra os braços
para o abraço do ar,
transforme-os em asas
que voam.

GAYLE SPANIER RAWLINGS

As palavras de Gayle transmitem a beleza de ser livre. Tomara que você aprenda o caminho para sua própria saúde e felicidade e que pratique um pouco desse maravilhoso comportamento altivo.

1
Declarando-se uma não vítima

Não há essa tal coisa
de escravo bem ajustado.

Você nunca mais precisará ser uma vítima. Nunca mais! Mas, a fim de viver como não vítima, você deve fazer um implacável exame de consciência e aprender a reconhecer as numerosas situações em que outras pessoas assumem o controle da sua vida.

Sua postura de antivitimação envolverá muito mais que simplesmente decorar algumas técnicas assertivas e assumir alguns riscos, quando outras pessoas conspirarem para manipular ou controlar seu comportamento. Você provavelmente já notou que a Terra parece ser um planeta onde praticamente todos os habitantes fazem tentativas repetidas de controlar os demais. E criaram instituições estranhas e altamente competentes neste trabalho de regulamentação. Mas se você está sendo governado contra sua vontade ou contra o que julga melhor, você é uma vítima.

É perfeitamente possível evitar as armadilhas que o transformam em vítima, sem que você mesmo tenha de recorrer a um comportamento vitimador. Para tanto, você bem pode começar por redefinir o que espera de si mesmo durante sua curta visita a este planeta. Recomendo que inicie seu trabalho esperando ser uma não vítima e examinando com mais cuidado a maneira como se comporta como vítima.

O QUE É UMA VÍTIMA?

Você está sendo vítima em todas as ocasiões em que descobre que não controla sua vida. A palavra-chave aqui é CONTROLE. Se não está no controle, você está sendo manipulado por alguém ou por alguma coisa. E pode ser vitimado de incontáveis maneiras.

A vítima, da forma descrita aqui, acima de tudo não é alguém que, em razão de alguma atividade criminosa, está sendo explorado. Você pode ser roubado ou espoliado de formas muito mais danosas quando, em virtude da ação das forças do hábito, renuncia a seus controles emocionais e comportamentais no curso da vida diária.

Vítimas são, em primeiro lugar, pessoas que levam a vida de acordo com a vontade de outros. Descobrem que fazem coisas que realmente não querem, ou que estão sendo manipuladas e conduzidas para atividades desnecessárias e sacrificantes, que geram ressentimento. Ser vitimado, da forma empregada aqui, significa ser governado e controlado por forças externas a você. Mas, embora essas forças estejam indubitavelmente presentes em nossa cultura, VOCÊ RARAMENTE PODE SER VITIMADO, A MENOS QUE PERMITA QUE ISSO ACONTEÇA. Sim, pessoas se vitimam de numerosas maneiras ao longo de suas atividades diárias.

As vítimas quase sempre partem de uma posição de fraqueza. Deixam-se ser dominadas e empurradas de um lado para outro porque, com frequência, acham que não são suficientemente inteligentes ou fortes para dirigir sua própria vida. Por isso mesmo, confiam suas decisões a alguém supostamente mais inteligente ou mais forte, em vez de serem assertivas.

Você é vítima quando a vida que leva não se desenvolve em seu benefício. Se está se comportando de maneira autodestrutiva, se você se sente infeliz, desorientado, magoado, apreensivo, temeroso de ser você mesmo ou em qualquer estado semelhante, que o imobilize, se não está se realizando ou se julga que vem sendo manipulado por forças externas, então você é uma vítima; e sustento que sua própria vitimação em hipótese alguma merece ser defendida. Se concorda com essa opinião, você pode perguntar: "O que posso fazer para evitar ser vítima? O que significa liberdade?"

O QUE É LIBERDADE?

Ninguém recebe liberdade numa bandeja. Você mesmo tem de conquistar a sua. Se alguém a concede, não é liberdade, mas a esmola de um benfeitor que, invariavelmente, pedirá algo em troca.

Liberdade significa que não há obstáculo para que você dirija sua vida da maneira que quiser. Menos que isso, será uma forma de escravidão. Se você não pode, sem restrições, fazer opções, viver como quiser, fazer o que quiser com seu corpo (contanto que seu prazer não interfira na liberdade de mais alguém), então você não exerce o comando de que estou falando e, em essência, está sendo vitimado.

Ser livre não implica renegar suas responsabilidades com seus entes queridos e seus concidadãos. Na verdade, inclui a liberdade de resolver ser responsável. Mas, em lugar nenhum, está escrito que você tem de ser o que os demais querem que seja, quando os desejos deles forem de encontro aos seus. Você pode ser responsável e livre. As pessoas que tentarão lhe dizer que você não pode, que rotularão de egoísta sua campanha pela liberdade serão aquelas que têm algum grau de autoridade sobre sua vida e, na realidade, protestarão contra a ameaça que você passa a representar para os grilhões que permitiu que elas lhe impusessem. Se conseguirem fazê-lo se sentir egoísta, terão contribuído para que se julgue culpado e, mais uma vez, para imobilizá-lo.

Em suas *Dissertações*, o antigo filósofo Epicteto escreveu: "Só é livre aquele que é senhor de si mesmo."

Releia com todo cuidado a citação. Por essa definição, se não é o senhor de si mesmo, você não é livre. Não é preciso ser poderoso e exercer influência sobre os demais para ser livre, nem intimidá-los ou forçá-los à submissão para provar sua superioridade.

As pessoas mais livres deste mundo são as que possuem o senso de paz interior. Elas simplesmente se recusam a ser influenciadas pelos caprichos dos demais e, com tranquila eficiência, dirigem a própria vida. Essas pessoas estão livres de definições de papéis, segundo os quais têm de se comportar desta ou daquela maneira por serem pais, empregadores, norte-americanos, ou mesmo adultos; gozam da liberdade de respirar o ar que escolheram, onde escolheram, sem a preocupação de como os demais se sentem a respeito de suas decisões. Responsáveis, sim, mas não escravas de interpretações egoístas do que seja a responsabilidade.

Liberdade é algo em que você tem de insistir. À medida que prosseguir na leitura deste livro, você notará o que, à primeira vista, talvez pareçam banalidades sem relações com vitimação, impostas pelos demais, mas que, na verdade, são esforços para manipulá-lo e limitar sua liberdade, ainda que isso se dê por breves momentos e de maneira muito sutil.

Você escolhe a liberdade quando começa a elaborar uma lista de atitudes e de comportamentos de não vítima em todos os momentos de sua vida. Na verdade, a libertação, e não a escravidão às circunstâncias, transformar-se-á num hábito interior quando você praticar a conduta que exige liberdade.

Talvez a melhor maneira de conseguir liberdade na vida seja ter em mente a seguinte diretriz: jamais deposite confiança total em alguém que não você mesmo, quando o assunto é dirigir sua vida. Ou como disse Emerson em *Self-Reliance*: "Nada, além de você mesmo, pode trazer-lhe paz."

Trabalhando com clientes há anos, ouço com frequência os seguintes lamentos: "Ela prometeu me ajudar, mas me deixou na mão." "Eu sabia que não devia ter deixado que ele se encarregasse desse assunto, principalmente porque significava nada para ele e significava tudo para mim." "Eles faltaram comigo, outra vez. Será que jamais vou aprender?" Tais são os tristes arrependimentos de clientes que permitiram que outras pessoas os vitimassem de alguma maneira e, em consequência, cerceassem sua liberdade.

Mas toda esta conversa sobre liberdade não pretende, de modo algum, insinuar que você deva isolar-se dos demais. Ao contrário, as não vítimas são quase sempre pessoas que se divertem na companhia de outras. Comportam-se de maneira animada e sociável e sentem-se muito seguras em seus relacionamentos porque se recusam a permitir que suas vidas sejam dirigidas por manipuladores. Não precisam de rispidez nem de posturas cansativas porque aprenderam a sentir, de dentro, que "esta é minha vida, só eu posso experimentá-la e é muito curto meu tempo na Terra. Não posso ser propriedade de ninguém. Preciso estar sempre alerta para qualquer tentativa de me privar do direito de ser eu mesmo. Se me ama, você me ama pelo que sou, não pelo que você quer que eu seja".

Mas de que modo pode essa "liberdade sadia" ser extraída de uma experiência de vida repleta de hábitos de vítima, cultivados pelas tendências vitimadoras da sociedade e de seu próprio passado?

Desvencilhando-se de seus hábitos de vítima

Quando criança, você foi com frequência vitimado por sua família em virtude, simplesmente, de sua experiência. Embora se queixasse a si mesmo, sabia também que havia pouco a fazer para assumir o controle de sua vida. Sabia que não tinha meios de se sustentar e que, se não seguisse os planos traçados pelos mais velhos, as boas alternativas que lhe restariam seriam muito poucas. Bastaria tentar fugir de casa por vinte minutos para ver como ficaria desamparado sozinho. Nessas condições, você baixou a cabeça, aprendeu a aceitar sua situação. Na verdade, o fato de os mais velhos ditarem o que você devia fazer era uma providência muito sensata, uma vez que, na realidade, você era incapaz de pôr em prática quaisquer outras alternativas. E, mesmo que se esforçasse para obter alguma independência, muitas vezes aceitava, contente, que outros pensassem por você e lhe dirigissem a vida.

Como adulto, você talvez ainda esteja conservando muitos hábitos residuais da infância, que faziam sentido naquela ocasião, mas que o transformam agora numa vítima fácil. Pode estar sendo intimidado por um "cara importante", e ter se acostumado tanto, que permite tal situação simplesmente por hábito.

Sair de suas armadilhas de vitimação implica, acima de tudo, desenvolver novos hábitos. Hábitos sadios são aprendidos da mesma maneira que os nocivos: pela prática e depois de você tomar consciência do que vai praticar.

Muito embora você não precise fazer tudo sempre a seu modo, pelo menos pode esperar não estar aborrecido, imobilizado ou apreensivo em todas as circunstâncias da vida. Resolvendo erradicar as perturbações internas, você elimina um grande hábito de vítima, que é sempre imposto por você mesmo.

Eliminar as armadilhas de vitimação em que você é aprisionado ou controlado pelos demais, ou em que se sente desnecessariamente frustrado com a maneira como resultam as decisões que toma, implica um programa em quatro etapas: 1) aprender a avaliar as situações; 2) desenvolver um forte conjunto de expectativas e atitudes de não vítima; 3) tornar-se consciente dos tipos mais comuns de vitimação em sua vida e em nossa cultura; e 4) formular um conjunto de princípios que o orientem na formulação de estratégias detalhadas para a prática de uma filosofia de vida fundamentada na ideia inalterável de que você não se tornará vítima. Os números 1, 2 e 3 são estudados de modo resumido neste capítulo. O número 4 é tratado nos capítulos posteriores, que discutem sucessivas diretrizes para que você assuma sua nova postura de não vítima.

Avaliando as situações

Avaliar as situações potencialmente vitimadoras, antes de resolver o que fazer a respeito delas, é de importância crucial para não se tornar vítima. Em todas as ocasiões em que estiver prestes a ingressar numa interação social, é preciso que tenha os olhos bem abertos, de modo a evitar ser envolvido em um possível drama de vitimação.

Analisar a situação significa estar alerta e desenvolver um novo tipo de inteligência que, naturalmente, evita que você seja objeto de abuso. Isso implica avaliar as necessidades das pessoas com quem vai estabelecer contato e prever que curso de ação será o melhor para que alcance seus objetivos: um dos quais deve ser cultivar pessoas dispostas a respeitar sua posição. Antes mesmo de abrir a boca ou aproximar-se de alguém, numa situação na qual pode tornar-se vítima, você pode prever os tipos de comportamento vitimador que talvez encontre. Uma avaliação eficaz é crucial, se quiser evitar situações que o forcem a ações que vão de encontro ao que você quer.

George, por exemplo, vai devolver uma calça defeituosa a uma loja de departamentos. Avalia o vendedor como uma pessoa ríspida e exausta. A única coisa que quer é seu dinheiro de volta, e não um encontro desagradável com um vendedor cansado ou zangado. Sabe que se tiver um encontro desagradável ou, pior ainda, sem resultado, com o vendedor, será ainda mais difícil convencer o gerente da loja, uma vez que ele não vai querer desconsiderar a autoridade de seu empregado, cujo trabalho consiste, entre outras coisas, em cumprir com rigor a política da empresa de não aceitar devoluções. O vendedor, por sua vez, talvez seja também uma grande vítima, que nada mais fez que cumprir a orientação da empresa numa política que é pago para defender.

Assim, George dirige-se ao gerente, cujo trabalho é o de abrir exceções à regra caso seja absolutamente obrigado a isso. George talvez termine perguntando aos berros se é política da loja vitimar os clientes, mas, se jogar bem suas cartas, muito provavelmente receberá seu dinheiro de volta e não terá de recorrer a nenhum tipo de comportamento grosseiro.

O último capítulo deste livro trata de numerosas situações típicas da vida diária, parecidas com essa, e mostra como vítimas e não vítimas as enfrentam.

Avaliar devidamente situações envolve não só manter os olhos abertos, mas ter também um conjunto de planos e executá-los com todo o cuidado. Se o seu plano inicial, o Plano A, fracassar, você deve passar friamente para o Plano B, o Plano C etc. No caso anterior, se o gerente se recusar a cooperar e a devolver o dinheiro de George, ele poderá passar para o Plano B, que poderá ser uma conversa com o proprietário ou uma carta aos altos escalões de administração da empresa, talvez um tom de voz elevado (sem tornar-se imobilizado pela raiva), uma raiva extrema fingida, berros, ou ainda um colapso nervoso encenado ali mesmo na loja, súplicas, ou qualquer outra coisa.

Mas, qualquer que seja o plano, você jamais deverá investir seu respeito próprio no sucesso ou fracasso final dele. Simplesmente, mude de marcha, quando necessário, sem se tornar emocionalmente envolvido. O objetivo de George é simplesmente a devolução de seu dinheiro. O seu talvez seja obter os ingressos que quer ou ter o bife passado da maneira como deseja. Qualquer que seja a meta, ela é apenas algo que você quer realizar, e fracassar ou ter sucesso num dado dia não constitui indicador de seu próprio valor ou de sua felicidade como pessoa.

O ato de avaliar experiências de vida será mais fácil se você conservar os ouvidos atentos para as palavras e frases que usa, tanto em seus pensamentos como na fala, e que quase sempre avisam que você está pedindo para ser vitimado. Vejamos alguns dos pensamentos mais comuns que terão de ser modificados, se você quiser realmente deixar a fileira das vítimas.

- *Eu sei que vou perder.* Esse tipo de atitude mental certamente vai lhe garantir um lugar na lista de vítimas disponíveis de alguém. Se resolver acreditar que vai ganhar o que merece, você não vai tolerar o pensamento de perder.

- *Fico nervoso toda vez que tenho de enfrentar alguém.* Se espera ficar nervoso, você raramente se decepcionará. Mude essa atitude para a seguinte: "Recuso-me a permitir que alguém me deixe nervoso, e eu não vou ficar nervoso."

- *O joão-ninguém nunca tem uma chance.* Você não é um joão-ninguém, a menos que acredite nisto. Este tipo de pensamento mostra que você se colocou no lado perdedor, contra o cara que você mesmo transformou num tipo importante. Ingresse em todas as situações com a esperança de atingir seus objetivos.

- *Vou mostrar àqueles calhordas que eles não podem passar a perna em mim.* Isto pode parecer duro, mas com esse tipo de atitude você perde quase sempre. Seu objetivo não é mostrar coisa alguma a ninguém, mas conseguir qualquer que seja o benefício concreto de que o vitimador o quer privar. Quando seu objetivo se torna "mostrar a eles", você já lhes permitiu controlá-lo. (Ver o capítulo 5 sobre a arte de ser discretamente eficiente.)

- *Tomara que eles não fiquem chateados comigo por pedir.* Preocupar-se com a possibilidade de que eles fiquem chateados mostra, mais uma vez, que você está sob o controle deles. Logo que as pessoas descobrem que você é intimidado pela raiva delas, usam-na para vitimá-lo em todas as ocasiões em que possa dar certo.

- *Provavelmente, eles vão pensar que sou estúpido se eu contar o que fiz.* Nesse caso, você tornou a opinião de alguém mais importante que a opinião que faz de si mesmo. Se pode ser manipulado pelos demais porque eles sabem que você não quer ser considerado estúpido, eles certamente lançarão aquele olhar de você-é-um-estúpido para vitimá-lo.

- *Tenho medo de magoar os sentimentos deles se fizer o que quero.* Esse é outro caminho que quase sempre o deixará na pior situação. Se os demais souberem que podem manipulá-lo deixando-se magoar, isto será exatamente o que vão fazer todas as vezes que você sair da linha ou declarar sua independência. Noventa por cento dos sentimentos feridos são estratégias da parte do magoado. As pessoas utilizarão sem cessar seus sentimentos se você for ingênuo o bastante para aceitar isso. Só vítimas dirigem suas vidas com base na premissa de que têm de verificar sempre se estão ferindo os sentimentos dos demais. Isso não constitui licença para ser obstinadamente desatencioso, mas apenas consiste na compreensão, bem fundamentada em fatos, de que as pessoas deixam geralmente de ter sentimentos feridos quando compreendem que não podem mais usá-los para manipular alguém.

- *Não posso fazer isso sozinho. Vou pedir a alguém que não tenha medo para fazer por mim.* Reações como essa não lhe ensinarão coisa alguma e, provavelmente, prejudicarão seus esforços para construir uma personalidade de não vítima. Se deixar que outras pessoas enfrentem suas batalhas, você simplesmente se tornará mais competente em evitar suas próprias brigas e reforçar o medo de ser você mesmo. Além do mais, quando outras pessoas competentes em vitimá-lo descobrem que você tem medo de enfrentar seus próprios desafios, elas, na vez seguinte, simplesmente ladearão sua estratégia de apelar para o irmão mais velho e vão impor novamente sua vontade.

- *Eles definitivamente não deviam fazer isso. Não é justo.* Aqui você está julgando a situação segundo a maneira como gostaria que o mundo fosse, e não da maneira como ele é. As pessoas simplesmente agem de modo injusto, e não gostar disso, ou mesmo queixar-se, em nada ajudará a detê-las. Esqueça suas conclusões morais sobre o que elas deviam estar fazendo e, em vez disso, diga: "Elas estão fazendo isso e vou enfrentá-las da seguinte maneira, para não deixá-las impunes, para que não tentem novamente."

Esses são apenas alguns tipos muito comuns de pensamentos vitimadores que o levarão à ruína pessoal.

Avaliando sua postura e a cultura em que vive, você pode: 1) prever situações com eficácia; 2) eliminar dúvidas sobre si mesmo; 3) implementar os Planos A, B, C etc.; 4) recusar-se terminantemente a ser perturbado ou imobilizado em seu progresso e 5) perseverar até obter o que busca. Certifique-se de que está bem adiantado no caminho para eliminar pelo menos 75 por cento de sua vitimação, adotando essa estratégia e, até o fim da vida, quando não puder atingir suas metas, você poderá aprender com seu próprio comportamento e terá êxito em evitar circunstâncias intoleráveis no futuro. Em momento algum você deve ficar magoado ou preocupado quando as coisas não ocorrerem como você esperava. Esta é a reação máxima de vítima.

Expectativas de não vítimas

De modo geral, a pessoa se torna aquilo que espera se tornar e você só será uma não vítima quando deixar de esperar ser uma delas. Para tanto, você precisa começar a desenvolver uma expectativa de felicidade, de saúde, de eficiência, e nunca a de uma pessoa maltratada. Esse desenvolvimento tem por base sua capacidade real e não algum modelo de potencial, alimentado em você por pessoas ou instituições vitimadoras. Um bom começo consiste em estudar quatro áreas críticas, nas quais você talvez tenha sido ensinado a subestimar sua capacidade.

• *Sua capacidade física.* Se você, como adulto dotado de boa capacidade de julgamento, pode realmente esperar ser capaz de realizar alguma coisa com ou por meio do seu corpo, certamente nada poderá detê-lo e, em situações extremas, seu corpo poderá revelar capacidades que beiram o super-humano. O Dr. Michael Phillips, em seu livro *Your Hidden Powers*, conta a história de "uma idosa que estava cruzando o estado de carro em companhia do filho. Numa região muito deserta, deu um problema no carro, então o filho levantou-o com o macaco e rastejou para debaixo do veículo. O macaco deslizou, o carro se soltou e o imprensou contra o asfalto quente. A mulher percebeu que, se o carro não fosse levantado de cima do peito do filho, ele se sufocaria em questão de minutos". A mulher não tinha tempo para expectativas de não ser forte ou de fracassar e, segundo conta o Dr. Phillips: "Sem pensar duas vezes, ela agarrou o para-choque e suspendeu o carro o suficiente para que o filho saísse dali. Logo que ele saiu de debaixo do veículo, a inesperada força dela desapareceu e ela deixou o carro cair. Ter conseguido tal façanha significou que ela erguera, pelo menos por dez segundos, várias centenas de quilos, o que não era pouco para uma mulher que pesava menos de 55 quilos." Há histórias incontáveis de realizações como essa. Mas o importante para compreendê-las é que você pode realizar coisas aparentemente super-humanas quando espera fazê-las ou quando não para para pensar que não pode.

Você pode evitar ser vitimado por atitudes ou expectativas a respeito de sua saúde física. É possível esforçar-se para não esperar ter resfriados, gripe, pressão alta, dores nas costas, dores de cabeça, alergias, urticária, câimbras e mesmo doenças mais graves, como as cardíacas, úlceras e artrite. Ou você pode dizer agora mesmo, enquanto lê estes parágrafos, que eu estou errado e que você simplesmente não pode evitar tais acontecimentos. Eu lhe pergunto: o que você está defendendo? Por que deve continuar a defender esses problemas como apenas naturais, quando, como resultado, seu próprio sistema de defesa fará com que fique doente ou imobilizado?

Qual o proveito em defender uma atitude como essa? Simplesmente comece a pensar que, se deixar de esperar saúde debilitada, se começar a mudar seriamente suas expectativas, talvez, apenas talvez, parte disso desapareça. E, se não funcionar no seu caso, então tudo o que terá é exatamente o que tem agora: doença, dores de cabeça, resfriados etc. Um homem muito sábio disse certa vez: "Em vez de morder meu dedo, olhe para onde ele está apontando." Suas atitudes podem se tornar o mais potente remédio do mundo, se aprender a fazê-las trabalharem para você, em vez de adotar o costume derrotista tão comum em nossa cultura. O Dr. Franz Alexander, escrevendo no *Psychosomatic Medicine, Its Principles and Application,* discorre sobre o poder da mente: "O fato de que a mente governa o corpo é, a despeito do descaso da biologia e da medicina, o fato mais fundamental que conhecemos sobre o processo da vida."

• *Sua capacidade mental.* Um dos mais alarmantes projetos de pesquisa já levado adiante em educação pública mostra o perigo de permitir que forças externas limitem as expectativas de aprendizagem do indivíduo. Na década de 1960, um professor recebeu uma relação mostrando os resultados reais de testes de Q.I. de estudantes de uma turma e, no tocante a outra turma, uma relação na qual a coluna do Q.I. fora preenchida com os números dos armários do vestiário dos alunos. O professor supôs que os números dos armários eram o Q.I. real dos estudantes da segunda turma e o mesmo pensaram eles quando as relações foram afixadas no começo do semestre. Depois de um ano, descobriu-se que, na primeira sala, os alunos com alto Q.I. real haviam apresentado resultados melhores que os que tinham pontuação baixa. Mas, na segunda turma, os estudantes com números de armários mais altos obtiveram resultados muito mais altos que os que tinham números de armários mais baixos!

Se alguém diz que você é burro e você se permite acreditar nisso, irá se comportar como tal. Será vitimado por sua própria baixa expectativa e, caso também convença os demais, você estará em duplo perigo.

Há um gênio que vive em você. É possível escolher entre deixar que seu brilhantismo suba à superfície, ou considerar-se, por natureza, pouco dotado intelectualmente. Mais uma vez, a ênfase aqui é no que você espera de si mesmo. Se acreditar que será difícil aprender coisas novas, terá as dificuldades que previu. Pode esperar, por exemplo, jamais aprender uma língua estrangeira e, com certeza, não vai aprendê-la.

Na verdade, porém, a capacidade de armazenamento de seu cérebro, que tem o tamanho de uma laranja, é espantosa – estimada em, pelo menos, dez bilhões de unidades de informação. Se quiser descobrir o que de fato sabe, Michael Phillips sugere o seguinte exercício: "Sente-se com papel e lápis e escreva tudo de que se lembra, incluindo nomes de pessoas que conhece ou sobre quem ouviu falar, experiências de infância, enredo de livros e filmes, descrições de empregos que teve, seus hobbies, e assim por diante." Mas é melhor reservar bastante tempo para provar isso a si mesmo porque, como diz Phillips: "Se você escrevesse 24 horas por dia, ficaria ocupado durante dois mil anos."

Seu potencial de memória é simplesmente fenomenal. Você poderia condicionar sua mente, sem muito exercício, para se lembrar de todos os números de telefone que utilizou num dado ano, lembrar-se de cem nomes de pessoas que lhe foram apresentadas em festas e recordar-se delas por meses, descrever em detalhes tudo o que lhe aconteceu na última semana, catalogar todos os objetos num cômodo depois de uma visita de cinco minutos e decorar qualquer lista extensa de fatos variados. Você é realmente uma pessoa poderosa quando se trata de usar o cérebro e os poderes mentais, mas talvez tenha um conjunto diferente de expectativas sobre si mesmo, que aparecem, entre outras, nos seguintes tipos de pensamentos vitimadores: "Eu não sou de fato muito inteligente." "Jamais consegui me lembrar de nomes, números, línguas, o que quer que fosse." "Não sou nada bom em matemática." "Leio muito devagar." "Jamais consegui decifrar esses enigmas."

Todas essas declarações refletem uma atitude que o impedirão de realizar aquilo que pode querer. Se trocasse essas declarações por expressões de confiança e pela crença de que pode aprender tudo o que quiser, não acabaria como vítima de um doloroso jogo de desvalorização consigo mesmo.

• *Sua capacidade emocional.* Você tem tanto a capacidade inerente de gênio emocional quanto a de superioridade física e mental. Mais uma vez, tudo depende do tipo de expectativas que você tem a seu respeito. Se espera ser uma pessoa deprimida, preocupada, medrosa, zangada, culpada, apreensiva ou sofrer de qualquer das formas de comportamento neurótico que descrevi em detalhes em *Seus pontos fracos*, então vai transformar esses sentimentos em partes regulares de sua vida. E os justificará com frases do tipo: "É natural a pessoa se sentir deprimida." Ou: "É humano a gente ficar zangado." Mas não é apenas humano; é também neurótico bagunçar sua vida com traumas emocionais, quando se pode evitar esses tipos de reação. Você não terá pontos fracos na vida se começar a viver de minuto a minuto e a desafiar algumas das bobagens que muitos psicólogos andam espalhando por aí. Você é aquilo que escolhe para si mesmo e, se deixar de esperar perturbações e instabilidade emocional, começará a adquirir as características de uma pessoa em pleno funcionamento.

- *Sua capacidade social.* Se você se vê como uma pessoa desajeitada, *gauche*, que se expressa mal, é desastrada, tímida, introvertida etc., é porque alimenta expectativas antissociais que se farão seguir, certamente, por comportamento antissocial. Analogamente, caso se categorize como classe baixa, média ou alta, é muito provável que adote o estilo de vida de uma delas, talvez para toda a vida. Se acha que terá sempre dificuldades em ganhar dinheiro, sua atitude obscurecerá, com frequência, toda e qualquer oportunidade de mudar sua situação financeira. Você irá se contentar em observar os outros melhorarem e os chamará de felizardos. Se espera não encontrar uma vaga de estacionamento quando estiver no centro da cidade, também não vai procurá-la de verdade, com toda certeza, poderá dizer: "Eu lhe disse que não devíamos vir à cidade esta noite!" Suas expectativas sobre o modo de se comportar na estrutura social determinarão em grande parte como será sua vida. Pense em riqueza, se dinheiro é o que quer. Comece a imaginar-se como indivíduo bem falante, criativo, ou o que quer que queira ser. Não se sinta desencorajado por alguns reveses iniciais, simplesmente considere-os como experiências de aprendizagem e continue a viver. O pior que lhe pode acontecer ante um novo conjunto de expectativas sociais é permanecer onde está – e se já está aí, por que não esperar um lugar melhor?

Alguns vitimadores típicos

Logo que começar a mudar suas expectativas de acordo com sua capacidade real, você terá de enfrentar vitimadores que se esforçarão para evitar que as realize. Embora seja possível deixar-se vitimar por todas as pessoas, num dado meio social, alguns elementos em nossa cultura tendem a ser especialmente incômodos. As seis categorias de vitimadores descritas a seguir serão aludidas em exemplos em todo o livro, assim como os problemas que surgem na sua vida diária.

1. *A família*. Numa palestra recente, pedi a todos da plateia, aproximadamente oitocentas pessoas, que listassem as cinco situações mais comuns nas quais se sentiam vitimadas. Recebi 4 mil exemplos de típicas situações de vítima. Desses, 83 por cento eram relativos às famílias das vítimas. Imagine só, tamanho percentual de sua vitimação pode se dar em razão de sua ineficácia no relacionamento com membros da sua família, que acabam por controlar e manipular você. E você deve estar fazendo a mesma coisa com eles!

As coerções familiares típicas citadas foram as seguintes: visitas forçadas a parentes, dar telefonemas, servir de motorista, aguentar pais críticos, crianças, parentes distantes, parentes irritados, ser deixado em último lugar, servir de modo geral como empregado, não ser respeitado ou apreciado por outros membros da família, passar tempo com pessoas ingratas, não ter privacidade devido a expectativas familiares, e assim por diante.

Embora a unidade familiar seja certamente o pilar do desenvolvimento social norte-americano, e a principal instituição na qual são inculcados valores e atitudes, é também a instituição na qual se aprende e expressa mais hostilidade, ansiedade, estresse e depressão. Se visitar um hospital psiquiátrico e conversar com os pacientes, descobrirá que normalmente todos têm dificuldade em conviver com os vários membros de suas famílias. Não é com vizinhos, empregadores, professores ou amigos que as pessoas com transtornos mentais têm tanta dificuldade em lidar a ponto de acabarem sendo hospitalizadas. Isto acontece quase sempre devido a familiares.

Vejamos um curto e brilhante trecho extraído do livro de Sheldon B. Kopp.

Os demais membros da família de Dom Quixote e a comunidade em que ele vivia ficaram muito perturbados quando descobriram que ele resolvera acreditar em si mesmo. Sentiam desprezo por seu desejo de seguir seu sonho. Não ligaram o surgimento da loucura da Cavalaria à esqualidez letal da vida que ele levava em meio à carolice geral. Sua afetada sobrinha, sua governanta mandona, o barbeiro chato, o pomposo cura da aldeia, todos tinham certeza de que os perigosos livros que ele lia é que haviam enchido a mente vacilante de Dom Quixote com ideias tolas e o tornado tão louco.

Kopp continua traçando uma analogia entre o Dom Quixote que envelhecia e a influência das famílias modernas sobre pessoas com graves transtornos:

> O lar delas me faz lembrar das famílias de que emergem, às vezes, jovens esquizofrênicos. Com frequência, essas famílias dão a impressão de estabilidade e de perfeição moral acima da média. O que na verdade ocorre é que elas desenvolveram um sistema refinadamente sutil de sinais, a fim de advertir qualquer de seus membros, caso ele esteja prestes a fazer algo espontâneo, algo que derrube o precário equilíbrio familiar e denuncie a hipocrisia de sua pseudoestabilidade supercontrolada.

A família pode ser parte imensamente enriquecedora de sua vida, e será, se você assim o desejar. Mas o outro lado da moeda pode ser um desastre. Se permitir que sua família (ou famílias) guie sua vida, ela poderá representar esse papel com tanto empenho, às vezes em direções tão opostas, que irá confundi-lo.

Ser uma não vítima obrigará você a aplicar as diretrizes deste livro sobretudo aos membros imediatos de sua família. Aqueles que acham que são seus donos, e que você se sente obrigado a defender porque há uma relação consanguínea, ou que julgam ter o direito de lhe dizer como dirigir sua vida por motivo de parentesco, devem ser postos em seus devidos lugares.

Não estou encorajando a insurreição dentro da sua família, mas recomendo enfaticamente que você dê duro para aplicar as diretrizes de não vitimação principalmente, e com mais rigor, àqueles que serão os menos receptivos a sua independência, isto é, os parentes, sejam eles cônjuge, ex-cônjuge, filhos, pais, avós, parentes distantes e aparentados de todos os tipos, de tios e primos a familiares adotados. Sua postura de não vítima na vida será submetida aos testes mais sérios com esse grande grupo de parentes e, se for vitorioso, tudo mais você vai tirar de letra. As famílias são difíceis porque seus integrantes, com muita frequência, acham que pertencem uns aos outros, como se tivessem investido a poupança de toda a vida na família, como se fossem outras tantas ações da bolsa de valores, o que lhes permite empregar a culpa quando lidam com membros insubordinados que se revelam maus investimentos. Se está permitindo que a família o vitime, pense bem se sua culpa não está sendo usada para obrigá-lo a manter-se na linha, e ser como os demais.

Numerosos exemplos de comportamento familiar não vitimador são dados em todo o livro. Você precisa armar-se com a resolução de não ser possuído, se quer ensinar à família como deseja ser tratado. Acredite ou não, no fim, ela receberá a mensagem, começará a deixá-lo em paz e, o que é mais surpreendente, vai respeitá-lo por ter declarado sua independência. Mas em primeiro lugar, querido amigo, fique avisado de que ela usará todos os artifícios que puder para conservá-lo como vítima.

2. *O emprego.* Além das coerções da família, é muito provável que você se sinta vitimado pelas limitações do seu emprego. Empregadores e patrões acreditam muitas vezes que as pessoas que trabalham para eles renunciam a seus direitos humanos e

se transformam em bens móveis. Por isso mesmo, é possível que você se sinta manipulado no emprego e intimidado por supervisores ou por normas e regulamentos.

Você talvez odeie seu emprego e se sinta vítima por ter de passar oito horas diárias nele. Quem sabe, você é obrigado a ficar distante de entes queridos por causa de compromissos de trabalho? E você também pode se acomodar e comportar-se de maneiras que não escolheria, se pudesse escolher um emprego, diferente. Ou tem problemas com os chefes ou com colegas de quem discorda. A lealdade excessiva ao emprego, ter de abdicar de coisas como liberdade pessoal e responsabilidades de família por causa dele, abre outro imenso canal para vitimação em situações de trabalho.

Se suas expectativas são frustradas ou esvaziadas, se você se sente vitimado por seu trabalho e por suas responsabilidades, pare para se perguntar o que está fazendo num emprego que o maltrata como pessoa.

Um bom número de mitos fortes na ética dos Estados Unidos conspira para vitimá-lo no emprego. Um deles é que você deve continuar no trabalho, aconteça o que acontecer, que jamais poderá obter outro se for despedido – em inglês, *fired*, que literalmente significa queimado. A própria palavra dá a impressão de que você foi morto de alguma forma vingativa. Outro mito diz que é vocacionalmente imaturo mudar constantemente de emprego, quanto mais mudar de carreira.

Cuidado com esses tipos de crenças ilógicas. Se as aceitar, elas poderão levá-lo diretamente à situação de vítima do emprego. O relógio de ouro ao fim de uma carreira de cinquenta anos numa empresa não é compensação, se você odiou a si mesmo e ao emprego por todos esses anos.

Você é empregável em centenas de atividades. Se pretende ser eficiente, você não pode sentir-se limitado por sua atual experiência ou treinamento e precisa saber que pode desempenhar inúmeros outros cargos simplesmente porque é uma pessoa flexível, entusiástica e disposta a aprender (ver o capítulo 7 para um estudo mais completo da vitimação pelo emprego).

3. *Figuras de educação superior e de autoridade.* Pessoas que têm títulos vistosos ou que exercem posições de autoridade podem fazer com que você se sinta vítima. Médicos, advogados, professores universitários, executivos, políticos, personalidades do mundo do entretenimento e dos esportes etc. adquiriram um status inflacionado demais em nossa cultura. Você talvez se sinta acovardado especialmente na presença de pessoas super importantes que tentam vitimá-lo quando você precisa de seus serviços.

A maioria dos doentes acha muito difícil conversar com médicos sobre honorários e dessa forma pagam o que quer que eles cobrem e se consolam sentindo-se roubados. Muitos se submetem a uma cirurgia desnecessária porque são tímidos demais para ouvir uma segunda ou terceira opinião. A triste síndrome de vítima mostra-se mais uma vez. Se não consegue conversar com pessoas sobre o que elas lhe cobram por seus serviços, simplesmente porque as colocou tão acima de você que não pode imaginar que condescendam em ouvi-lo, então você se oferece para ser vitimado todas as vezes que precisar de tratamento médico, aconselhamento jurídico, educação etc. Tratando essas pessoas com títulos especiais de doutor, de professor ou de senhor você se coloca sem cessar em posição inferior. O único resultado é que você se sente vitimado, e pode muito bem ser vitimado porque não consegue tratá-las em pé de igualdade.

A fim de evitar as armadilhas das figuras de autoridade, você tem de começar a vê-las como simples seres humanos, em nada mais importantes do que você, que realizam tarefas para as quais foram altamente treinadas e pelas quais, por isso mesmo, você paga um preço altíssimo. Lembre-se de que se alguém tem de ser elevado em importância, é a pessoa que está sendo servida, a que paga pelo serviço. Você não pode dar a alguém uma estima maior do que a que dá a si mesmo e, dessa forma, esperar ser tratado como igual. Se não está sendo tratado como igual, você é uma vítima que tem de olhar de baixo para cima, pedir permissão, esperar em fila, alimentar a esperança de ser bem tratado por seu chefe, acreditar que não lhe cobrarão demais, ou você é passado para trás por uma pessoa que não quer discutir o que cobra ou, quando discute, adota uma forma condescendente e apressada.

Tudo isso, porém, acontece porque você permite. Figuras de educação superior e de autoridade o respeitarão se você exigir respeito delas, enquanto as trata com a cortesia devida por seu profissionalismo, mas jamais se deve reagir de maneira a venerá-las por seu status super-humano ou a permitir-lhes que o vitimem de qualquer forma.

4. *Burocracias.* A maquinaria institucional é uma vitimadora gigante nos Estados Unidos. A maioria das instituições, em vez de servir bem às pessoas, utiliza-as de maneira altamente impessoal. São especialmente insultuosas as burocracias pública e de entidades monopolistas sem fins lucrativos, como as empresas de serviços públicos. Instituições como essas são monstros complexos, de multitentáculos, com formas, departamentos, tramitações infindáveis e empregados que não dão a mínima para o usuário; ou, se dão, são absolutamente tão impotentes quanto aqueles a quem tentam servir.

Você sabe como pode ser complicado renovar a carteira de habilitação ou passar um dia nessas instâncias que julgam infrações de trânsito. Você provavelmente já passou por um desses processos de revisão de impostos cobrados, que duraram meses ou anos e implicam níveis infindáveis de burocratas, apenas para descobrir que, para começar, você nunca teve a menor chance. Você sabe o trabalho que dá para que um erro gritante numa conta de telefone ou de luz ser já corrigido.

Conhece muito bem a vastidão da inepta maquinaria utilizada para conseguir que um computador deixe de lhe enviar cartas ameaçadoras a respeito de uma conta que jamais deveria ter sido enviada. Pode ter passado também pela experiência das longas, longuíssimas filas das agências de emprego, pelos funcionários desatenciosos, pelas perguntas sem sentido e pela interminável papelada em quatro vias, com muito pouca ênfase no que você, como ser humano, está passando. Ouviu casos arrepiantes de pessoas que tiveram que lidar com servidores da Previdência Social e auditores da Receita Federal. Conhece nosso glorificado sistema judiciário, que leva anos para resolver casos simples, como divórcios, e como pode ser indiferente o labirinto de pessoas com quem você deve tratar devido a uma simples violação das regras de trânsito.

As burocracias desse mundo podem ser mortais para os cidadãos que têm contato com elas. Ainda assim, são dirigidas por cidadãos que, por alguma razão, adotam personalidades burocráticas tão logo se sentam a suas mesas.

Você pode utilizar algumas estratégias contra os grandes vitimadores inseridos nas burocracias, mas elas em si são extremamente difíceis, senão impossíveis de mudar. Você precisa estar realmente de olho para escapar de suas mandíbulas rangentes.

A estratégia mais eficaz é evitá-las em todos os casos possíveis, isto é, recusar-se a participar dos jogos vitimadores das burocracias. Compreenda que várias pessoas precisam de ligações com instituições para se sentirem importantes. Por isso mesmo, nunca se permita ficar zangado. Considere todos os contatos com essas organizações como desafios que nada têm a ver com você. Henry David Thoreau pedia: "Simplicidade, simplicidade, simplicidade! Eu digo, que seus negócios sejam dois ou três, não cem ou mil." Os monstros que nossa sociedade criou sob o pretexto de servir ao povo, porém, são o que de mais distante existe da simplicidade. Nossos burocratas não só zombariam de um homem que vivesse à margem de uma lagoa por dois anos, como lhe enviariam cartas e lhe expediriam notificações informando por que ele não poderia permanecer ali, e insistiriam para que ele requeresse e que pagasse licenças de pesca, caça, ocupação e uso da água.

5. *Os vendedores e funcionários do mundo.* Se você passou algum tempo observando como funciona nossa cultura, notou que, pela própria descrição de seus cargos, diversos funcionários (não todos) existem para vitimá-lo de um incontável número de maneiras.

Muitas vezes, quando se queixa a um funcionário, você simplesmente está perdendo tempo. Os funcionários estão ali para providenciar que você cumpra a política da empresa, a fim de impor a observância de normas e regulamentos expressamente elaborados para impedir que você evite a maneira prescrita de fazer as coisas.

A maioria dos funcionários não tem nenhum interesse em tratar bem os clientes. O vendedor que lhe vendeu mercadorias com defeito não se importa realmente se você vai obter seu dinheiro de volta ou se vai comprar em outra freguesia. Frequentemente, eles estão fazendo seu trabalho quando o impedem de falar com alguém que poderia ajudá-lo e, além do mais, são conhecidos por sentirem prazer em usar o poder pretenso de suas empresas para reprimi-lo. Funcionários adoram dizer: "Sinto muito, mas nossa política é essa." "Sinto muitíssimo, mas o senhor terá de nos enviar uma carta." Ou ainda: "Entre naquela fila." "Volte na próxima semana." "Simplesmente, não encha."

Talvez a melhor maneira de lidar com os funcionários deste mundo seja não se esquecer de que: um funcionário é apenas um mero funcionário!

Não, não a pessoa por trás do papel de funcionário. Ela é uma pessoa intrinsecamente maravilhosa, fora de série, importante, que se torna brusca quando transformada num cumpridor de política pago para vitimá-lo. Evite funcionários e lide com pessoas que possam servi-lo. Se disser aos vendedores de uma grande loja de departamentos que jamais voltará a comprar lá, pensa que eles realmente vão se importar? Claro que não. Eles consideram o emprego como apenas o salário que levam para casa e pouco lhes importa que você goste ou não da loja. Mas isso não é absolutamente uma maneira negativa de ver a situação. Na verdade, por que eles deveriam se importar? O próprio papel que desempenham exige que não se importem, e são pagos para evitar que você viole políticas que custariam dinheiro, tempo e esforço a seus patrões. Mas você não tem de tratar com eles, a menos que goste de ser vitimado.

A todo custo, seja respeitoso com as pessoas que trabalham como funcionários. Talvez você mesmo faça isso para ganhar a vida (eu mesmo fiz, durante muitos anos). Mas, quando chegar a ocasião de ser eficiente e conseguir o que acha que merece de uma loja de departamentos, de uma companhia de seguros, de um supermercado, de um órgão do governo, do seu senhorio, de uma escola etc., comece sua jornada com a atitude de que não será vitimado por funcionário algum e que você deve considerá-lo como um obstáculo no seu caminho.

6. *Você mesmo*. Sim, você. A despeito de todas as pessoas que compõem as cinco categorias mencionadas e do número infinito de outros vitimadores e de outras categorias que poderíamos listar, você é a pessoa que decide se ficará magoado, deprimido, irritado, aborrecido, intimidado ou se sentirá culpado a respeito de alguma coisa ou de alguém neste mundo. Além de ficar perturbado quando pessoas não se comportam com você da maneira que gostaria, você pode vitimar-se de centenas de forma. Vejamos algumas das categorias mais típicas de vitimação, que você mesmo pode combater:

Sua educação. Você está se vitimando se continua a fazer aquilo que foi treinado para fazer mas não gosta mais de fazer. Se tem 40 anos e trabalha como advogado ou mecânico simplesmente porque um rapaz de 17 anos resolveu que era isso o que devia fazer, então você é vítima de uma educação que, no início, supostamente lhe daria a liberdade de opção de emprego que não tinha antes. Com que frequência você confia no julgamento de um jovem de 17 anos no tocante à maneira como vai dirigir sua vida? Bem, neste caso, por que continuar entalado com suas decisões aos 17 anos de idade, quando não tem mais 17 anos? Seja o que você quer ser hoje. Faça uma nova faculdade ou curso técnico, se não se sente feliz consigo mesmo e com seu trabalho.

Sua história. Você pode ser vítima de sua própria história, se faz coisas porque sempre as fez de uma dada maneira, como, por exemplo, se continua casado porque investiu 25 anos em seu casamento, mesmo que hoje se sinta infeliz. Talvez esteja vivendo num lugar de que não gosta simplesmente porque sempre viveu nele ou porque seus pais viveram nele. Ou, quem sabe, você acha que perderá uma parte de si mesmo afastando-se de qualquer grande parte de seu passado.

Mas, o que quer que você tenha sido até hoje, já passou. Se ainda consulta o que fez no passado para decidir o que pode ou não fazer atualmente, você, com toda certeza, está se vitimando, ao excluir reinos inteiros de liberdade do momento presente apenas porque nunca teve oportunidade de apreciá-los no passado.

Sua ética e seus valores. Você pode muito bem ter adotado um conjunto de valores éticos que sabe muito bem que não funcionam no seu caso e que o prejudicam sem necessidade, mas continua a observá-los, de qualquer modo, porque eles definem o que veio a esperar de si mesmo. Talvez ache que deva pedir desculpas por falar ou pensar de forma contrária aos demais. Ou talvez acredite que mentir é sempre um mal. Talvez tenha adotado alguma ética social que o impede de gozar sua sexualidade. Qualquer que seja o caso, você pode verificar sua ética em base razoável, recusando-se a continuar se vitimando ao adotar crenças que simplesmente não funcionam no seu caso.

Sua conduta em relação a seu corpo. Você pode se tornar autodestrutivo e transformar-se na vítima final: o cadáver. O seu corpo é o único que terá e, se é assim, por que não torná-lo sadio, atraente e maravilhoso? Engordando com uma dieta imprópria ou falta de exercícios, você está se vitimando. Permitindo que seu corpo se vicie em comprimidos como tranquilizantes, em álcool ou fumo, você se torna uma vítima muito eficiente em autodestruição. Deixando de dar ao corpo períodos adequados de repouso ou sobrecarregando-o com estresse e tensão, você se permite ser vitimado. Seu corpo é um instrumento poderoso, bem afinado, eficiente, mas você pode maltratá-lo de muitas maneiras simplesmente rejeitando-o, fornecendo-lhe alimentos de baixo valor nutricional e aditivos que, no fim, só o destruirão.

Seus autorretratos. Conforme já vimos em relação a suas capacidades, as imagens que você tem de si mesmo podem contribuir para que seja vitimado em sua vida. Se acreditar que não pode fazer alguma coisa, que não possui atrativos, que não é inteligente, e assim por diante, você também acreditará que os outros o veem da mesma maneira, agindo dessa maneira, e sendo mesmo dessa maneira. Trabalhar para construir uma imagem de si próprio sadia é de suma importância se quiser evitar ser uma vítima de reflexos patelares, cujas reações são absolutamente previsíveis quando o médico bate em seu joelho com um martelinho.

Conclusão

Se usar mal sua imaginação, você encontrará inumeráveis maneiras de se vitimar. Aplicando-a de maneiras construtivas, porém, você pode, pela mesma razão, encontrar meios de eliminar seu status de vítima. A escolha é sua.

2

Agindo a partir de uma posição de força

O medo em si não existe no mundo. Há apenas pensamentos de receio e comportamento de fuga.

Qual é a sua situação? Teste de 21 itens

Você se comporta normalmente a partir de posições de fraqueza ou de força? A primeira diretriz, se não quer ser uma vítima, é: jamais opere a partir de uma posição de fraqueza. Damos a seguir um questionário de 21 perguntas (organizado segundo as categorias de vitimadores comuns estudadas no capítulo 1), que você pode utilizar a fim de verificar se age normalmente a partir de posições de fraqueza ou de força.

Família

Sim	Não	
–	–	1. Você simplesmente topa o que outras pessoas na sua família querem fazer e fica ressentido com isso?
–	–	2. Você é a pessoa escolhida para servir de motorista, arrumar a bagunça dos outros e, de modo geral, levar sua vida de acordo com a programação deles?

– – 3. Tem dificuldade em dizer não a seus pais, cônjuge, ou filhos e expressar seus sentimentos a respeito?

– – 4. Frequentemente tem receio de dizer a seus parentes que não quer falar ao telefone, sem ter de inventar desculpas?

Emprego

– – 5. Você evita pedir promoções e apresentar justificativas convincentes de seus pedidos?

– – 6. Evita enfrentar seus superiores quando tem divergências de opiniões com eles?

– – 7. Faz trabalhos considerados inferiores no emprego e não gosta disso?

– – 8. Cumpre horas extras, mesmo quando isso interfere em algo importante em sua vida pessoal?

Profissionais gabaritados e figuras de autoridade

– – 9. Sente dificuldade em chamar seu médico ou dentista pelo primeiro nome?

– – 10. Você simplesmente paga a conta, mesmo quando acha que ela é excessiva?

– – 11. É difícil para você dizer a alguém com status o que pensa, quando acha que foi desconsiderado?

– – 12. Aceita as notas dadas por um professor, mesmo achando que merece mais?

Burocracias

– – 13. Você acaba entrando em filas quando tem de lidar com órgãos do governo?

– – 14. Evita pedir para falar com os chefes, quando acha que foi maltratado?

– – 15. Evita enfrentar burocratas mesmo sabendo que estão usando frases de duplo sentido ou sendo evasivos?

– – 16. Faz o que lhe dizem quando funcionários informam que você tem de aceitar políticas, como, por exemplo, a de "não fazemos devoluções"?

– – 17. Sente dificuldade em dizer na frente de funcionários que acha que está sendo maltratado?

– – 18. Em restaurantes, aceita mesas de que não gosta, em vez de pedir uma melhor?

Você mesmo

– – 19. Evita conversas com estranhos?

– – 20. Dá esmolas sem querer, conversa com tipos esquisitos na calçada, quando o que quer é ir embora?

– – 21. Pede permissão para falar ou fazer coisas?

Se respondeu sim a qualquer uma dessas perguntas, isso indica que sua vitimação é resultado do fato de você agir a partir de uma posição de fraqueza.

Um novo exame das posições de força

Ser forte de modo algum implica ser poderoso, manipulador, ou mesmo vigoroso. Por agir a partir de uma posição de força entendo levar a vida a partir das posições gêmeas de valor próprio e eficácia.

Você é, sempre, um ser humano valioso, importante, e não há razão para permitir que outros o atraiam ou o empurrem para quaisquer direções em que seu mérito básico como ser humano seja posto em dúvida. Além do mais, em todas as situações você tem a opção de 1) ser eficaz e atingir seus objetivos; ou 2) ser ineficaz e, em última análise, ser impedido de fazer o que deseja. Na maioria dos casos, não em todos, mas na maioria, você pode ser eficaz e, em todos, pode agir a partir da posição de seu valor intrínseco como pessoa.

Na questão do reconhecimento de seu próprio valor, lembre-se de que, por definição, isso tem de vir de você mesmo. Você tem valor não porque outras pessoas dizem isso, ou em virtude do que você consegue realizar, ou ainda em razão do que já conseguiu. Ao contrário, você é uma pessoa valiosa porque você mesmo diz isso, porque acredita nisso, e mais importante que tudo, porque AGE considerando que tem valor.

Ser não vítima começa com o princípio de dizer e acreditar que você tem valor, mas isso é posto em prática quando você começa a se comportar como uma pessoa que tem valor. Essa é a essência da força e, claro, de não ser vítima. Você não pode agir com base na necessidade de ser poderoso ou intimidador; deve, sim, agir a partir de uma posição de força que assegure que será tratado como pessoa de valor simplesmente porque, no fundo do coração, acredita que conta neste mundo.

Ser eficaz não é um dado universal, como é sua autoestima. Em algumas ocasiões, você não atingirá suas metas. Ocasionalmente, encontrará pessoas irracionais e intoleráveis com as quais não poderá tratar ou se meterá em situações das quais terá de recuar ou chegar a uma acomodação, para não ser ainda mais vitimado. Você pode, contudo, reduzir essas perdas a um mínimo inevitável e, o mais importante, eliminar inteiramente as perturbações emocionais de ser frustrado de vez em quando.

Ser eficaz significa simplesmente aplicar todos os seus recursos pessoais e usar todas as estratégias disponíveis, sem pisar nos demais, para realizar seus objetivos. Seu valor e eficácia pessoais são a base da ação a partir de uma posição de força.

Não se esqueça de que a palavra "inválido", significando uma pessoa fisicamente fraca, quer dizer não ter forças. Levando a vida a partir de uma posição de fraqueza emocional, você se torna não só um perdedor na maioria das vezes, mas também se invalida como pessoa. Mas, você pode perguntar: "Por que eu faria uma coisa dessas comigo?"

Medo: algo que reside em você

A maioria das razões que você daria a si mesmo para não agir a partir de uma posição de força envolve algum tipo de medo que se traduz em "o que aconteceria se...". Você pode confessar que, frequentemente, fica paralisado de medo. Mas, o que é isso que você pensa que surge do nada e o imobiliza? Se você participasse de uma gincana de caça ao tesouro e lhe dissessem que voltasse com um balde cheio de medo, você poderia procurar em qualquer lugar, mas voltaria de mãos vazias. O medo simplesmente não existe neste mundo. É algo que você faz a si mesmo, abrigando pensamentos de receio e alimentando expectativas temerosas. Ninguém neste mundo pode feri-lo, a menos que você o permita, e nesse caso, claro, você fere a si mesmo.

Você pode ser vitimado porque se convenceu de que alguém não gostará de você, de que algum desastre lhe acontecerá, ou de que haverá milhares de outras consequências calamitosas, se fizer o que quer. O medo, porém, é interno e se apoia num sistemazinho de pensamentos que você usa inteligentemente para evitar encarar de frente o temor que você se impôs. E talvez expresse esses pensamentos para si mesmo em frases do tipo:

Vou fracassar.
Parecerei um idiota.
Sou sem graça.
Não tenho certeza.
Eles podem me magoar.
Talvez não gostem de mim.

Eu me sentiria culpado demais.
Eu perderia tudo.
Eles podem ficar furiosos comigo.
Posso perder meu emprego.
Eu posso não ir para o céu.
Algo ruim provavelmente acontecerá se eu fizer isso.
Sei que vou me sentir mal se disser isso.
Eu não seria capaz de continuar a viver comigo mesmo.

Pensamentos como esses revelam um sistema de apoio interno e sustentam uma personalidade baseada no medo, que o impede de agir a partir de uma posição de força. Em todas as ocasiões em que surge uma dessas frases de medo, você, na verdade, consultou sua mentalidade de fraqueza e a marca da vítima logo se tornará visível em sua testa.

Se precisa da garantia de que tudo vai dar certo antes de assumir um risco, você nunca decolará, porque o futuro não é prometido a ninguém. Não há garantias de que lhe serão prestados os serviços da vida, de modo que terá de jogar fora os pensamentos de pânico, se quiser tirar da vida o que deseja. Além disso, a maioria de seus pensamentos de medo é puramente imaginária. Os desastres que teme raramente acontecem. Lembre-se do que disse um velho sábio, Mark Twain: "Sou um velho, tive muitos problemas, a maioria dos quais jamais aconteceu."

Certa vez, procurou-me uma cliente com um problema de medo crônico. Ainda menina, no Canadá, Donna andara certa vez sete quilômetros por temer o que o motorista do ônibus diria por ela não saber onde colocar o dinheiro e ter medo de perguntar. Contou que, durante toda a infância, agira a partir de posições de medo – tão apavorada, por exemplo, em ser chamada ao quadro-negro que caía doente com febre alta e crises incontroláveis de vômitos, que a mantinham fora da escola quando chegava sua vez de falar à classe. Já adulta, em festas, ia ao banheiro e não se permitia aliviar a bexiga porque tinha receio de que alguém ouvisse o som que faria ao urinar e risse dela.

Donna era um feixe de dúvidas a respeito de si mesma. O medo dominava sua vida. Veio procurar aconselhamento porque estava cansada de ser vitimada por seus medos. Depois de várias sessões, nas quais a encorajei a assumir "riscos fáceis", ela começou a aprender, em primeira mão, o antídoto para eliminar o medo. Começou aos poucos, dizendo simplesmente à mãe que poderia ir visitá-la na semana seguinte. Mas, para ela, isso constituiu um grande passo. No fim, já estava praticando resistir a vendedores e a garçonetes quando achava que estava recebendo serviço de segunda classe. Finalmente, concordou em fazer uma palestra de cinco minutos para uma de minhas turmas na universidade. Teve calafrios, mas conseguiu levar o discurso até o fim.

Foi espantosa a transformação que ocorreu com Donna, à medida que começou a enfrentar o medo. Mostrou-se sensacional em frente à turma e ninguém, nem de longe, percebeu seu nervosismo e as dúvidas sobre seu desempenho. Além disso (três anos depois), Donna passou a treinar pais na educação dos filhos e neste momento ministra cursos intensivos a grandes plateias em toda a zona metropolitana de Nova York. Ninguém acreditaria hoje que ela já foi uma menininha apavorada. Jogou os medos para o espaço, enfrentando corajosamente a tolice do sistema interno de sustentação do medo e assumindo riscos, o que hoje é natural e divertido para ela.

O brilhante escritor e lexicógrafo inglês Samuel Johnson escreveu certa vez:

> Todo medo é doloroso e, se não conduz à segurança, é doloroso sem proveito. Todas as considerações, por conseguinte, por meio das quais terrores infundados podem ser removidos, adicionam algo à felicidade humana.

As palavras de Johnson são ainda de importância vital, cerca de duzentos anos depois de escritas. Se seus medos não têm razão de ser, são, portanto, inúteis, e eliminá-los é indispensável para sua felicidade.

A experiência como antídoto contra o medo

A história de Donna exemplifica uma das lições mais importantes da vida: você não pode aprender coisa alguma, e eliminar qualquer medo, a menos que esteja disposto a fazer alguma coisa. O fazer, o antídoto contra o medo e a maioria dos tipos de comportamento centrados na dúvida sobre si mesmo, é algo evitado por quase todas as vítimas que agem a partir de posições de fraqueza. No meu caso, a máxima de educação que faz o maior sentido para mim é a seguinte:

> Escuto: esqueço.
> Vejo: lembro.
> Faço: compreendo.

Você jamais saberá o que é livrar-se do medo até que se arrisque a assumir um comportamento que o enfrente. Você pode conversar com seu terapeuta até perder a fala, pode remoer pensamentos até que os dentes trinquem e o cérebro esquente, pode ouvir os amigos dizerem que não há nada a temer até que seus neurônios pifem, mas jamais compreenderá realmente, até que você faça. Da mesma forma que ninguém pode lhe ensinar a ter medo, ninguém pode lhe ensinar a não tê-lo. Seus medos são sensações apenas suas e só você pode combatê-las.

Certa vez, numa praia, ouvi uma mãe gritar para o filho: “Não entre na água até aprender a nadar!” Que tal isso como lógica de aprendizagem? Equivale a dizer: “Não fique de pé, até aprender a andar.” Ou “Fique longe daquela bola, até aprender a lançá-la”. Se outras pessoas querem impedi-lo de fazer alguma coisa e ainda esperam que você aprenda sem fazer, você terá de considerar isso problema delas. Se adultos ficaram impunes quando você era criança e se você culpa esse passado pela imobilização que o medo lhe causa hoje, então você está numa séria enrascada. O que lhe fizeram enquanto criança jamais poderá ser desfeito, de modo que, se usar isso como desculpa para não agir agora, vai continuar a ser sempre a mesma vítima. Considere sua experiência de infância como resultado de seus pais terem feito o que sabiam e faça o que sabe para mudar o que pode em você hoje. Você tem de aparecer, mexer-se, fracassar um bocado, tentar isso, mudar aquilo – em suma, experimentar. Será que você, realmente, pensa que experimentar e vivenciar vão reduzir o que você sabe e as suas oportunidades de sucesso? Recusando-se a se conceder as experiências necessárias, você estará, na verdade, dizendo a si mesmo: "Recuso-me a saber." E recusar-se a saber vai torná-lo fraco e vai garantir-lhe ser vitimado pelos demais.

Você não pode saber o que é força, a menos que esteja disposto a se testar, e se sempre se saísse bem em todos os testes não haveria necessidade deles. Assim, você não pode deixar de submeter-se a testes porque fracassa em algumas ocasiões. Quando chegar ao ponto em que estiver disposto a tentar tudo o que pareça valioso para você (não para eles, mas para você), então compreenderá o que é a experiência como antídoto do medo. Benjamin Disraeli, o espirituoso estadista e escritor inglês do século XIX, fez afirmação parecida, resumindo a ideia em um de seus primeiros trabalhos:

> A Experiência é a filha do pensamento, e o pensamento é o filho da ação. Não podemos conhecer os homens nos livros.

Em primeiro lugar, você pensa, depois faz, e, só em terceiro lugar, sabe. E é essa a maneira de combater a timidez que o mantém como vítima.

A disposição de combater o medo é chamada de coragem. Você descobrirá que é muito difícil superar seus medos, a menos que esteja disposto a convocar um pouco de valentia, embora você vá descobrir que já a possui, se quiser se dar conta disso.

Coragem significa enfrentar a crítica, confiar em si mesmo, estar pronto para aceitar e aprender com as consequências de suas decisões. Significa acreditar o suficiente em si próprio, em viver sua vida como quer e impedir que outros possam confundi-lo com manipulações.

Você pode dar saltos mentais em direção à coragem perguntando-se repetidamente: "O que de pior poderia me acontecer se...?" Quando pensar nas possibilidades reais, você descobrirá que nada de prejudicial ou doloroso poderá acontecer se der os passos necessários para não ser automaticamente uma vítima. De modo geral, descobrirá que, como a criança com medo de escuro, você tem medo do nada, porque o nada é o que de pior poderá acontecer-lhe.

Veja o caso do meu velho amigo Bill, um ator que temia submeter-se a um teste para um papel numa peça da Broadway. Pedi-lhe que pensasse na pior coisa que poderia acontecer se fracassasse. Ele começou a derrubar o medo quando respondeu: "A pior coisa que poderia acontecer seria não conseguir o papel, que já não tenho."

De modo geral, fracassar significa terminar onde você começou e, conquanto isso talvez não seja uma utopia, é certamente uma situação com a qual pode lidar. Depois que o método da pior coisa mostrou a Bill o absurdo de seus receios, eles desapareceram e Bill se apresentou maravilhosamente no teste. Não conseguiu aquele papel, mas, meses depois, após numerosos testes, finalmente obteve um papel em uma peça. Agir foi a única maneira de Bill romper com sua vitimação e de conquistar o papel que tanto queria. Talvez não tenha se sentido um bravo, mas conseguiu reunir garra suficiente para agir. Cora Harris, escritora norte-americana, descreveu essa atitude da seguinte maneira:

> A coisa mais corajosa que você pode fazer quando não é corajoso é fingir coragem e agir adequadamente.

Gosto da ideia de fingir coragem porque a coisa importante a fazer é agir, e não tentar convencer-se do quanto se é ou não corajoso num dado momento.

Compreender as vantagens de agir a partir de uma posição de fraqueza

Em todas as ocasiões em que se descobrir paralisado pelo medo, em uma palavra, quando se sentir vitimado, pergunte a si mesmo: "O que eu estou ganhando com isto?" A primeira tentação será responder: "Nada." Mas vá um pouco mais fundo e pergunte por que as pessoas acham mais fácil ser vítimas que adotar uma postura forte e governar a própria vida.

Aparentemente, você pode evitar um bocado de riscos, evitar sempre meter-se no fogo, simplesmente desistindo e deixando que os demais assumam o controle. Se os acontecimentos correrem mal, você pode culpar quem estiver no comando, dar nomes a eles e, confortavelmente, evitar sua própria (e maior) responsabilidade. Ao mesmo tempo, você pode, convenientemente, evitar ter de mudar: você tem liberdade de continuar a ser uma boa e pobre vítima, recebendo dividendos regulares da falsa aprovação dos vitimadores deste mundo.

Quase todas as consequências da fraqueza têm origem no fato de você evitar riscos. Para uma descrição mais completa de todos os sistemas de consequências decorrentes de quase todos os comportamentos neuróticos, consulte *Seus pontos fracos*, mas, no que nos interessa aqui, não se esqueça de que é crucial para você ser avaliado de acordo com seu próprio sistema de recompensas, mesmo que seja autodestruidor, enquanto se esforça para melhorar a qualidade de sua vida em todas as dimensões mentais e comportamentais.

Jamais considere alguém superior a você

Se está disposto a fazer uma tentativa séria de agir a partir de uma posição de força, você tem de acabar com essa história de considerar outras pessoas superiores em termos de valor e de importância. Em todos os casos em que atribui a outra pessoa mais prestígio que a si mesmo, você se oferece para ser vitimado. Às vezes, considerar os demais como superiores é costume consagrado pela sociedade, como no uso de postos e títulos, e você talvez tenha de romper com o costume a fim de provar o que quer. Pessoas competentes em vitimar insistem com frequência que você as trate por seus títulos, enquanto elas o chamam pelo primeiro nome.

Um princípio fundamental para todos os adultos é o seguinte: Trate as pessoas na base do primeiro nome, a menos que elas deixem claro que precisam ser tratadas de alguma outra maneira.

Tom, um vizinho meu, compreendia a sabedoria de tratar as pessoas pelo primeiro nome e, por questão de princípio, recusava-se a dar-lhes títulos, já que fazê-lo o colocava em desvantagem. Certo dia, foi à escola do filho falar com o diretor para mudá-lo de turma. O professor se mostrara obviamente insensível às necessidades do menino e havia vaga em outra turma. Tom sabia que a política da escola era a de não mudar alunos de uma turma para outra, embora ela estivesse sendo cumprida à custa da educação de seu filho.

O diretor (deliberadamente ou não, isso não importa) utilizou grande variedade de jogos de poder a fim de manter Tom na defensiva. Para começar, sentou-se a uma grande mesa, deixando Tom em uma cadeira pequena e sem nada atrás em que pudesse esconder-se. Quando a secretária o fez entrar, o diretor deu a impressão de estar muito ocupado. Tinha muito pouco tempo para tratar de banalidades. E, o mais importante, a secretária apresentou-o a Tom como Sr. Clayborn.

Antes da reunião, Tom perguntara à secretária qual era o primeiro nome do diretor. Ela respondera: "Ora, não tenho certeza. Ele sempre foi o Sr. Clayborn. Afinal de contas, ele é o diretor da escola."

De modo que a primeira pergunta de Tom ao Sr. Clayborn foi: "Qual é seu primeiro nome?"

O diretor permaneceu calado durante um momento. Jamais tivera antes uma conversa num tom semelhante com um pai e soube logo que estava tratando com uma pessoa que não ia, como os demais, aceitar uma posição de fraqueza.

– Robert – ele respondeu.

Tom perguntou:

– Você prefere ser chamado de Robert ou de Bob?

– Hummm... Bob – respondeu o diretor, e Tom ganhou dois pontos da mais alta importância porque, definitivamente, recusou-se a ser intimidado pelos estratagemas de poder e, em especial, pelo uso de títulos.

Tom não teve de esmurrar a mesa a fim de conquistar seu direito de ser tratado como um igual. Conduziu-se como uma pessoa que acredita em si mesma e considerou o status do diretor um fator a ser tratado de maneira racional. Não se deixou prender numa armadilha, nem ser vitimado, renunciando a sua autoestima em favor de alguém que a ignoraria com o maior prazer. A propósito, ele conseguiu a transferência do filho. Nesse caso, ele foi eficaz principalmente porque acreditava em seu valor, e agiu nessa conformidade, e também por causa de uma estratégia que o colocou numa posição de força desde o início do encontro.

A arma do título é especialmente eficaz nas mãos de pessoas que são pagas diretamente para servi-lo. Aos diretores de escolas públicas, por exemplo, você paga indiretamente, por meio do governo. Seu banqueiro, senhorio, médico, dentista, advogado etc. são pessoas com quem você faz negócios. Se não se sente à vontade tratando-as pelo primeiro nome, cabe-lhe perguntar o motivo disso. Será que, na realidade, você não se considera suficientemente importante para tratar gente importante pelo primeiro nome?

Quanto a mim, descobri que posso me dirigir pelo primeiro nome a todas as pessoas com quem trato na vida e isso jamais causou a mim, ou a ninguém, o menor embaraço ou quaisquer rancores. Se seu chefe quer e precisa ser tratado por um título, faça a vontade dele, mas deixe que a necessidade parta dele, não de você. Se atende às necessidades dessas pessoas chamá-las por seus títulos, então faça isso, mas nunca sem se perguntar antes: "Estou atendendo às necessidades de quem?" Se tem de tratá-las por seus títulos, então está considerando-as superiores a você.

Você pode também elevar outras pessoas a posições de importância emitindo sinais inconfundíveis de que está disposto a ser logrado. É certamente mais fácil enganar alguém que espera isso do que passar a perna em alguém que não admite ser vitimado. Você talvez transmita inconscientemente sinais de vítima, de modo que tem de vigiar seu perfil com cuidado. Você comparece a encontros demonstrando que se reprime e se deixa dominar? Começa pedindo desculpas por tomar o tempo da pessoa, silenciosamente lhes dizendo que o tempo delas é mais valioso do que o seu? Pergunte a si mesmo por que o tempo de alguém deve valer mais do que o seu. Não deve, a menos que essa pessoa valha mais – e, claro, isto é você quem decide.

A única ocasião em que pode elevar outras pessoas a uma posição superior é quando isto funcionar como parte de uma boa estratégia. Se a postura "pobre de mim" lhe concede tratamento favorável, então, se puder, lance mão dela. Mas fingir elevar os demais deve ser tática rara, usada apenas quando nada mais funcionar, e uma vez que ela implica enviar a outra pessoa sinais que dizem "vitime essa pobre alma", você precisa ter certeza de que o tiro não vai sair pela culatra. Se pensa que seu ganancioso senhorio vai reduzir o aluguel quando bancar o desamparado, certifique-se de que ter pena dos desamparados é o único ponto vulnerável na armadura mercenária do tal indivíduo. Se cometer um erro, talvez receba um aumento, em vez de uma redução, uma vez que ele sabe que você dará um jeito de arranjar o dinheiro em algum lugar, e supõe que você não tem coragem de reagir ao aumento. Se o senhorio sabe que tem de tratar com alguém que acredita em si mesmo e que se recusa a ser intimidado, que é resoluto e que lutará com unhas e dentes, e não com artimanhas, é mais provável que o respeite. O papel de pobrezinho pode ser usado, mas só em casos raros, e com uma análise prévia da situação.

Cabe aqui uma palavra final a respeito da necessidade de a pessoa não ser ofensiva. Força é uma palavra que uso com grande cautela. Tive o cuidado de defini-la em termos explícitos. Ser mau, ríspido, ofensivo ou insincero não é conduta recomendada aqui, uma vez que quase sempre esse comportamento repele as próprias pessoas que você quer que o ajudem. Claro que defendo ser ofensivo, se isso for exigido em situações extremas, sobre as quais falarei depois. Você simplesmente não tem de ser passivo ou fraco enquanto dá seus passos na vida e esta é realmente a lição fundamental deste capítulo. Seja uma pessoa de valor, eficaz, que se considera importante, e não uma vítima acovardada, sempre a pedir permissão, a acreditar que todos são mais importantes que você.

Não é nada irônico: as pessoas respeitam a força

Se você quer ser realmente respeitado, observe as pessoas que são peritas em conseguir respeito. Rapidamente, deduzirá que não conseguirá respeito de ninguém, nem de você mesmo, agindo a partir de uma posição de fraqueza. Abandone a ideia de que as pessoas não o apreciarão se você se comportar assertivamente.

Com frequência, alguns pais já me confidenciaram que a criança da família que mais admiram é a que jamais conseguiram domar inteiramente. Depois de castigos, de subornos, de terem tentado despertar na criança sentimentos de culpa a fim de colocá-la na linha e de obrigá-la a se conformar, têm de reconhecer que estão lidando com um rebelde.

Quando ouço coisas desse tipo nas sessões de aconselhamento, quase sempre noto um brilho de admiração nos olhos dos pais ao me falarem do horror que é criar um filho obstinado. Mas quando lhes chamo a atenção para o respeito reprimido, a resposta é quase sempre a mesma: "Sim, acho que, de fato, respeito aquela criança... Ele (ou ela) tem o tipo de coragem que eu sempre quis ter."

Em geral, há pelo menos um indisciplinado no seio de cada família e, embora muitas vezes a família inteira conspire para torná-lo mais dócil, seus membros não conseguem suprimir as manifestações naturais de respeito e de admiração quando seu rebelde se recusa a ser, automaticamente, como todos os demais.

Em todas as ocasiões em que estiver defendendo aquilo em que acredita e se perguntando o que os outros estão pensando, fique certo de que se fizesse uma eleição particular descobriria que, interiormente, todos estão torcendo por você e admirando sua atitude de dureza. As pessoas desenvolvem afinidades especiais pelos oprimidos e, com frequência, lutam por aqueles que têm pouca oportunidade de vencer. Por isso mesmo, recusar-se a estabelecer suas metas de acordo com aquelas que despertam a aprovação imediata dos demais pode, paradoxalmente, ajudá-lo a obter a aprovação deles no longo prazo, e ninguém nega que é melhor receber aprovação que ser rejeitado. É confortador saber que as pessoas cuja aprovação você mais deseja terão muito mais probabilidade de respeitá-lo se você agir com base em suas convicções, e não se simplesmente se conformar e fizer o que esperam.

Cathy, uma cliente, contou-me como aprendeu pessoalmente essa lição. Ia comparecer a um seminário, no qual se inscrevera previamente a fim de garantir um lugar. Ao chegar à reunião, porém, o professor disse-lhe que a inscrição fora ignorada e que ela teria de se satisfazer com outra reunião, em outro prédio.

Cathy, porém, estava determinada e, embora isto não fosse seu hábito, vários meses de aconselhamento haviam-na encorajado a ser mais assertiva e a assumir mais riscos. Em frente a todo o grupo, insistiu com o professor para ser admitida na reunião. Quando o professor tentou dissuadi-la com várias evasivas e um bom número de respostas começando com "sim, porém...", recusou-se a ceder. Finalmente, o professor cedeu e lhe disse que podia ficar, mas pediu-lhe que não dissesse coisa alguma ao encarregado da inscrição, uma vez que ela estava violando um limite que fora arbitrariamente estabelecido pela administração do estabelecimento.

Após várias horas de seminário, a conduta irreprimível de Cathy foi mencionada. Ela disse temer que todos a considerassem uma grosseirona, que forçara sua presença num lugar onde não era desejada. Todos os membros do seminário, porém, disseram que estavam orgulhosos dela, que haviam estado secretamente torcendo por ela, e que queriam aprender com ela a assumir esses mesmos riscos de não vítima.

Cathy estava atônita ao me contar esse incidente. "Imagine só", disse ela, "pessoas estavam pedindo ajuda a mim, que sempre me considerei cautelosa e tímida!"

Na peça *Homem e super-homem*, George Bernard Shaw resumiu o sentimento íntimo de força e satisfação que surge quando se assumem riscos:

> Esta é a verdadeira alegria da vida, o ser usado para uma finalidade reconhecida por você mesmo como *magna*... o ser uma força da natureza, e não um palerma febril e egoísta, feito de doenças e reclamações, queixando-se de que o mundo não se dedica a fazê-lo feliz.

Realmente, "magna" é uma descrição muito apropriada da sensação que você sentirá quando se der valor suficiente para enfrentar o mundo de acordo com suas próprias condições.

Exemplos de diálogos e de técnicas específicas a fim de ajudá-lo a agir a partir de uma posição de força

Você sabe agora que força é o nome do jogo, que as pessoas o respeitarão por ser vigoroso em suas atitudes e que os medos que o debilitam são impostos por você. Sabe também que precisa de coragem para recusar as recompensas autodestrutivas que recebe por ser não assertivo. Mas coragem é um curso de ação que você tem de escolher diante de cada desafio, não um atributo que obtenha de uma vez por todas.

A seguir, algumas estratégias que o ajudarão a tratar com os demais a partir de posições de força e de confiança, em típicas situações de vítima que todos os seres humanos enfrentam.

- A partir deste momento, faça um esforço para deixar de pedir automaticamente permissão a alguém para falar, pensar ou conduzir-se. Elimine a súplica e substitua-a por uma declaração. Em vez de: "Você se importaria se eu lhe fizesse uma pergunta?", use: "Eu gostaria de saber se..." No lugar de: "O senhor se importaria se eu trouxesse a mercadoria de volta e recebesse meu dinheiro?", diga: "Estou trazendo isto de volta porque não fiquei satisfeito." Substitua: "Tudo bem, querida, se eu sair por uma hora?" por: "Vou sair, querida. Precisa de alguma coisa?" Só escravos e prisioneiros é que precisam pedir permissão e, como eu disse no início deste livro, o "escravo bem ajustado" é um mito.

• Fite a pessoa com quem falar diretamente nos olhos. Quando você olha para baixo ou para os lados, envia sinais de que não tem realmente confiança em si mesmo e se coloca numa excelente situação para ser vitimado. Fixando diretamente seus olhos nos da pessoa que se encontra à sua frente, mesmo que esteja nervoso, você transmite a mensagem de que não tem medo de lidar com ela.

• Postura e linguagem corporais devem também comunicar autoconfiança e força pessoal. Mantenha a postura ereta. Quando se sentar, evite escorregar na cadeira. Não cubra o rosto com as mãos nem agarre nervosamente outras partes do corpo. Se pensar com confiança, poderá eliminar também contorções, caretas e mesmo o enrubescimento. E fale em voz firme, e não fraca.

• Trabalhe sua linguagem, eliminando especialmente pausas vazias e incessantes "aham", "hummm" e "sabe?". Esses hábitos irradiam insegurança e sufocam a comunicação eficaz. Se necessário, fale mais devagar, escolhendo as palavras. Se resolver tornar-se consciente da maneira como fala, poderá mudar quase da noite para o dia a retórica fraca.

• Se alguém pedir um empréstimo, seja de dinheiro, de materiais, de tempo ou talento, que você não queira fazer, é preciso que esteja preparado para agir a partir de uma posição de força, ou se tornará vítima imediata. Pratique, dizendo a si mesmo: "Prefiro não emprestar" ou "Não, realmente não quero ser credor de ninguém". Você não precisa inventar desculpas criativas ou fazer rodeios e acabar realizando o empréstimo e sentindo-se vitimado. Simplesmente diga com franqueza o que vai fazer e descobrirá: 1) que não será incomodado porque deixou clara sua posição desde o começo; e 2) amigos e parentes, com toda probabilidade, acabarão respeitando-o por sua franqueza. Se teme que amigos fiquem com raiva simplesmente porque exerceu seu direito de não fazer uma coisa que o deixaria infeliz, pergunte-se: "Será que quero amigos que me rejeitam por eu ser eu mesmo?"

Amigos não são pessoas que insistem para que você seja diferente do que deseja ser. Os parasitas, porém, vão antipatizar com você por não deixar que se alimentem à sua custa. Certamente, "a pior coisa que lhe pode acontecer" é alguém, que quer usá-lo, não gostar de você e afastar-se de você no futuro. E o que há de tão horrível nisso? Claro, se você não se importa em emprestar, então vá em frente e empreste. Apenas, faça-o da maneira certa.

• Trate pelo primeiro nome as pessoas a quem está acostumado a conferir títulos. Mesmo que tente isso uma única vez com seu dentista, médico ou advogado, tente ver quais serão os resultados e, em seguida, pergunte-se se teve fundamento o seu receio. E se resolver não ser uma dessas pessoas que tratam a todos pelo primeiro nome, saiba, no fundo do coração (tendo feito isso), que terá sempre essa opção. Se você ficar apreensivo, temer ou mesmo não conseguir fazer isso, observe atentamente por que se sente tão envergonhado em fazer algo tão simples como tratar um ser humano pelo nome. Então vença o medo e faça conforme essa sugestão. Provavelmente, irá sentir-se muito bem com sua recém-descoberta confiança, e é quase certo de que não acontecerão os desastres que imaginou.

• Se você é não fumante e detesta a fumaça do cigarro, reúna coragem para dizer alguma coisa quando outra pessoa o incomodar. Você não precisa ser grosseiro; fale simplesmente a partir de uma posição de força: "Eu ficaria muito grato se você não fumasse agora." Você não está pedindo permissão ao fumante para lhe pedir que não fume; está dizendo o que gostaria que ele fizesse. Se ele se recusar, o que em algumas situações tem o direito de fazer, você pode exercer sua opção de se levantar e ir embora. Mas jamais deve simplesmente continuar em seu lugar, morrendo de raiva. Qual é a pior coisa que poderia acontecer? O fumante poderia continuar a fumar, o que, aliás, já está fazendo. Geralmente, os fumantes atendem à solicitação. Pouquíssimos continuam a fumar, arrogantes, sabendo que estão incomodando. Se quiserem realmente fumar, eles podem ir a outro lugar por alguns minutos.

• Aprenda a usar com eficácia a raiva ou a mágoa, em vez de deixar que ela torne você uma vítima. Se seu filho insiste em brincar na rua e você quer deixar claro que não vai tolerar esse comportamento, fique zangado e seja convincente, mas certifique-se de que está fazendo isso para surtir efeito. Se sair desse episódio com o coração batendo mais ligeiro, a pressão arterial dois pontos mais alta, nervoso, você foi vitimado pelo comportamento de uma criança que nem mesmo sabe o que não fazer. Você deve manter-se firme e se esquecer da situação dizendo a si mesmo: "Poxa, me saí bem. Ele ficou realmente sabendo que eu estava falando sério e não me perturbei nem um pouco." Agindo a partir de uma posição de força, você evita úlceras, hipertensão, fúria, apreensões, e assim por diante, simplesmente usando com eficácia suas habilidades.

• Quando negociar serviços funerários, não deixe que usem sua dor pessoal para vitimá-lo. Diga exatamente o que quer, quanto está disposto a gastar, e se eles quiserem usar com você táticas para se sentir culpado, simplesmente saia, com a observação de que volta a falar quando estiverem dispostos a escutar.

A tática de se recusar a falar com pessoas que não querem ouvir o que você está dizendo claramente e se afastar por um instante é muito eficaz. Quando o seguirem com desculpas, apenas lhes diga que não vai perder tempo conversando com pessoas que se recusam a atender a seus desejos.

Ouvir e, em seguida, sugerir justamente o oposto do que você disse é uma das melhores armas dos vitimadores. Mas você não tem de aguentá-la, e afastar-se é a maneira mais eficaz de ensinar a alguém, por seu comportamento, em vez de continuar com trocas verbais sem sentido.

- Jamais tenha medo de passar por cima de alguém a fim de ser ouvido. Professores de faculdade que ameaçam com notas, auditores de imposto de renda que usam de intimidação, explorando sua ignorância de leis complicadas, prestadores de serviço que o amedrontam com a grandeza de suas empresas etc., todos têm superiores a quem prestam contas. Um simples telefonema ou uma carta registrada bem escrita enviada ao presidente da comissão, ou a quem quer que seja, constituem um antídoto muito potente contra atos de vitimação praticados por pessoas que se encontram em posições de poder. Logo que compreender que contatos com pessoas que têm superiores hierárquicos vão resultar em prejuízos, deixe claro que não hesitará em passar por cima delas, e, se necessário, vá em frente.

- Esforce-se para ser desapaixonado no trato com vitimadores potenciais. Jamais os deixe saber que está apreensivo, temeroso ou intimidado. Lembre-se sempre de não confundir seu valor e felicidade como pessoa com sua vitória ou derrota final em qualquer encontro. Considere as situações de perdas e ganhos como jogos em que pode divertir-se, em vez de dizer constantemente a si mesmo: "Isto significa muito para mim." Resolva ser eficaz e comece esses encontros com estratégias, mas sempre se esforce para suprimir sinais de medo ou de intimidação. Se o adversário perceber que você considera o encontro crucial para sua vida e, por conseguinte, perturbador, você poderá ser levado a dizer coisas que não quer e a se comportar de maneira irracional. É muito melhor emitir apenas sinais que não levem as pessoas a imaginar que podem controlar suas emoções com o comportamento que adotarem. E, note, enquanto pratica recusar-se a deixar que outros controlem suas emoções, você começa a assumir o controle de si mesmo, o que o levará a sentir-se muito mais realizado e, assim, a muito mais vitórias.

- Quando pleitear ou for entrevistado para um cargo, jamais diga coisas como: "Não tenho certeza de que posso dar conta disso." Ou: "Jamais tive treinamento para isto, mas acho que posso aprender." Muito melhor é dizer a si mesmo, e à pessoa com quem está falando, que pode aprender qualquer coisa porque já se submeteu a testes em tantas situações diferentes que sabe que tem flexibilidade para dar conta do trabalho. Seja entusiástico a respeito de si mesmo e de suas qualificações e não hesite em dizer a seu entrevistador que é uma pessoa que aprende rapidamente. Embora alguns entrevistadores, facilmente ameaçados por pessoas fortes, possam ser afetados de forma negativa por sua autoconfiança, você pode avaliá-los logo, e a grande maioria apreciará a confiança em si mesmo como um traço que será muito útil para as empresas. Se tiver um encontro com um entrevistador fraco, diga isso ao presidente da empresa e solicite outra oportunidade com um entrevistador diferente. Esse tipo de perseverança lhe dará mais bons resultados que fracassos.

- Jamais hesite em falar a respeito de si mesmo. Enfrente o medo de que alguém poderá magoá-lo ao descobrir fatos a respeito de sua vida; o velho medo de que os outros possam feri-lo é uma falácia em 99 por cento dos casos. Se exercer a liberdade de se expressar e não ficar visivelmente ofendido quando surgir este ou aquele tópico, você será muito mais forte do que se mantiver intocáveis grande número de pequenos pontos sensíveis a seu respeito. Embora não seja necessário revelar suas fantasias pessoais, você pode certamente eliminar a ideia de que pessoas o destruirão se descobrirem que tipo de pessoa você realmente é.

Seja franco a respeito de si mesmo. Compartilhe sua vida quando tiver vontade. Acabe com essa ideia de que não pode revelar quem você é porque isso é perigoso. Não querer revelar é uma coisa, mas temer fazer isso é muito diferente. E vai descobrir que é sadia a prática de desafiar todas as razões que o levam a não querer falar a respeito de si mesmo. Se é tímido, se chora com facilidade, se é facilmente intimidado, muito agressivo ou o que quer que seja, o que alguém poderá fazer com essa informação para prejudicá-lo? Quase todas as suas respostas irão se referir a um desses desastres internos. Seu patrão o despedirá? Dificilmente. Mas mesmo que você seja demitido, há outros empregos. Pessoas vão espalhar boatos a seu respeito? Provavelmente não. Mas se espalharem, por que você deve levar a vida com base no que os outros dizem? E pessoas espalharão boatos, mesmo que você não goste ou jamais diga qualquer coisa e, se é assim, por que se sufocar para evitar as fofocas?

- Se desconfiar de que alguém por cujo serviço você paga tenta vitimá-lo não executando a tarefa da maneira prometida, tal como consertar seu carro, fique e observe o trabalho; contanto que isso não o vitime ainda mais por desperdiçar seu tempo.

Exija que essas pessoas mostrem que fizeram o que prometeram e não acredite nem por um segundo que tem de concordar em pagar antecipadamente o que cobrarem. Diga antes de começar o serviço que não quer um novo filtro de óleo ou, na certa, vão instalar um, precise você dele ou não. Seja firme ao pedir explicações de cobranças que julgue injustificadas. No restaurante, se o garçom cobrar a mais, fale com a gerência e não dê gorjeta se achar que o erro não foi acidental. (Garçons sempre pedem desculpas e alegam que a cobrança a mais foi um engano.) E você pode simplesmente recusar-se a premiar a incompetência ou a tentativa de depená-lo.

Desenvolva o hábito de conferir todas as faturas que receber. Se achar que estão cobrando a mais, comunique à empresa exatamente o que pensa a esse respeito e recuse-se a fazer negócio com pessoas que o estão enganando. Além disso, envie uma queixa formal aos órgãos de proteção ao consumidor que porventura houver em sua cidade. Uma carta de dois minutos a uma dessas organizações ajudará a pôr fim a essas práticas. Você talvez pense que a cobrança a mais é rara e geralmente acidental, mas descobri que contas de restaurantes são geralmente incorretas e que 90 por cento dos supostos erros são propositais. Aparentemente, as leis de probabilidade estatística não se aplicam a esses "erros". Quando isso lhe acontecer, informe imediatamente a gerência e faça sua queixa com determinação, se quer defender seus direitos. Se não, simplesmente diga à gerência que não vai pagar o que estão cobrando e que não voltará mais àquele estabelecimento.

• Quando lhe disserem que tem de esperar um tempo ridiculamente longo para receber seus móveis ou carro, por exemplo, não se deixe vitimar aceitando a suposição do vendedor de que você tem de aceitar o que for mais conveniente para ele, ou conformando-se com a palavra dele de que ninguém pode lhe entregar antes a mercadoria. Se é um carro que você quer, confira com concessionárias em outros locais e mesmo em outros estados, se necessário. Informe à empresa de entrega lenta que não está interessado em tal espera e trate especificamente com a gerência, e não com os vendedores. Diga à gerência que vai procurar um concorrente, se não conseguir uma entrega rápida. Fale com atacadistas e mesmo com fabricantes, se achar que pode obter serviço especial de entrega rápida. Jamais pague antecipadamente e consiga em todos os contratos a declaração de que receberá de volta o depósito mínimo se o vendedor não cumprir todos os requisitos do acordo. Você não tem de ser inconveniente, mas firme e forte, e não apenas mais uma dessas vítimas que dizem: "Ah, uma espera de apenas dez semanas. Vai ter de ser assim, acho, mesmo que eu quisesse o produto antes."

Um cliente, informado em Nova York de que só poderia receber um carro depois de oito semanas, telefonou para uma concessionária em Michigan e soube que poderia recebê-lo em quatro dias, pagando 300 dólares a menos que o preço de Nova York. Ele viajou 12 horas de ônibus para buscar o carro e fez uma agradável viagem de férias com o dinheiro economizado.

Geralmente todas as situações podem ser transformadas em vitória, se você não esperar ser vitimado ou admitir que isso aconteça.

• Como princípio, recuse-se a pagar por má qualidade ou por serviço medíocre. Se a salada do restaurante parece feita de palha, se a torta está queimada ou algo parecido, simplesmente chame a atenção para o fato e solicite que o prato seja retirado da conta. Se o garçom ou o caixa darem confiança a você apenas converse com alguém que não seja empregado e, assim, não será vitimado.

Se algum dia lhe cobrarem por algo que não pediu, ou cobrarem a mais, não pague a conta, e não fique intimidado com cartas grosseiras ou ameaças de comunicação ao serviço de proteção ao crédito. Não podem prejudicá-lo, se você não deixar, e a recusa em pagar por materiais ou por serviços deficientes é a única maneira de evitar que você receba em sua testa o carimbo de vítima.

Conclusão

Você pode agir a partir de uma posição de força se depositar total confiança em si mesmo e se tratar as pessoas em situações de autoridade de igual para igual. Você pede para ser vitimado quando confia por completo em uma pessoa que controla inteiramente sua vida. Se aproveitar ou construir suas oportunidades, em vez de esperar que o sucesso aconteça, e se procurar atingir objetivos sem envolver emoções no resultado, quando menos esperar estará fora da lista de vítimas. Uma única pequenina frase resume o conteúdo deste capítulo: "Se está pagando ao violinista, certifique-se de que ele está tocando a música que você quer."

3
Recuse-se a ser dominado pelo que passou ou que não pode ser mudado

O progresso e o crescimento
são impossíveis se você sempre
fizer as coisas da maneira
que sempre as fez.

Uma das principais táticas vitimadoras, usada inúmeras vezes em nossa cultura, utiliza referências a coisas sobre as quais você nada pode fazer, ou a comportamentos e fatos que hoje fazem parte da história. Você pode aprender a evitar essas armadilhas monumentais recusando-se a ser atraído para discussões, conscientizando-se da maneira como outras pessoas tentarão desviar sua atenção e lançá-lo na defensiva com queixas a respeito de fatos passados que você jamais poderá mudar, e, ainda, rejeitando o tipo peculiar e a falta de lógica com que tentam fisgá-lo.

Sempre sustentei que podemos aprender muito com os animais, sem termos de agir com base no puro instinto, como eles são obrigados a fazer em razão de suas limitações de raciocínio. Em *Folhas de relva*, Walt Whitman escreveu de forma comovente sobre seu amor pelos animais:

Acho que poderia ir viver com os animais, tão plácidos
e autosuficientes são eles.
Não me canso de olhá-los.
Não suam nem se queixam de seu estado.
Não ficam acordados na escuridão nem choram por
seus pecados,
Não me enojam discutindo seu dever para com Deus,
Nenhum deles vive insatisfeito, nenhum enlouquece
com a mania de possuir coisas,
Nenhum se ajoelha diante de outro, nem de sua espécie
que viveu há milhares de anos,
Nenhum deles é respeitável ou infeliz em toda a Terra.

Por algum motivo, animais não conseguem se deter em fatos do passado. Embora sejam privados de algumas belas recordações, misericordiosamente são incapazes de remoer pensamentos e recriminações desnecessários e só podem consultar o presente para viver o agora. Para sair da lista de vítimas, você precisa aprender uma pequena lição com os animais e iniciar um curso para: 1) compreender ou lembrar a si mesmo quais tipos de coisas não podem mudar; 2) tornar-se consciente do modo como outras pessoas tentarão usar o passado para vitimá-lo; 3) perceber como você mesmo usa o passado para vitimar-se; e 4) implementar estratégias específicas de não vítima em todas as ocasiões em que identificar comportamento vitimador em si mesmo ou nos demais.

Algumas coisas que não poderá mudar, faça o que for

O aspecto mais óbvio a respeito do qual nada pode fazer agora é o seu passado. Tudo o que você fez já passou e, muito embora se possa quase sempre aprender com o passado, e às vezes alterar efeitos que persistem no presente, não se pode desfazer o que já foi feito. Por conseguinte, todas as vezes que se flagrar discutindo consigo mesmo sobre como devia ter feito alguma coisa, em vez de discutir como pode crescer com os erros passados ou o que pode fazer agora, você cai numa armadilha da qual não há escapatória. Remoer fatos passados, lembrar-se de como fez isso ou aquilo, e de como deveria ter feito, ou sofrer com o modo como poderia ter agido, são reações de vítima, que você deve combater. Você só pode viver o momento presente, é absurdo e contraproducente deixar-se magoar pelo que aconteceu.

Além de seu passado, há vários outros aspectos que você não pode mudar e que, por consequência, são logicamente infrutíferos, portanto não deveriam perturbá-lo. Você pode aprender a aceitar situações das quais não pode desviar-se ou continuar a ser neuroticamente perturbado por elas. Na lista de coisas que você deve claramente compreender que não pode mudar de modo algum estão incluídos:

- *As condições climáticas.* Talvez pareça dispensável dizer que você não pode mudar o tempo, mas pergunte a si mesmo com que frequência foi contrariado pela temperatura, pelo vento, pela chuva, pela tempestade, ou por qualquer outro fenômeno natural. Isto é um caso puro e simples de vitimação. Claro que você não tem de fingir que gosta de tempo cruel, mas você pode decidir não ser nem de leve aborrecido por essas condições.

- *Tempo que passa rápido ou devagar.* O tempo passa sempre no mesmo ritmo, goste você ou não. Você tem 24 horas todos os dias e pode queixar-se para sempre que o tempo parece estar voando ou se arrastando, mas tudo o que vai conseguir é ficar um pouco mais velho.

- *Impostos.* Vá em frente e arranque os cabelos por coisas como altos impostos e sua única recompensa será a derrota e o estresse naquele momento. Haverá sempre impostos e eles serão sempre altos demais. Você pode trabalhar para minimizar a mordida que o Leão lhe dá, votar em políticos que defendam impostos mais baixos, ou o que mais for, mas perturbar-se com impostos consiste simplesmente em uma inutilidade.

- *Sua idade.* Você não pode mudar sua idade. Pode, é verdade, mudar de aparência, de atitudes, de modo de se vestir, e mesmo a maneira como sente a idade, mas ela continua com você. Queixar-se sem cessar da idade não mudará coisa alguma, com exceção de fazê-lo sentir-se ainda mais velho, mais cansado ou artrítico do que já é.

- *As opiniões dos outros sobre você.* Mais uma vez, o que outras pessoas pensam de você é problema exclusivamente delas. Acreditarão quase sempre no que querem, goste você disso ou não, e embora possa fazer o possível para tratá-las como gostaria de ser tratado, ou para convencê-las, não vale a pena prejudicar a si mesmo tentando influenciá-las. Se, em última análise, você não pode determinar o que elas vão pensar a seu respeito, certamente não há lógica em ficar contrariado com suas opiniões, a menos que acredite que a opinião delas a seu respeito é mais importante que a imagem que tem de si mesmo.

- *Acontecimentos históricos.* Ficar aflito com o resultado de uma eleição, de uma guerra, de um debate ou de uma tempestade, por exemplo, apenas o imobilizará. O mesmo se aplica aos males sociais em grande escala da atualidade. Vejamos a "atual guerra no...". Por mais que isso o aborreça, o homem é uma criatura agressiva, que usa a guerra para estabelecer seu poder, uma vez que não confia o suficiente em sua mente para usar a razão. Os homens sempre lutaram entre si, e se continuam a guerrear hoje em alguma parte do globo, o fato não deve causar surpresa. Certamente você não tem de lutar em nenhuma guerra e pode fazer o que for capaz para banir esse flagelo do planeta. Mas sentir-se infeliz, desalentado, arrasado porque outras pessoas resolveram lutar é um procedimento vitimador. Você não poderá acabar com guerras, pragas, fomes etc., sentindo-se culpado ou infeliz, então se pergunte por que toma essas atitudes tolas e repressivas.

- *Sua altura e aparência física geral.* A maior parte do que você vê é o que recebeu. Queixas sobre o tipo de corpo, altura, orelhas, dedões dos pés, seios ou tamanho do pênis são apenas mais atitudes vitimadoras que nada lhe darão em troca, a não ser contrariedades. Gostar do que você recebeu é tanto uma questão de opção, como de mudar o que pode mediante dieta ou exercícios físicos. O que não pode mudar é melhor que aprenda a amar: e muito!

- *Doenças de outras pessoas.* Pessoas que você conhece e que ama vão adoecer. Você será uma vítima caso se imobilize nessas ocasiões, e aumentará também suas chances de se reunir aos entes amados na lista de doentes. De todas as maneiras, ajude-as, fique com elas, se quiser, console-as, mas não diga a si mesmo coisas como "isso não devia estar acontecendo" ou "não posso suportar vê-la desta maneira". Sua própria força servirá de modelo para os demais e poderá ajudá-los a se sentir melhor. Seu comportamento melancólico, porém, prejudicará todos, especialmente você.

- *Morte.* Por mais que algumas pessoas tentem negar, ninguém sai vivo deste planeta. A vida, na verdade, é uma doença terminal. Criamos uma mística sobre a morte que a classifica como algo a ser temido, a ser amaldiçoado, e ficamos desconsolados quando ela ocorre com nossos entes amados ou quando se aproxima de nós, como inevitavelmente acontecerá. Nossas atitudes mórbidas a respeito da morte, porém, são principalmente culturais, aprendidas, e você pode mudar as suas substituindo-as por atitudes de aceitação realista. Lembre-se das palavras de Jonathan Swift:

> É impossível que algo tão natural, tão necessário e tão universal como a morte tenha sido criado pela Providência como um mal para a humanidade.

• *A natureza como ela é.* Jennifer, 19 anos, choraminga: "Não gosto de piquenique naquela praia. Há areia demais por toda parte!" Praias simplesmente têm areia, pedras são duras, a água do mar é salgada e rios têm correntes. Você será para sempre uma vítima, a menos que aceite as coisas naturais e deixe de espernear quando se choca com a realidade como ela é. Toda vez que se vir queixando-se de algum aspecto da natureza, lembre-se de que isso é a mesma coisa que desejar estar no planeta Urano.

É sem dúvida alguma admirável trabalhar para ser um agente de mudança no mundo. Mas aprenda a escolher bem o que quer mudar, evitando vitimar-se por frustração e mágoa no presente, ao fazer julgamentos ridículos sobre coisas que jamais serão diferentes. Vamos ao que Ralph Waldo Emerson escreveu, por volta de 1841, em seu ensaio *Prudence*:

> Independente do que façamos, no verão haverá moscas. Se andarmos pela floresta, temos que alimentar os mosquitos.

Mais de 126 anos depois, ainda há moscas no verão e mosquitos nas florestas.

A ARMADILHA DO "VOCÊ DEVIA TER...": COMO E POR QUE FUNCIONA

Em todas as ocasiões em que alguém lhe disser "você devia ter...", já espere por uma tentativa de vitimação. Um "você devia ter..." não mudará coisa alguma que você tenha feito, mas pode ser usado para fazê-lo reconhecer que errou e para evitar tratar do que pode ser feito agora. Enquanto um vitimador potencial puder manter a conversa focalizada em seu comportamento passado, você pode ter certeza de que você não conseguirá o que está procurando agora.

Vejamos um exemplo de como funciona esse pequeno jogo vitimador:

Arthur mudou-se para uma nova casa na tarde de sexta-feira e telefonou para a empresa de eletricidade pedindo que sua energia elétrica fosse ligada. O funcionário a quem fez o pedido respondeu: "O senhor devia ter telefonado na quarta-feira. É tarde demais para fazer alguma coisa agora."

Arthur seria vitimado se concordasse em ser levado por essa tangente, o que era inteiramente ilógico porque não tinha como saber que a política da empresa era a de pedir um aviso de dois dias antes de ligar a energia elétrica da casa de alguém. Além do mais, na sexta-feira não havia como ele voltar à quarta e fazer o pedido, de modo que ser informado de que devia ter feito alguma coisa era tão absurdo quanto inútil. Ele, porém, sabia que coisas como essas eram ditas o tempo todo e reconheceu a armadilha, sabia que a empresa podia lhe fornecer energia naquele mesmo dia, se a pessoa certa desse a ordem, e pediu para falar com o supervisor. Explicou a ele seu caso em detalhes e sua luz foi ligada naquela noite, mesmo com o primeiro atendente lhe garantindo que tal coisa seria impossível.

O artifício do "você devia ter..." é usado praticamente em todos os minutos do dia, especialmente em repartições em todo o mundo por pessoas que querem imobilizá-lo para conveniência delas. Funciona porque as vítimas potenciais não o reconhecem quando ele é usado e por isso mesmo são levadas a se sentirem culpadas ou irresponsáveis. Afinal, a maioria das pessoas está disposta a mergulhar no passado e também muito inclinada a deixar que vitimadores as maltratem com digressões sobre uma questão de comportamento que nem mesmo ocorreu. Quando pessoas usam a tática do "você devia ter...", elas estão geralmente interessadas em fazê-lo sentir-se mal, e não desejam ajudá-lo a aprender com erros passados ou a corrigir sua ignorância. Uma vez que você se sinta mal ou estúpido, será fácil convencê-lo de que não poderão ajudá-lo de maneira alguma, e você estará liquidado: "Sinto muito, mas não há nada que eu possa fazer agora. O senhor devia ter..." Se aceitar isso, pobre de você, pequena vítima, passada para trás por não ter reconhecido a armadilha que lhe foi tão bem preparada, embora talvez não deliberadamente. É mais fácil castigar alguém que inconscientemente concorda que deve ser castigado e o "você devia ter..." destina-se a fazê-lo pensar justamente isso.

O "você devia ter..." é usado repetidamente com crianças para que continuem a se sentir culpadas e para mantê-las na linha. "Você devia ter me dito esta manhã, Dennis, que queria construir seu ninho de coelho no porão. Agora é tarde demais, acabei de limpar lá embaixo, e não quero mais sujeira, por enquanto." Dennis sabe que não havia como ter previsto que o pai ia limpar o porão naquele dia e que não há sentido no "você devia ter..." dele. Mas não pode usar sua própria lógica com o pai que, uma vez tendo começado com essa tática, recorrerá à raiva ou ao seu tamanho para vitimá-lo ainda mais.

A única estratégia para evitar a armadilha do "você devia ter..." é recusar-se a participar do ritual, focalizando-se no que de fato pode ser feito racionalmente no presente. Quando alguém lhe disser "você devia ter...", responda: "Você está me pedindo que volte no tempo e faça o que alega que eu devia ter feito, ou podemos falar sobre o que realmente pode ser feito agora mesmo?" Se não puder simplesmente evitar que uma pessoa, como o funcionário que atendeu Arthur, pare, acabe com o artifício do "você devia ter..." e se tiver de passar por cima dela, ao menos poderá impedir que um superior volte a usá-lo com você, começando com: "Estou tentando conseguir que minha energia elétrica seja ligada hoje, mas seu funcionário só quer falar sobre ontem (ou a última semana, o ano passado)."

Outras táticas comuns usadas para manter a atenção no que já passou

George Noel Gordon (Lorde Byron), o famoso poeta inglês, escreveu certa vez: "Mão alguma pode fazer com que o relógio bata para mim as horas que já passaram." Ainda assim, é precisamente isso o que as pessoas que querem vitimá-lo tentam fazer com inúmeras estratégias que se concentram em comportamento passado, e o "você devia ter..." é apenas uma das mais comuns e poderosas. Vejamos adiante sete frases tipicamente focalizadas no passado e que são quase sempre usadas para transformar pessoas em pobres vítimas e fazer com que aceitem seu suposto castigo:

1. *Por que fez isso dessa maneira?* Pedir-lhe que explique ou justifique um comportamento passado, em detalhes, pode eficazmente impedir que o foco da discussão mude para o presente, onde poderia produzir algum bem. Qualquer resposta que você possa dar será geralmente recebida com desprezo, desaprovação e um novo pedido que aumente ainda mais sua defensividade. Cuidado com o mágico "por quê?", que pode mantê-lo para sempre em retirada.

2. *Se você tivesse me consultado antes.* Pode ser verdade que, se você tivesse consultado essa pessoa antes, as coisas tivessem alcançado melhor resultado, mas pode ser igualmente falso, porque, talvez, a pessoa não lhe tivesse dito o que ela agora (com o benefício do olhar retrospectivo) diz. Ela pode estar simplesmente aproveitando uma oportunidade de aparecer à sua custa. E, além disso, é tarde para isso, de modo que se está tentando ajudá-lo com essa frase de emprego comum, ela está apenas o ajudando a sentir-se culpado por ter agido sem consultá-la: provavelmente para que possa liquidá-lo, usando o método que lhe aprouver, uma vez que pretensamente provou que você merece isso.

3. *Mas nós sempre fizemos isto desta maneira*! Esse pequeno e elegante artifício insinua que todas as vezes que se desvia de seu comportamento passado aceito, você deve sentir-se mal e reconhecer que não só violou os direitos de alguém, mas também os seus. (Que direito você tem de mudar?) Se puder ser levado a admitir que não deve fazer coisa alguma que não tenha feito antes, você recebe o castigo por qualquer novo comportamento. Certo?

4. *Se você disse isso antes, por que não vale mais agora?* Essa é a lógica do para sempre, significando que, se for conveniente a seus propósitos, as pessoas tentarão mantê-lo preso a tudo o que disse, mesmo décadas depois, mesmo que você tenha mudado, que as situações sejam outras e que todo mundo tenha virado pelo avesso. Se está se comportando de modo contrário ao que disse certa vez, então você é imoral, irracional, vil, contrário à ética – escolha a calúnia que quiser ou contribua com outra apropriada. Se puder ser levado a sentir-se mal por ter mudado, você, provavelmente, recuará e procurará manter o que disse no passado, mesmo que não acredite nisso agora, o que, naturalmente, fará seu vitimador feliz.

5. *Se eu não tivesse feito aquilo.* Essa é a "neurose do reexame", na qual você se machuca no presente revivendo erros de julgamento passados. Literalmente, você se amaldiçoa por ter feito alguma coisa de certa maneira. Mas você pode também vitimar-se pelo oposto. "Se eu tivesse feito aquilo", que é igualmente tolo. Claro que é impossível no presente fazer alguma coisa diferente no passado e remoê-lo só vai levar a um desperdício de seus momentos no agora.

6. *Ora, ainda ontem tivemos um caso parecido com o seu.* Esse é um estratagema que prestadores de serviço utilizam com frequência. Dizendo-lhe o que aconteceu num caso semelhante ao seu, levam-no a concordar com eles que deve realmente aceitar o lixo que está sendo lançado em cima de você porque "ainda ontem" eles vitimaram outra pessoa, fazendo com que ela aceitasse isso.

7. *De quem foi a culpa?* Refazendo todos os passos que levaram a um erro e atribuindo culpa às pessoas envolvidas, aquele que quiser pode evitar que a atenção seja focalizada em algum aspecto construtivo. Procurar a culpa por acontecimentos que passaram, a não ser para fins de indenização financeira, constitui um desperdício de tempo. Se ficar provado que Herby teve 40 por cento da culpa, que Michael é responsável por 35 por cento e que os 25 por cento restantes devem ser divididos por quatro pessoas, no que isso vai dar? Persistindo na busca por falhas, você pode passar a melhor parte da vida atribuindo responsabilidades e distribuindo culpas.

Vejamos a seguir as mesmas sete frases e o que você poderia esperar, de uma pessoa não vitimada.

Frase vitimadora	*Frase não vitimadora*
Por que fez isso dessa maneira?	O que foi que você aprendeu fazendo isso dessa maneira?
Se você tivesse me consultado antes!	Talvez seja melhor, no futuro, você me consultar antes.
Mas nós sempre fizemos isto dessa maneira!	Você está diferente agora e isso é difícil para eu aceitar.
Se você disse isso antes, por que não vale mais agora?	Você me levou a acreditar em algo diferente e isso é doloroso para mim.
Se eu não tivesse feito aquilo.	Compreendo o que saiu errado e não vou repetir meu erro.
Ora, ainda ontem tivemos um caso parecido com o seu.	Posso ajudá-lo em alguma coisa?
De quem foi a culpa?	De que modo podemos evitar isso no futuro?

Parentes usarão frases vitimadoras como as citadas nesta página para fazer com que você se torne a pessoa que desejam. Pessoas da família as utilizarão para justificar castigos que estão prestes a aplicar ou para impedir que membros rebeldes se tornem independentes demais. Comerciantes que querem que você pague sem questionar as empregarão, bem como funcionários e recepcionistas pagos para impedir que você atinja suas metas à custa da empresa que defendem com tanto ardor. Vitimadores recorrerão a essas táticas para evitar a lógica, escapar do momento presente, manipular, intimidar e vencer. Logo que alguém com quem mantenha algum negócio fizer uma referência ao passado, pergunte a si mesmo se ele o está vitimando ou não, e prepare-se para agir em conformidade com isso. Vejamos outro exemplo:

Há vários anos, Sam solicitou por telefone a compra de alguns títulos municipais e o corretor lhe prometeu que seriam entregues numa certa data. Quando eles chegaram, uma semana depois, Sam recusou-se a assinar o cheque. Ao telefone, o corretor, que acabava de perder uma grande comissão, tentou dizer a Sam que ele não podia fazer isso, porque deveria ter-lhe telefonado quando não recebeu os títulos na data prometida. De modo que Sam simplesmente teria de aceitá-los. "Por que não me telefonou?", repetia sem parar.

A reação de Sam: "Você pensa mesmo que eu devo me explicar? Acha, mesmo, que era responsabilidade MINHA telefonar a você quando era *você* quem estava atrasado na entrega?"

O corretor logo desistiu e acabou ficando com os títulos.

VOCÊ PODE VITIMAR A SI MESMO ATANDO-SE AO PRÓPRIO PASSADO

Enquanto algumas pessoas estão claramente dispostas a utilizar referências ao passado para manipulá-lo como quiserem, é possível que você também aja desse modo consigo mesmo. Talvez, como tantas pessoas, você viva hoje de acordo com antigas convicções que não se aplicam mais. Pode sentir-se aprisionado pelo passado, mas sem disposição para quebrar grilhões e recomeçar a vida.

Joanne, uma cliente que me procurou para aconselhamento porque vivia nervosa e preocupada, contou-me que não podia passar um dia sem se sentir tensa. Revelou que estava sempre culpando os pais por uma infância infeliz: "Eles não me davam a menor liberdade. Fiscalizavam constantemente meu comportamento. Transformaram-me na pessoa nervosa que sou hoje." Tais eram as lamentações de Joanne, embora ela tivesse 51 anos e os pais estivessem mortos há muito tempo. Ela se agarrava ainda ao que acontecera 35 anos antes, e ajudá-la a libertar-se de um passado que não podia mudar constituía o principal objetivo das sessões de aconselhamento.

Analisando e compreendendo a inutilidade de odiar os pais por terem feito o que acreditavam ser correto, e colocando todas essas experiências onde deviam estar – no passado –, Joanne logo aprendeu a abolir a culpa autodestrutiva que atribuía aos pais mortos. Reconheceu que, mesmo adolescente, tomara decisões que permitiram que os pais superprotetores a perturbassem e que se tivesse sido mais assertiva naquela época não teria sido tão vitimada. Começou a acreditar em sua própria capacidade de *opção*, a reconhecer que ela mesma escolhera por todo aquele tempo viver uma existência de infelicidade e que estava destruindo-se ao manter o mesmo hábito. Eliminando as vinculações vitimadoras com um passado que jamais poderia mudar, Joanne literalmente libertou-se de suas apreensões.

Ao analisar influências passadas em sua vida, certifique-se de que não está se apegando à crença de que alguém é responsável pelo que você está sentindo ou fazendo, ou mesmo deixando de fazer, hoje. Se descobrir que está culpando os pais, os avós, os tempos difíceis, ou o que quer que seja, por seus problemas atuais, mantenha em mente esta pequena frase: "Se o passado é culpado pelo que eu sou hoje, e se o passado não pode ser mudado, estou condenado a continuar a ser o que sou." O hoje é sempre uma experiência novinha em folha e você pode decidir agora desvencilhar-se de todas as situações penosas de que se lembra no passado e transformar o atual momento em algo agradável.

A verdade simples a respeito de seus pais é a seguinte: eles fizeram o que sabiam. Se seu pai era um alcoólatra ou se o abandonou quando criança, se sua mãe era superprotetora ou indiferente, era isso o que sabiam fazer naquela ocasião. Quaisquer que tenham sido os acontecimentos infelizes da sua juventude, você, provavelmente, transformou-os em experiências muito mais traumáticas do que foram na época. Crianças geralmente se adaptam a tudo (a menos que seja uma experiência muito debilitante) e não passam os dias choramingando e sentindo pena de si mesmas porque os pais são assim ou assado. De modo geral, aceitam a família e as atitudes dos pais, por exemplo, como são, da mesma maneira que aceitam o estado do tempo e continuam a viver. Têm a cabeça cheia das maravilhas do universo e se divertem criativamente, mesmo no que outros considerariam condições apavorantes. Em nossa cultura, porém, os adultos analisam muitas vezes o passado, lembrando-se de experiências horrivelmente mutilantes, muitas das quais realmente nunca experimentaram.

Quando meus clientes se preocupam em descobrir no passado o motivo de se comportarem hoje desta ou daquela maneira, digo-lhes que escolham duas ou três de suas explicações favoritas numa lista como a que verão a seguir. Usem-nas, se precisarem, e em seguida comecem a fazer novas opções hoje. Essas são algumas das razões mais comuns do passado utilizadas por pessoas para explicar por que hoje são o que são. Depois de passar muito tempo e gastar muito dinheiro em terapia, analisando o passado, a maioria descobre uma das seguintes razões:

Meus pais eram irresponsáveis.
Meus pais eram inibidos demais.

Minha mãe era superprotetora.
Minha mãe era indiferente.

Meu pai me abandonou.
Meu pai era rigoroso demais.

Todos faziam tudo por mim.
Ninguém fazia nada por mim.

Eu era filho único.
Eu era o mais velho.
Eu era o mais moço.
Eu era o filho do meio.

Os tempos eram realmente difíceis.
Os tempos eram fáceis demais.

Eu morava em um cortiço.
Eu morava em uma mansão (em uma casa grande, incrementada etc.).

Eu não tinha liberdade.
Eu tinha liberdade demais.

Nós éramos religiosos demais.
Não havia religião em casa.

Ninguém me escutava.
Eu não tinha privacidade.

Meus irmãos e irmãs me odiavam.
Eu era adotado.
Vivíamos em um bairro onde não havia crianças.

(E assim por diante.)

Quaisquer que sejam as razões que escolha, saiba que é um mito essa história de que há interpretações autênticas do passado de alguém. O melhor que um terapeuta pode lhe dar é um palpite, que promoverá sua compreensão, se você acreditar que a sugestão é verdadeira. A verdade não está no palpite, mas no fato de você se convencer de que ele é utilmente correto. Embora eu reconheça que você pode desenvolver percepção sobre você mesmo, analisando seu passado, o fato é que sua consciência sobre o passado não vai mudá-lo, assim como também não transformará o presente. Deste modo, culpar o passado pelo que você é hoje simplesmente o manterá num atoleiro.

Quase todos os grandes pensadores se esqueceram do passado, exceto no tocante à experiência ou à história que podia ajudá-los, e viveram inteiramente no presente, preocupados em melhorar o futuro. Inovadores jamais dizem: "Nós sempre fizemos isso dessa maneira e, por conseguinte, não vamos mudá-la." Nunca. Aprendem com o passado, mas não vivem nele.

Em várias de suas peças, Shakespeare alude à loucura do indivíduo de se consumir no passado. Em certa altura, adverte: "O que passou e não pode ser mudado deve ser mágoa passada." Em outro verso, lembra que "coisas sem remédio devem ser ignoradas; o que passou, passou".

A arte de esquecer pode ser essencial à arte de viver. Raramente vale a pena trazer à tona todas aquelas pavorosas recordações que você armazenou com tanto cuidado no cérebro. Como senhor do que permanece em seu cérebro, você não tem obrigação de guardá-las. Livre-se dessas recordações mutilantes e, mais importante, desista de pôr a culpa (e a raiva que abriga) nas pessoas que fizeram apenas o que sabiam fazer. Se o trataram de maneira terrível, aprenda com isso, prometa a si mesmo não tratar os demais da mesma maneira, e os perdoe do fundo do coração. Se não puder perdoá-los, então você resolveu continuar a se sentir magoado, o que o vitimará ainda mais. Além de tudo, se não esquecer e perdoar, você será a única pessoa a sofrer. Se encarar a questão desse ponto de vista, por que continuar a se apegar a um passado que continua a vitimá-lo?

Estratégias para evitar que você seja vitimado por referências ao passado

Sua estratégia básica para evitar cair em armadilhas referentes ao passado consiste em permanecer alerta, vê-las chegar e dar um passo para o lado, antes de se deixar seduzir por elas. Coragem e comportamento assertivo o levarão ao sucesso, logo que tenha avaliado bem a situação. Damos a seguir algumas diretrizes para enfrentar pessoas dispostas a puxá-lo para as sufocantes referências ao passado.

• Quando alguém lhe disser que as coisas sempre foram feitas de certa maneira, ou lembrá-lo de como outras pessoas se comportaram no passado, com a finalidade de vitimá-lo no presente, experimente perguntar: "Você gostaria de saber se eu me importo com o que está me dizendo agora?" Isso desarmará o vitimador potencial, antes mesmo que ele comece. Mas se ele disser: "Muito bem, você se importa?" Você pode simplesmente responder: "Não. Estou interessado em falar sobre o que pode ser feito agora."

• Quando pessoas com quem tem de lidar pessoalmente usarem o "você devia ter...", "apenas na última semana..." etc., para não ouvir o que você diz, tente se afastar por um instante e crie um pouco de frieza. Você as ensina com comportamento, não com palavras, e assim demonstra que não está disposto a conversar sobre acontecimentos passados, usados agora para transformá-lo em vítima.

• Esforce-se para eliminar da fala todas as referências vitimadoras ao passado, evitando desta maneira ensinar alguém a usá-las contra você. Evite "você devia ter...", "por que não fez isso daquela maneira?" e outros argumentos que vitimam amigos e parentes. Seu exemplo mostrará o que você está esperando dos demais e suas solicitações de ser poupado desse tipo de vitimação não serão recebidas com um "olhem só quem está falando!".

• Quando alguém começar com "você devia ter...", tente dizer a ela: "Se você puder me arranjar uma passagem de ida e volta para o tempo de que está falando, terei prazer em fazer o que você diz que eu devia ter feito. Mas se não puder..." Seu "adversário" perceberá que você viu a armadilha e isso é mais de meia batalha ganha. Alternadamente, você pode tentar: "você tem razão, eu devia ter feito isso". Logo que você concorda, passa a seu adversário a responsabilidade de tratar com você no presente.

- Se alguém lhe perguntar por que você fez alguma coisa de certa maneira, dê sua resposta mais curta. Se a pessoa argumentar que suas razões foram erradas, você pode dizer que concorda ou discorda no momento, *mas* que entendeu ter sido solicitado a explicar seu raciocínio no passado, e não a justificar o que fez. Se necessário, pode acrescentar: "Se não gostou da minha explicação, talvez queira me dizer por que você pensa que eu fiz isso e poderemos discutir suas opiniões, e não as minhas." Esse tipo de conversa franca ensinará logo aos demais que você não vai sucumbir aos seus estratagemas vitimadores.

- Quando desconfiar que alguém está chateado com você e usando típicas armadilhas orientadas para o passado a fim de manipulá-lo, em vez de dizer o que pensa no momento, force a questão com: "Você está realmente decepcionado comigo, não? Está mais nervoso do que pensei que ficaria. Está zangado porque acha que o deixei na mão." O foco, nesse caso, muda para o problema real, que é a aflição da pessoa. Essa estratégia de rotular sentimentos atuais invalida também as oportunidades de outras pessoas de vitimá-lo.

- Se achar que realmente errou ou que foi desatencioso na situação que está sendo discutida, não tenha receio de dizer: "Você tem razão, e da próxima vez não agirei dessa maneira." Dizer simplesmente que aprendeu é muito mais eficaz que achar que tem de defender e reviver interminavelmente o passado.

• Quando alguém íntimo, como uma companheira ou um amigo querido, começar a falar num incidente do passado que você sabe que é doloroso para essa pessoa, e que você acha que já foi discutido mais que o suficiente, tente manter o foco nos sentimentos dela, em vez de ser seduzido pela rotina do "como você pôde ter...?" ou "você não devia ter..." Se a pessoa insistir em continuar a culpá-lo, não reaja com palavras, que intensificarão ainda mais a dor. Em vez disso, faça um gesto de afeto – um beijo, um toque no ombro ou um sorriso carinhoso – e se afaste por um tempo. Demonstrando afeição e se afastando, você, com seu comportamento, ensina a outra pessoa que está solidária com ela, mas que simplesmente não vai ser vitimado, revivendo um assunto que foi discutido no passado e que acabou apenas em sentimentos de rancor.

• Prometa a si mesmo aprender com o passado, em vez de repeti-lo ou de conversar interminavelmente sobre ele, e discuta a resolução com as pessoas que acha que são seus maiores vitimadores. Estabeleça as regras fundamentais que gostaria que fossem observadas daí em diante: "Não vamos nos martirizar com coisas que já passaram. Em vez disso, vamos chamar a atenção um do outro, sem maldade, quando sentirmos que isso está acontecendo." Com o cônjuge ou alguém íntimo, você pode adotar um sinal não verbal, como um puxão de orelha, quando achar que tenham surgido referências vitimadoras ao passado.

• Quando alguém começar a lhe falar sobre os bons e velhos dias, como fazia as coisas quando era jovem, ou o que quer que seja, você pode responder com: "Na verdade, por ser mais velho que eu, você teve mais tempo para praticar e reforçar a maneira de fazer as coisas ineficientemente, bem como mais tempo para aprender com a experiência. De modo que o fato de sempre ter feito as coisas de certa maneira não prova que eu deva agir assim." Uma declaração simples como essa diz ao vitimador potencial que você está alerta e que não dirige sua vida de acordo com a maneira como outras pessoas costumavam conduzir a delas.

- Não dê tanta importância a recordações de modo a fazer as coisas apenas para poder lembrar-se delas mais tarde. Esforce-se para desfrutar o momento presente. Em vez de usar os momentos futuros para relembrar, concentre-se em novas e agradáveis experiências. Não que recordações sejam coisas neuróticas, mas elas devem ocupar o segundo lugar se comparadas aos momentos presentes mais agradáveis. Pense bem no que Francis Durivage escreveu:

> Ensinam-nos a lembrar. Por que não nos ensinam a esquecer? Não há homem vivo que não tenha, alguma vez em sua vida, reconhecido que a recordação tanto foi uma bênção como uma maldição.

- Esforce-se para acabar com as queixas a respeito de situações que não podem absolutamente ser mudadas, como as já mencionadas neste capítulo. Controle-se quando notar que essas queixas inúteis surgem em sua mente ou em uma conversa, até que possa deixar de vez de fazer esses jogos vitimadores consigo mesmo. Acompanhe seus sucessos com um diário, se for preciso.

- Perdoe as pessoas que lhe fizeram mal no passado e prometa que não vai continuar a se vitimar por recordações do mal que foi feito ou por pensamentos de vingança, que apenas o machucam. Se possível, escreva ou ligue para alguém com quem se recusou a falar e recomece tudo. Guardar velhos rancores serve apenas para impedir que desfrute muitas experiências potencialmente enriquecedoras com outras pessoas, simplesmente porque elas podem, uma ou duas vezes, ter cometido erros que o afetaram. E quem não os cometeu? Lembre-se que se continua perturbado ainda hoje com o comportamento passado delas, então continua a ser controlado por elas.

Esforce-se ativamente para assumir riscos, adotando comportamento assertivo e confrontador, com o maior número de pessoas possível. Reserve tempo para dizer aos outros o que sente agora e explique, quando necessário, que não continuará a discutir o que não pode ser mudado. Aceite os riscos ou seja vítima: a escolha é sua.

Conclusão

Nossa mente é capaz de armazenar um volume incrível de dados. Embora isso seja de muitas maneiras uma bênção, pode ser também uma maldição quando conservamos recordações que só servem para nos magoar. Sua mente é *sua*. Você tem a capacidade extraordinária de expulsar dela recordações vitimadoras. E, com determinação e atenção, tem também o poder de ajudar os demais a parar de vitimá-lo.

4
Evite a armadilha da comparação

Em um mundo de indivíduos
a comparação é uma atividade
sem sentido.

Teste de dez itens

Responda a este pequeno questionário antes de começar a ler o capítulo.

Sim	Não	
–	–	1. Você deseja, com frequência, parecer-se com alguém que julga belo ou atraente?
–	–	2. Quer sempre saber como outros se saíram em testes a que você se submeteu?
–	–	3. Você usa palavras como "normal" e "comum" para se descrever?
–	–	4. Você diz a seus filhos (ou a si mesmo) que não podem fazer certas coisas porque outras pessoas também não as estão fazendo?
–	–	5. Você se esforça para ser igual a todo mundo, de modo a ajustar-se?
–	–	6. Você pergunta a outras pessoas: "Por que você não pode ser igual a todo mundo?"

– – 7. Você sente ciúme do sucesso dos demais?

– – 8. Você estabelece metas pessoais de acordo com o que outros conseguiram?

– – 9. Você se acomoda quando alguém lhe diz: "É assim que todos são tratados. Você não é exceção"?

– – 10. Você precisa saber o que os outros estão usando antes de escolher suas roupas ou ficar satisfeito com sua aparência?

Qualquer resposta *sim* indica que você é vítima de uma doença muito comum em nosso mundo: a de se comparar a outras pessoas a fim de resolver como deve conduzir-se na vida.

As pessoas precisam confiar bastante em si mesmas para consultar suas necessidades interiores, a fim de resolver o que elas querem fazer e, se não possuem essa autoestima, utilizam o único padrão disponível: o da comparação com outras pessoas, manobra que praticamente todos querem usar, uma vez que é uma maneira eficaz de manter os demais na linha. Para escapar dessa armadilha de comparações constantes, você terá de desenvolver uma confiança suficientemente forte em si mesmo (que pode praticar a cada minuto de sua vida) e utilizar algumas das estratégias descritas neste capítulo.

Mas, em primeiro lugar, você tem de compreender que lhe é impossível ser igual a todo mundo e continuar a ser você mesmo. Pelo que li até agora, Ralph Waldo Emerson compreendeu isso melhor que ninguém. Em *Self-Reliance*, ele escreveu:

> Aquele que quer ser um homem, tem de ser um não conformista. Aquele que quer colher as palmas imortais não deve ser prejudicado pelo nome do bem, mas estudá-lo para ver se é o bem. Em última análise, coisa alguma é sagrada, salvo a integridade da mente do homem.

Essas palavras, embora extremamente potentes, não traduzem os sentimentos mais populares. Por definição, a não conformidade não é aprovada pela maioria das pessoas que, como maioria, estabelece os padrões do conformismo.

Embora a não conformidade, declarada em si e por si mesma, não seja aqui defendida, é importante a autoanálise, bem como a avaliação de suas aspirações mais pessoais e a compreensão do absurdo de dirigir sua vida com base na comparação com os demais, se quiser evitar essa que é uma das variedades mais graves de manipulação. Pessoas que querem que você seja como elas, ou que desejam manobrá-lo, irão lembrá-lo repetidamente do modo como elas e os demais fazem as coisas, com o objetivo de lhe dar sólidos exemplos para seguir. Resista a suas sugestões, como também a sua própria tentação de procurar modelos fora de si mesmo.

Você é excepcional em todo o mundo

O primeiro passo para escapar da armadilha da comparação consiste em compreender que *você é único* e que leva consigo essa condição aonde quer que vá. Como no velho ditado: "Aonde quer que eu vá, é onde estou." Ninguém é sequer remotamente parecido com você em termos de sentimentos íntimos, pensamentos e desejos. Se aceitar essa ideia, vai também se perguntar seriamente por que deveria usar o exemplo de alguém para fazer ou deixar de fazer alguma coisa.

Nossa cultura é composta de pessoas (todas elas únicas) que, com uma frequência excessiva, sentem-se ameaçadas por todos que são diferentes. Claro que na história conhecemos pessoas cuja excepcionalidade as tornou grandes e as elogiamos. Há um técnico de futebol americano muito conhecido, por exemplo, que cita Emerson como modelo em suas preleções. Mas todos os que estudam o técnico e Emerson sabem que Ralph Waldo não duraria uma hora no campo de treinamento. Tudo o que o técnico diz sobre ser não conformista, sobre não ter heróis e sobre cada pessoa ser ela mesma não combina de maneira nenhuma com o fato de não permitir que seus jogadores falem à imprensa, de distribuir entre eles selos de identidade para que preguem em seus capacetes como recompensas visíveis por terem feito um bom trabalho, de servir como porta-voz de todo mundo, e de coisas assim. De modo similar, pessoas como Jesus, Sócrates, Gandhi, Sir Thomas More e, em tempos bem recentes, Harry Truman e Winston Churchill, foram ridicularizadas por seu louco individualismo na época em que viveram e, mais tarde, foram endeusadas, somente quando era seguro fazer isso.

Em nossas salas de aula, usamos coisas como curvas de normalidade para decidir quem está se ajustando e quem não está. Utilizamos instrumentos padronizados a fim de medir tudo nas pessoas, na busca da sagrada média. A propósito, Frederick Crane disse certa vez: "A mediocridade encontra segurança na padronização." Mesmo assim, a despeito de todas as pressões sobre você e dos lembretes constantes de que deve ser como os demais, você nunca, jamais, será como qualquer outra pessoa. Você ainda percebe, pensa e sente de modo próprio e muito especial. Se vier a compreender a motivação dos demais para utilizar referências externas, que têm o exclusivo objetivo de controlar seu comportamento e torná-lo submisso, você poderá pôr um ponto final nessa forma de vitimação.

O conceito de solidão existencial

Além de compreender que é único neste mundo, você precisa aceitar também a ideia de que está sempre sozinho. Sim, sozinho!

Ninguém poderá jamais sentir o que você está sentindo, esteja cercado por centenas de milhares de pessoas, fazendo amor com uma pessoa ou trancado sozinho dentro de um armário. Sua inevitável solidão existencial significa simplesmente que sua existência humana baseia-se, e não pode ser de outra maneira, no fato de você estar sozinho, com sentimentos e pensamentos únicos, só seus.

O reconhecimento de tal solidão existencial pode ser muito libertador ou altamente escravizante, dependendo do que resolver fazer com ela. Mas, em qualquer caso, jamais poderá mudá-la. Poderá, contudo, resolver torná-la uma experiência libertadora, fazendo com que trabalhe a seu favor, como aconselho a muitos de meus clientes.

Vejam por exemplo o caso de Ralph, um executivo de 46 anos, que me procurou há alguns anos em busca de aconselhamento.

O confronto de Ralph com sua solidão existencial ocorreu de repente. Contou-me que estivera sentado em sua sala de estar certa noite, olhando para a esposa, que lia o jornal, inconsciente do turbilhão de pensamentos que rodopiavam em sua cabeça. De repente, teve a impressão sobrenatural de que essa pessoa, com quem estava casado havia 24 anos, nem mesmo o conhecia, que era como se fosse uma completa estranha, sentada ali na sala. Deu-se conta pela primeira vez de que aquela pessoa nunca, jamais, conheceria seu mundo privado.

O sentimento foi muito assustador e Ralph não soube bem o que fazer, salvo procurar aconselhamento. Em nossas primeiras sessões, ele achou que tinha de fazer alguma coisa a respeito, divorciar-se ou fugir. Mas à medida que começou a compreender a verdade fundamental sobre o que significa ser humano, aprendeu a encarar sua solidão existencial de uma perspectiva inteiramente diferente: libertadora, se preferirem. Uma vez que a esposa jamais sentiria o que ele sentia, deixaria de esperar que ela o compreendesse e sempre estivesse junto a ele. Reciprocamente, compreendeu que a esposa estava também existencialmente sozinha, de modo que podia aliviar-se do fardo de estar com ela todo o tempo e experimentar o que ela sentia, o que algumas vezes havia resultado em uma culpa desnecessária. Armado com essa percepção, conseguiu pôr um ponto final na detestável busca, condenada ao fracasso, de alguém que sentisse o que ele sentia e começou a governar a própria vida.

Depois de algum tempo, Ralph sentia-se um novo homem: tudo porque fora libertado da tentativa insensata de que alguém lhe fizesse companhia dentro de seu corpo e mente, que são únicos e excepcionais.

É importante notar que Ralph poderia ter transformado em desastre a percepção da solidão existencial, como fazem tantas pessoas, dizendo a si mesmo que era um prisioneiro de sua condição humana e que ninguém jamais o compreenderia. Antes de me procurar para consulta, ele se queixara bastante de que a esposa não o compreendia, e a intuição súbita de que ela era de certa maneira uma estranha poderia ter agravado esse comportamento e feito a situação parecer irremediável. Enquanto estudávamos juntos a solidão existencial, porém, Ralph reconheceu a inutilidade de tentar que alguém lhe fizesse companhia internamente e que, embora pessoas possam compartilhar de muitas coisas e se tornar muito íntimas, a simples verdade é que só se podem conhecer superficialmente. Os seres interiores são rigorosamente excluídos, em virtude da própria condição humana.

A solidão existencial tanto pode ser uma fonte de grande força, quanto de grandes problemas. Em todas as ocasiões em que você sentir a tentação de usar como modelo a vida de outra pessoa, a fim de pautar por ela a sua, lembre-se da frase de Henrik Ibsen, o dramaturgo norueguês do século XIX: "O homem mais forte do mundo é aquele que está mais sozinho."

Ora, você pode interpretar isso como atitude antissocial, egoísta, se é o que deseja fazer, ou pode encarar o que é ditado pelos parâmetros de sua própria realidade. O fato é que as pessoas que produziram o maior impacto sobre a humanidade, que ajudaram o maior número de pessoas, foram aquelas que consultaram seus sentimentos em vez de fazer o que todos diziam que deviam. Nesse contexto, ser forte significa deixar de tentar querer que todos sintam o que você está sentindo e defender aquilo em que acredita.

Voltando a meu antigo cliente Ralph: ele ainda considera aquele momento em sua sala de estar um dos mais importantes em sua vida porque além de levá-lo para a terapia e lhe dar liberdade para pôr um ponto final em um esforço de uma vida inteira, e ainda por cima inútil, para que a esposa e os filhos sentissem o que ele sentia, também lhe deu forças para encarar a vida de uma forma mais poderosa e positiva. Ele continua a acreditar que nenhum ser humano é uma ilha e funciona como eremita, mas sabe agora, por experiência própria, que internamente todos somos ilhas para nós mesmos e que compreender essa ideia nos ajudará a construir pontes para os demais, em vez de erigir barreiras, perturbando-nos quando vemos que os outros não são como nós.

A arte destrutiva da comparação

Uma vez que tenha compreendido as situações mencionadas anteriormente, você terá de enfrentar o fato de que, com toda probabilidade, tornou-se também muito hábil no jogo de se comparar. Trata-se de uma doença universal, que afeta a todas as pessoas, salvo as mais resistentes. Nossa cultura ensina as pessoas a procurar fora delas exemplos para seu comportamento e, em consequência, a visão da comparação determina a maioria de nossos julgamentos, ou juízos de valor. Como você sabe que é inteligente? Comparando-se com outras pessoas. Como sabe que é estável? Atraente? Valoroso? Feliz? Bem-sucedido? Realizado? Verificando como estão se saindo as pessoas em volta e decidindo onde você se enquadra na escala da comparação.

Você pode estar mesmo no ponto em que não consegue ver alternativas, a não ser se igualar aos padrões comuns. A verdade, porém, é que você ignora uma medida muito mais importante: sua própria satisfação com a maneira que a sua vida está se desenvolvendo. Você não tem de olhar para fora de si mesmo para se avaliar. Como você sabe que é inteligente? Porque você diz que é e sabe que é porque pode fazer as coisas que quer. É atraente? Sim, por seus próprios padrões, que é melhor você mesmo estabelecer, antes de descobrir que resolveu aceitar os padrões de atratividade de outra pessoa, à custa de sua própria vitimação.

O jogo de se comparar é mortal porque, ao se avaliar, você é sempre controlado por algo externo que de modo algum você pode regular. O jogo rouba-o da segurança interna, uma vez que jamais poderá ter certeza do modo como os demais o julgam. Comparar-se pode ser muito sedutor, visto que elimina todos os riscos de você ser você mesmo. E, claro, você pode gerar mais aceitação superficial comparando-se com outras pessoas e esforçando-se para ser mais parecido com elas.

Mas você pode tornar-se também uma vítima inteiramente perdida e impotente, se empregar esse método para dirigir sua vida. Talvez, secretamente, você sonhe em fazer alguma coisa diferente, como usar roupas de acordo com um novo estilo, ter encontros com pessoas mais velhas ou mais novas. Se ninguém mais estiver fazendo isso, você entra numa armadilha.

Se acontecer de você agir do modo como outras pessoas agem, certamente não há nada de errado nisso. Mas se você tem de verificar o que outras pessoas estão fazendo para decidir o que fará, então você está definitivamente na armadilha de se comparar com os demais. Além disso, você não precisa ser um não conformista em todas as oportunidades apenas para provar que se recusa a ser vítima. Na verdade, um não conformista compulsivo é tão vitimado pelos demais quanto o conformista, principalmente quando observa como as pessoas se conformam e, em seguida, age deliberadamente de modo contrário. Use o bom senso quando tiver de decidir o que quer, sem precisar ser igual a todo mundo, principalmente porque você é uma pessoa excepcional e não poderia ser igual a todos os outros, mesmo que quisesse.

O primeiro passo concreto para escapar do labirinto da vitimação pela comparação com os outros é parar assim que se surpreender usando a terminologia da comparação. Como sempre, tome medidas práticas para controlar seus maus hábitos, seja ao refletir consigo mesmo, seja ao lidar com (ou ao enviar sinais para) outras pessoas.

A ARTE AINDA MAIS DESTRUTIVA DE PERMITIR QUE VOCÊ SEJA COMPARADO A OUTRAS PESSOAS

Embora você possa facilmente trabalhar para eliminar seus hábitos destrutivos de comparação e criar padrões internos para avaliar sua vida, talvez ache muito mais difícil deter o bombardeio incessante de comparações vitimadoras feitas por outras pessoas.

É fácil vitimar pessoas dispostas a agir, ou melhor, a aceitar o que lhe fazem, porque todo mundo joga de acordo com regras que permitem tal tratamento.

Em vários casos (provavelmente, a maioria) é perfeitamente normal você receber o mesmo tratamento dado aos demais. Mas quando você é maltratado de acordo com uma política que deveria ser flexível o suficiente para não vitimar outras pessoas, você está enfrentando alguém que só se sente bem se puder vitimá-lo.

Os funcionários em geral figuram entre as pessoas mais viciadas em se aproveitar de outras dessa maneira. Você na certa se lembra do funcionário do capítulo 1 (não da pessoa, mas a história)! Isso acontece porque funcionários são pagos para cumprir políticas que seus patrões querem que todos engulam, portanto, para eles, é uma segunda natureza dizer: "Veja aquela senhora, não está se queixando." Ou: "Todo mundo é tratado da mesma maneira." Mas lembre-se de que eles não estão sozinhos no emprego dessas táticas.

A maneira como funcionários, em particular, costumam recorrer ao jogo da comparação com outras pessoas é ilustrada nas duas histórias a seguir, que mostram também como dois conhecidos meus enfrentaram a situação, avaliando-as e aplicando estratégias bem-sucedidas:

1. Chuck entrou numa lanchonete e foi levado, passando por um reservado vazio, para uma pequena mesa, em frente a uma porta de saída, com uma cadeira dura, uma maçaneta nas costas e uma corrente de ar que esfriava as panquecas.

Ele disse à garçonete que preferia o reservado por onde haviam passado. Ela respondeu que o local destinava-se a mais de uma pessoa. Ele insistiu para trocar de lugar. Ela retrucou:

– É nossa política, senhor. Todos a aceitam. Está vendo aquele homem ali? Ele não está se queixando.

A moça tinha toda razão. O homem que comia panquecas frias em frente à outra porta não estava se queixando.

– E daí? – perguntou Chuck. – Eu também não estou me queixando. Eu simplesmente gostaria de comer a refeição pela qual vou pagar numa mesa agradável. Se isso é um problema tão grande para a senhorita, eu gostaria de falar com o gerente.

– Ele não está.

– Bem, há vários reservados vazios. Por que eu devo ficar num lugar incômodo?

Chuck não queria ser desagradável nem se retirar. Isso o teria tornado ainda mais vítima porque estava com fome e não tinha tempo para ir a outro lugar. E, se pudesse evitar, não queria ocupar um reservado e se indispor com a garçonete, porque ela poderia criar uma cena desagradável. Também não estava disposto a convencê-la com uma gorjeta. Assim, resolveu divertir-se um pouco e simular uma pequena crise nervosa.

Continuou a pedir a ela que fosse razoável, mas, visto que a moça tornava-se ainda mais altiva, começou a se contorcer. Um braço começou a se sacudir incontrolavelmente e o rosto a entortar.

– Qual é o problema, senhor? – De repente, a mulher das panquecas baixou a guarda.

– Não sei – respondeu Chuck, com a voz entrecortada. – Quando essas coisas me acontecem, eu simplesmente fico louco. – Aumentou um pouco mais a voz e seus movimentos se tornaram mais visíveis.

Como por milagre, apareceu um chefe:

– Pelo amor de Deus, Alice, deixe-o sentar-se no lugar reservado.

Fim do caso. Nesta situação, Chuck fez um pouco de performance, não prejudicou ninguém e saboreou suas panquecas quentes num reservado confortável. Lançou uma piscadela maliciosa para a garçonete quando saiu e, claro, não deixou gorjeta, para não reforçar o comportamento vitimador dela com outras pessoas.

2. Sarah andava de bicicleta certo dia quando notou um cartaz afixado num supermercado: "Suco de laranja. Um litro por um dólar." Aquilo era uma boa pechincha. Assim, parou e, minutos depois, chegou ao caixa com duas garrafas, que colocou dentro de duas sacolas, uma dentro da outra.

A funcionária viu o que ela estava fazendo e disse indignada:

– Sinto muito, querida, mas nada de sacolas duplas. É contra nossa política!

Sarah respondeu:

– A política de vocês não se aplica bem a nesse caso. Entenda, vou levar isto para casa de bicicleta e se não estiver em sacolas duplas, vou me molhar toda de suco de laranja e molhar a rua antes de chegar em casa.

A funcionária irritou-se. Sarah notou que ela julgava que seu próprio valor como pessoa estava em jogo.

– Nada de sacolas duplas! – insistiu.

Sarah sabia que a política era importante e que, em 99 por cento dos casos, devia ser mesmo obedecida a fim de reduzir o absurdo desperdício de papel nos Estados Unidos, mesmo que o supermercado pudesse tê-la adotado apenas para economizar dinheiro. Mas não ia permitir que a vitimassem nessa situação.

A funcionária lhe disse que ninguém mais usava sacolas duplas e, se era assim, por que ela usaria? O que tornava seu caso tão especial? (Mesmo que Sarah já lhe tivesse dito o motivo, bem aceitável, por sinal.) E continuou a falar sobre o que todos faziam. Sarah, em vista disso, perguntou-lhe se ficaria tudo bem se colocasse uma garrafa em cada sacola, e ela disse que sim! Mas uma sacola dentro da outra, não.

Diante desse maravilhoso exemplo de lógica de funcionário, Sarah pediu para falar com o gerente, que imediatamente notou como a funcionária estava sendo tola. Assim, Sarah saiu com sua embalagem dupla. Escapou de ser vitimada, mas a funcionária, não. Estava furiosa, batendo em coisas, quando Sarah saiu. Tudo porque ela resolvera que não seria tratada mal pela execução tola de uma política, quando havia necessidade evidente de ser aberta uma exceção.

Em um recente número da revista *Time*, foi relatada a seguinte história sobre um aumento pedido certa vez por Joe DiMaggio, o grande astro do beisebol: "Depois de minha quarta temporada, pedi 43.000 dólares. O gerente-geral, Ed Barrow, respondeu: 'Jovem, você sabe que Lou Gehrig, um homem que joga há 16 anos, recebe apenas 44.000 dólares?'" Aí está, o apelo a uma referência a outra pessoa como desculpa para vitimar. Assim que aceitar essa lógica, você poderá ser brutalmente vitimado, simplesmente porque todo mundo além de você está sendo. Vitimadores hábeis sacam rapidamente essa estratégia em todas as ocasiões em que julgam estar prestes a perder um pouco do controle que exercem sobre você.

Vendedores e outros funcionários frequentemente aplicam pressão sobre outras pessoas, para ajudá-los no cumprimento das políticas de suas empresas. Se há um aviso de silêncio e seus filhos, ou alguma outra pessoa, estão falando, o responsável frequentemente lhe lança um olhar que significa: "Por que você não faz cumprir o aviso de silêncio?" Mas se a proibição por acaso é tola e baseada na crença de que crianças devem se comportar como adultos, você seria tolo em cumpri-la e juntar-se ao grupo vitimador.

Em um dia de inverno, John nadava na piscina externa aquecida do hotel em que estava hospedado. Havia um aviso proibindo agitar a água ou jogar bola, mesmo que a piscina estivesse coberta com milhares de bolinhas plásticas, para impedir que o calor escapasse para o ar frio. Quando várias crianças, nenhuma delas filho de John, começaram a jogar as bolas e espalhar água para todos os cantos, o zelador pediu a ele que fizesse cumprir a política do estabelecimento. Como não havia outro adulto em volta para ser incomodado, e como cumprir a política, afinal, não era trabalho de John, ele respondeu: "Pessoalmente, não acredito nessa política. Acho que uma piscina deve ser um lugar no qual as crianças possam se divertir. Elas não estão me incomodando nem a ninguém. Se quer que elas parem, entre você mesmo na piscina e faça isso. Eu nem sonharia em fazer cumprir essa regra." O guarda ficou irritado, achando, por alguma razão, que constituía obrigação de John, como adulto ou hóspede do hotel, tomar partido contra as crianças, mas de fato entrou na água e fez o que deveria ser seu trabalho.

John achou que as crianças haviam sido claramente vitimadas, e isso era contra a sua política. Foi procurar o gerente, disse quem era e que achava aquela política tola e o guarda um irracional por exigir-lhe o cumprimento. "Vou dizer-lhe uma coisa. Não vou trazer minha família para hospedar-se neste hotel enquanto essa política for mantida. Pensando bem, há também outros hotéis onde posso ficar quando estiver sozinho." Resultado: o gerente mudou a política naquele exato momento. O aviso foi removido e o guarda, instruído para que usasse melhor seu julgamento simplesmente para garantir que todos os hóspedes pudessem desfrutar da piscina como desejassem, desde que o fizessem em segurança e sem incomodar os demais. O gerente compreendeu que uma política inicialmente elaborada para agradar aos hóspedes podia acabar por afastá-los, e não era essa sua intenção.

Um dos artifícios favoritos de pessoas que pretendem vitimá-lo é lhe contar a história da "senhora que esteve aqui na semana passada". Claro, com igual facilidade pode ser "o homem", "o casal", ou "as pessoas", mas, por alguma razão, "a senhora" parece ser a que obtém mais sucesso. Se está questionando sua conta, ouvirá tudo a respeito da senhora que teve de pagar duas vezes mais, de modo que você deve sentir-se um felizardo por escapar com tão pouco. Se não consegue um bom lugar em um teatro, vem logo à baila a senhora que teve de sentar-se a um canto junto ao toalete, mas, ainda assim, ela apreciou muito o espetáculo. Se suas mercadorias sofrem um atraso de duas semanas, existe a senhora que esperou quatro meses.

Pessoas puxam a pobre senhora de seus bolsos de vitimadores em todas as ocasiões em que querem que você se sinta culpado por exigir ser tratado com respeito. Cuidado com ela, porque, quando a vir sendo tirada do bolso, vão dar-lhe uma dose de pílulas de vítima, a serem engolidas com o acompanhamento de uma história inventada.

Talvez você mesmo seja um funcionário ou alguém em posição de vitimar outras pessoas com o cumprimento insensato de políticas que, em certas circunstâncias, não fazem sentido algum. (A humanidade ainda não inventou uma regra que nunca admita exceções.) Sem dúvida, você mesmo é vitimado por alguns de seus colegas quando se sente tentado a abrir exceções razoáveis. Seu lamento é quase sempre aquele muito conhecido: "Se fizer isso, perco meu emprego", ou acontecerá alguma outra coisa horrível. Claro, isso não só é falso, como tem sido ao longo das eras a justificativa final usada pelos vitimadores mais infames da história.

Você não tem de cumprir políticas entusiasticamente e pode, de modo geral, ignorá-las se elas simplesmente não se aplicarem à situação de uma dada pessoa. Isto é, as ocasiões que exigirem flexibilidade devem ser evidentes para seu bom senso. Você não precisa anunciar que faz vista grossa e descobrirá que fazer vista grossa é fácil quando não põe em jogo seu valor como pessoa para cumprir uma dada política o tempo inteiro. Se você perceber que está exigindo o cumprimento de políticas que vitimam constantemente pessoas, e que não gosta disso, então se pergunte por que tornou um dado emprego, por exemplo, mais importante que seus próprios sentimentos de valor como pessoa.

Se Emerson ainda estivesse vivo, ele bem poderia ter repetido para os devotados artistas da comparação e cumpridores de política deste mundo:

> Todo indivíduo tem sua própria beleza... e cada mente tem seu próprio método... Um homem autêntico jamais age de acordo com regras.

Se vitimadores habituais fossem capazes de aplicar esse raciocínio a suas próprias vidas, não sentiriam essa premente necessidade pessoal de fazer cumprir o regulamento. Não quero insinuar que a pessoa que por acaso trabalha como funcionário não possa ser independente. De maneira nenhuma. Mas o trabalho do vendedor, recepcionista ou funcionário exige com tanta frequência que a pessoa vitime outras que, de fato, tende a atrair pessoas desejosas de fortalecer seu ego impondo o regulamento aos demais, aconteça o que acontecer. Muitas dessas pessoas continuam como funcionários subalternos durante toda a vida.

Por outro lado, diversos indivíduos exercem essas funções com o objetivo exclusivo de ganhar experiência, dinheiro, ou o que quer que seja, e não equiparam seu valor como pessoa ao cumprimento de políticas vitimadoras. São tranquilamente eficientes e sabem como desviar a vista quando é sensato fazê-lo. Se em algum momento você for obrigado a fazer um trabalho desses para viver, lembre-se de que cabe a você decidir que tipo de funcionário *você* quer ser.

Ultimamente, ando observando um cavalheiro que assumiu o cargo de guarda de trânsito de escola numa esquina movimentada por onde passo com frequência. Notei que ele gosta de esperar antes de deixar que as crianças cruzem a rua, mesmo que elas se amontoem na calçada quando a rua está desimpedida. Nessa ocasião, ele vai até o meio da rua e exerce seu poder, parando o tráfego, de modo a deixar as crianças passarem. Ele é um exemplo clássico do funcionário que mede seu valor pelo volume de controle que seu cargo lhe dá sobre outras pessoas. Claro, ele está vitimando motoristas com demoras desnecessárias, mas esta é provavelmente a única fonte de poder sobre os outros que tem na vida. Muito pouco dano é realmente provocado, mas o exemplo é claro. Quando pessoas obtêm seu sentimento de valor pelo exercício de poder sobre você, ou qualquer outra pessoa, pode apostar que farão tudo o que puderem para realizar seu exercício habitual. Se você abordasse esse guarda e lhe dissesse que ele está causando desnecessários inconvenientes às pessoas ao fazê-las parar, quando podia, com igual facilidade, escoltar as crianças pela rua quando não houvesse tráfego, ele provavelmente responderia: "Todos param e ninguém se queixa. O que há com você? Não gosta de crianças?" Como sempre, a referência a outras pessoas e o apelo a absurdos são instrumentos que ele usaria, consciente ou inconscientemente, para manter a atenção longe de seu comportamento e manter o outro como vítima.

Outras armadilhas comuns de comparação

Vejamos a seguir mais algumas frases usadas com grande frequência para vitimá-lo, ao focalizarem outras pessoas. Cuidado com as que você usa habitualmente ou que outros usam para evitar que você atinja seus objetivos.

- *Por que você não é mais como...?* Esse é um convite para você sentir aversão por si mesmo e sucumbir à vitimação, porque não está se comportando como algum outro modelo. Esse estratagema é especialmente eficaz quando usado por figuras de autoridade que controlam seus pretensos subordinados: empregados, crianças etc.

- *Ninguém mais está se queixando!* Essa tática é usada por todos aqueles que têm a esperança de mantê-lo no mesmo status de todos os outros, que são tímidos demais para defender seus direitos.

- *O que aconteceria com este mundo se todos se comportassem como você?* Vitimadores tentarão fazê-lo sentir vergonha de si mesmo, dizendo-lhe que está promovendo a anarquia no mundo ao exigir seus direitos. Claro que você sabe que nem todas as pessoas lutam por seus direitos e que, se o fizessem, o mundo seria um lugar muito melhor, pois ninguém pisaria em ninguém, abusando de questões morais abstratas como "o que aconteceria neste mundo se...?".

- *Você deveria estar satisfeito com o que tem.* Esse inteligente expediente de comparação é em geral acompanhado por alguma coisa como "seus avós nunca tiveram nada" ou "há crianças morrendo de fome na África", e destina-se a gerar sentimento de culpa por você querer o que julga merecer com base no que outros não tiveram no passado ou não têm agora. Essa técnica insinua que você não deve lutar jamais por seus direitos porque pessoas em outras situações tiveram ou estão tendo dificuldades. Se você se sentir culpado por situações das quais não participou e sobre as quais nada pode fazer, seu vitimador terá provado que você nunca teve direito a nada que seus avós não tenham tido, ou os povos da África não têm etc.

• *Não faça essa cena! Você está me envergonhando.* Esse método é usado para fazer com que pessoas se comportem de maneira apagada e não eficaz, simplesmente porque o indivíduo que fala não aguenta confrontações públicas. É utilizado especialmente para ensinar os jovens a dar mais importância ao que os outros pensam, o que, em última análise, ajuda-os a desconfiar de si mesmos, ter baixa autoestima e a procurar a ajuda de terapia psicológica.

• *Por que você não pode ser como seus irmãos e irmãs?* Mais pessoas são perturbadas na vida adulta por causa de comparações incessantes com parentes do que por qualquer outro tipo de comparação. Crianças não podem desenvolver senso de individualidade e valor próprio se esperamos que sejam absolutamente iguais a outros membros da família. Todas as pessoas são únicas e devem ser tratadas dessa maneira.

• *Eles querem que seja assim. Eles não permitem isso. Essa é a maneira como eles fazem as coisas etc.* Cuidado com o mágico "eles", que salta quando vitimadores querem dar-lhe a impressão de que alguma autoridade todo-poderosa ditou os termos segundo os quais você deve viver. Se a pessoa que fala não pode dizer-lhe quem são eles, então, no que lhe diz respeito, eles não existem – e você seria muito tolo em viver de acordo com as regras deles!

• *Isso é o que Deus quer que eu faça.* Muitas pessoas acreditam que têm canais especiais de comunicação com Deus e às vezes esses meios os levam a vitimar outras pessoas. Na edição do sábado, 12 de dezembro de 1976, do *Miami Herald*, o técnico do time de futebol New York Jets foi citado ao explicar à imprensa por que não cumpriria os quatro anos finais de seu contrato e a obrigação legal: "Não posso me dedicar inteiramente ao futebol profissional. Deus não colocou Lou Holtz nesta terra para esse fim." E assim, tendo dito que aquilo era a vontade de Deus, aceitou outro emprego em outra parte do país.

Algumas estratégias para defender-se da vitimação por comparação

Como acontece com o emprego de outras diretrizes sugeridas neste livro, sua estratégia requer que você avalie as situações em que se encontra, evite ser surpreendido ao baixar a guarda e esteja preparado para uma contraofensiva que possa repelir qualquer tentativa de vitimação. Vejamos alguns tipos de técnicas que você terá de manter em mente quando lidar com pessoas que tentem usar comparações com terceiros para evitar que alcance seus objetivos, ou para manipulá-lo e para levá-lo a fazer o que elas querem.

• Em todas as confrontações, quando alguém utilizar referências a outras pessoas que vitimou, e esperar que você as aceite, lembre-se de que as comparações nada têm a ver com você como pessoa – ele faria a mesma coisa com qualquer um. Recuse-se a ser perturbado e terá feito muito para evitar esses esforços com frequência insultantes de vitimação.

• Quando lhe citarem o exemplo de outra pessoa como argumento para você fazer algo que não quer, experimente perguntar: "Você acha que eu me interesso por algum cliente que teve na semana passada?" Ou ainda: "Por que eu iria querer saber como você tratou outras pessoas?" Não hesite em fazer perguntas como essas. Seu vitimador está disposto a lhe perguntar muito mais.

Tente interromper as pessoas no momento em que elas iniciarem comparações para usar contra você. Diga simplesmente: "Espere um minuto. Você está usando exemplos de outras pessoas a fim de que eu me comporte do mesmo modo, mas eu não sou nenhuma dessas pessoas." Esse método direto, embora você possa não estar acostumado com ele, deve ser usado a despeito de quaisquer apreensões que sinta. Assim que o puser em prática, descobrirá que é mais fácil enfrentar as pessoas e notará que, tão logo os vitimadores habituais percebam que você não está para brincadeiras, eles irão interromper seus esforços inúteis. Lembre-se de que eles só agem desse modo porque funciona. Quando não funcionar mais, eles vão parar.

• Nessas situações, exercite frases que começam com "você". "Você acha que devo ser mais como Sally?" Ou: "Você acha que devo fazer as coisas exatamente como todo mundo?" Ao começar por "você", transmite-se a ideia de que você não está absorvendo os esforços da pessoa e que sabe muito bem o que ele ou ela está dizendo. Diga essas palavras com um senso de incredulidade e espanto tamanho que a pessoa certamente evitará pensar em tais coisas.

• Se tudo mais fracassar, pratique ignorar as referências aos outros. Simplesmente não reaja a elas. Essa tática é especialmente eficaz com membros da família. Se ficar inteiramente mudo quando alguém lhe disser que você devia fazer as coisas como os outros, seu silêncio será provavelmente notado. Quando perguntarem, responda que tentou de tudo para fazer com que deixassem de manipulá-lo o comparando com outras pessoas, de modo que resolveu simplesmente ignorá-los, sempre que persistirem. Eles poderão ficar ofendidos (uma tática para conseguir que você pare), mas também entenderão o recado.

- Você também pode inverter a tática do vitimador. Por exemplo: "Foi bom que tenha mencionado a senhora da semana passada que não se queixou, porque quero lhe falar sobre o mecânico que conheci na semana passada que cobrou menos do que você cobra!" Ou: "Se vai continuar a me dizer que devo ser um manequim como a prima Liz, vou-lhe dizer que você devia ser tão generoso como o tio Harry!" Não vai levar muito tempo para ele descobrir que você está muito bem escolado nesse jogo.

- Mais especificamente, você pode classificar o que seu vitimador está fazendo e mostrar que sabe o que ele está sentindo: "Você está nervoso e me comparando com outra pessoa para que eu deixe de fazer aquilo em que acredito." Uma declaração franca como essa, que atinge o alvo em cheio, anuncia sua posição de não vítima e prepara o palco para a honestidade, em vez de mais evasivas e mais comparações sem sentido.

- Interrompa o contato com vitimadores, tais como atendentes, recepcionistas ou funcionários no momento em que perceber que não estão querendo ou que não podem ajudá-lo, isto é, logo que insistirem que "eles", "todo mundo", "a senhora" a "política" são os padrões segundo os quais você tem de ser tratado. Se continuar a conversa depois de ter essa intuição, acabará por cavar um buraco mais profundo, de onde terá de sair. Se está conversando com um advogado, um agente do imposto de renda, um médico, ou quem quer que seja, e compreende subitamente que sabe mais do assunto que o suposto especialista, despeça-se educadamente e procure alguém que possa responder a suas perguntas ou ajudá-lo. Se não cair fora dessas situações quando tiver o pressentimento de que deve fazer isso, você certamente acabará como vítima das intenções de outras pessoas, sejam elas decentes ou perversas.

• Quando enfrentar um vitimador potencial que utiliza comparações, pergunte a si mesmo: "O que eu quero desse encontro?" e não: "Que diabo ele pensa que está fazendo ao me dizer que devo ser igual a outra pessoa?". Com o primeiro tipo de diálogo interior, você estará procurando suas oportunidades, em vez de ser enganado pela raiva com as táticas que está observando. Logo que compreender o que quer, poderá ocupar-se da situação, em vez de focalizar o comportamento do vitimador.

• Avalie sempre as necessidades do vitimador potencial, enquanto se mantém longe das armadilhas das comparações. "Ele (ou ela) precisa sentir-se poderoso, compreendido, importante, respeitado?" Se conseguir descobrir uma maneira de a pessoa tirar alguma coisa do encontro, tal como "livrar a cara", você terá melhor chance de não ser vitimado. Se seu encontro é com um *maître*, por exemplo, e você percebe claramente que ele precisa sentir-se importante, você pode fazer uma observação sobre o quão interessante é a função de cuidar para que as coisas corram facilmente (comunicando, desta forma, que espera que as coisas corram facilmente para você). Se houver uma oportunidade para uma brincadeira mais casual ou pessoal, tente perguntar há quanto tempo ele está naquela função. (Se for há pouco tempo, ele deve ter aprendido rápido; se há muito, bem, então ele tem bastante experiência.) Ao atrair pessoas para seu lado, elas se mostrarão muito mais dispostas a atender e muito mais relutantes em vitimar.

• Se descobrir que certas pessoas tentam habitualmente manipulá-lo com comparações e referências a outras, escolha um momento em que você não esteja aborrecido com esse tipo de comportamento e discuta-o com elas. Peça-lhes que pensem nisso. Esses pedidos simples, em ocasiões neutras, geralmente são mais eficazes do que se enfurecer e vociferar quando você fica chateado, o que simplesmente ensina aos demais a compará-lo ainda mais, uma vez que lhes deu prova de estar sendo controlado com essa tática.

- Pratique algumas reações de surpresa que possa usar com um sorriso no rosto e sem medo quando flagrar o jogo comparação-vitimação. "Você acaba de me comparar com alguém que nem conheço e que não está aqui para confirmar o que você está dizendo. Se não pode tratar comigo aqui e agora, então vá procurar essa pessoa sobre quem está falando e repita com ela o que porventura quiser. Mas por que está me dizendo isso?" Você pode tentar declarações específicas como: "A política simplesmente não se aplica neste caso!" Ou comentários mais gerais do tipo: "A mediocridade viceja na padronização." Esses aforismos vigorosos, que você mesmo pode inventar, são excelentes para desarmar a outra pessoa, descarrilhar o trem de pensamento delas e colocá-lo no comando da discussão.

- Se achar que alguém está fazendo jogos de vitimação com você, não receie iniciar uma encenação. Lembre-se da crise de nervos forjada de Chuck com a moça das panquecas. Se alguém insistir para que se comporte como uma pessoa que não é, você pode atender representando qualquer pessoa que queira ser, no seu caso, será a que alcance os resultados que deseja. A representação é um desses artifícios em seu bolso que você saca apenas para se divertir e porque funciona, quando usada discretamente.

- Não se esqueça de se controlar quando estiver no lugar do vitimador. A melhor maneira é escutar o que você mesmo diz e interromper essas comparações, antes que elas saiam de sua boca, de modo a não repetir o mesmo comportamento com pessoas que são chegadas a você. Corte frases do tipo "como ele (ela)". Livre-se da senhora e de todas as similares oprimidas, quando estiver conversando com outras pessoas. Pare de pedir aos filhos que sejam iguais aos irmãos e irmãs e trate-os como pessoas únicas. Ponha um ponto final nas referências a outras pessoas. Elimine frases como "você não me vê fazendo uma coisa dessas com você!" ou "eu não faço essas coisas, então por que você deve agir assim?". Não dê aos demais a oportunidade de lhe dizer: "Você também fez isso comigo." Se deixar de fazer isso, essa tola desculpa também acabará.

- Seja perseverante em seus esforços para evitar ser comparado com outras pessoas. Não mencione uma única vez o jogo habitual do vitimador, e depois desista. Seja inflexível pelo tempo que for necessário, até que sua mensagem seja compreendida. A perseverança lhe trará bons resultados.

- Desvencilhe-se de todos os seus ídolos, de todas as pessoas em cuja vida quer modelar a sua. Seja seu próprio herói. Jamais espere ser igual a qualquer outra pessoa. Embora seja bom admirar o sucesso dos outros, jamais se esqueça de que eles são tão únicos quanto você. Se quiser ser igual aos outros ou duplicar-lhe os êxitos, tornará mais fácil para os vitimadores usar essas pessoas como referência quando quiserem pôr você na linha.

- Talvez o mais importante: esforce-se para transformar todos os seus encontros em experiências felizes, divertidas, provocadoras, e não em campos de batalha nos quais você põe em jogo sua própria condição de ser humano. Divirta-se, notando como você pode ser eficaz. Se for bem-sucedido, mas não investir todo seu valor no processo, terá também muito mais êxito em eliminar o carimbo de vítima de sua testa. Por outro lado, se atravessar todos os seus encontros com invariável seriedade, você se apresenta como uma pessoa acostumada a ser vitimada: "É você mesmo quem está pedindo isso." Pessoas que não se esforçam tanto, que relaxam e desfrutam das situações são muito mais eficientes no que fazem. Isso acontece principalmente porque tornaram naturais suas técnicas e jamais são forçadas a dar o máximo de si, e não sentem que "têm que obter sucesso". De modo geral, quando pressionam e machucam o adversário, os campeões não ganham, mas quando levam a coisa na tranquilidade, vencem.

Conclusão

Certa vez, Albert Einstein observou: "Grandes espíritos sempre enfrentaram violenta oposição de mentes medíocres." Que grande verdade há nessas palavras! Se quer atingir sua própria grandeza, escalar suas próprias montanhas, tem de usar a si mesmo como primeiro e último consultor. A única alternativa é dar ouvidos à oposição violenta de todas as pessoas que encontrar.

As massas sempre vão compará-lo a outras pessoas, pois essa é a arma que usam para manipular e exigir conformidade. Sua postura de antivitimação envolverá a recusa invariável de usar outras pessoas como modelos comparativos e a anulação dos esforços vitimadores de pessoas que querem compará-lo e controlá-lo.

5
Torne-se discretamente eficaz, sem esperar o reconhecimento das outras pessoas

Relacionamentos funcionam
porque ninguém os
faz funcionar.

Teste de 12 itens

Responda a este questionário antes de começar a ler o capítulo:

Sim	Não	
–	–	1. Você fica nervoso quando não consegue convencer alguém de alguma coisa?
–	–	2. Você se sente obrigado a contar suas realizações aos outros?
–	–	3. Você sente necessidade de contar aos outros quando obtém vitória sobre alguém ou alguma coisa?
–	–	4. Você se ofende facilmente com o comportamento ou o linguajar de outras pessoas?
–	–	5. Você sente dificuldade em mentir, mesmo quando essa seria a coisa mais sensata e prática a fazer?

_ _ 6. É difícil para você declarar sua necessidade de privacidade sem se sentir culpado?

_ _ 7. Você acha que está sendo prejudicado pelo jeito ácido de outras pessoas?

_ _ 8. Você se surpreende dizendo ou pensando muito: "Ele(a) não me compreende"?

_ _ 9. Você acha que o sofrimento é natural e que você também tem de sofrer neste mundo?

_ _ 10. Você acha difícil afastar-se de pessoas que acha irritantes, tais como bêbados e golpistas?

_ _ 11. Você se explica muito e se aborrece com isso?

_ _ 12. Você passa muito tempo analisando seu relacionamento com amigos e parentes?

Respostas afirmativas indicam áreas de vitimação que você precisa eliminar. Se tiver de se explicar aos outros, tentando fazer com que o compreendam o tempo todo, ou se está sempre tentando provar seu valor com atos e palavras, então você é vítima da doença de "não ser discretamente eficaz".

Tornando-se discretamente eficaz

O que significa ser discretamente eficaz? A palavra enfatizada aqui é *normal*, porque em outras partes deste livro discutimos em detalhes a importância de ser eficaz. Ser discretamente eficaz implica não ter de contar a ninguém suas vitórias para que elas se tornem importantes para você. Embora normalmente seja correto dizer a outras pessoas o que acontece em sua vida, você se tornará uma vítima se precisar informar aos outros, antes de poder sentir-se satisfeito. Se colocar a palavra *precisar* em seu vocabulário, você fica à mercê do reconhecimento dos demais, e se eles, por qualquer motivo, se recusarem a reconhecer seu valor ou sucesso, você desmoronará e acabará sendo manipulado.

Ser discretamente eficaz significa também não ter de esfregar suas vitórias no rosto de seu semelhante. Se tentar fazer isso, descobrirá que os outros se vingam, frustrando-o de uma maneira ou de outra. O elemento essencial para ser discretamente eficaz reside na maneira como você se sente a respeito de si mesmo. Se tiver autoconfiança, agradar a si mesmo será suficiente, uma vez que a pessoa que está agradando vale a pena. Se carecer de autoestima, porém, terá de buscar nos demais a confirmação de seu valor e é aí que se meterá em uma enrascada.

Um exemplo típico de pessoa de extrema ineficácia era Daryl, um homem inteligente, na faixa dos 40, que tinha perdido o emprego havia alguns anos com a falência da empresa em que trabalhava. Procurou aconselhamento porque não estava conseguindo um emprego e não tinha como se sustentar. Ou, como disse: "Simplesmente, não consegui estabelecer os contatos certos e receio que tenha de continuar a procurar até o fim da vida."

Em sessões de aconselhamento, logo se tornou claro que Daryl era a pessoa com mais conhecimento de gente importante deste mundo. Para ele, era praticamente impossível falar sem mencionar sua ligação com este ou aquele figurão, a maioria dos quais inventados. Daryl bravateava também a respeito de seus sucessos e, como não conseguia muito, inventava ainda mais histórias. Em suma, era difícil para Daryl manter-se calado ou sentir orgulho de si mesmo. Precisava que os demais reconhecessem seu valor, ou não se sentia bem.

Logo que começou a analisar a necessidade de ser importante aos olhos dos outros, Daryl percebeu que isso tinha origem num sentimento muito real de desapreço por si mesmo, fundamentado no fato de ter perdido o emprego e considerar-se invariavelmente como um fracasso. Acreditara tanto que seu valor tinha base em seu desempenho, que, mesmo depois de não mais desempenhar coisa alguma – porque sua empresa, sua empregadora, fora à falência –, seu valor como indivíduo desaparecera a seus olhos. Procurou em seguida compensar isso provando a todo mundo o quanto era importante. Todos, porém, compreendiam o que o motivava e ele tornou-se vítima de sua própria baixa autoestima. Quando citava nomes, os amigos simplesmente o ignoravam. Quando contava vantagens sobre si mesmo, afastava também amigos e família. Começou a livrar-se dessa armadilha, aprendendo a manter suas vitórias para si mesmo e agindo de modo a evitar um comportamento bravateador, de ostentação e do tipo "olhe só para mim". Logo que essas formas de comportamento diminuíram, ele tornou-se de convívio mais agradável, começou a ter mais confiança em si mesmo e, o mais importante, deixou de ser vitimado por suas próprias atitudes e comportamento.

Uma palavra sobre privacidade

Quando começar a desenvolver autoconfiança, você deixará de esperar que todos queiram ouvir suas histórias e achará também a solidão mais aceitável. Privacidade é parte muito importante de sua vida e necessária a seu próprio senso de bem-estar. Querer que todos compreendam e compartilhem tudo o que você pensa, sente, diz e faz é uma atitude vitimadora.

Além disso, não sentir necessidade de ser compreendido e manter alguns segredos são maneiras de evitar ser puxado de um lado para outro pelas pessoas. Embora esta não seja uma defesa do comportamento do eremita, é uma sugestão para que encare de frente o direito pessoal de privacidade que lhe assiste e para que encare ainda mais destemidamente aqueles que tentarem vitimá-lo invadindo essas áreas, ou, ainda pior, negando-lhe privacidade. Henry David Thoreau, que viveu sozinho durante quase dois anos à margem da lagoa Walden, em seu livro *Walden ou a vida nos bosques*, escreveu o seguinte sobre o sentimento de privacidade:

> Homens frequentemente me dizem: "Acho que o senhor deve sentir-se solitário aqui e desejar a companhia de pessoas..." Sinto a tentação de responder: "Por que deveria me sentir solitário? Nosso planeta não está na Via Láctea? Acho sadio ficar sozinho a maior parte do tempo. Estar em companhia, mesmo dos melhores amigos, logo depois cansa e gasta. Adoro estar só."

Embora nem todos sejam Thoreau, e esta seja outra época, suas observações são ainda mais apropriadas na atualidade. Para se sentir realizado você não tem de circular em volta dos outros ou tê-los sempre compartilhando e compreendendo sua vida. Na verdade, se tornará vítima se alimentar esses tipos de expectativas ou se permitir que outros em sua vida as imponham a você. É preciso um pouco de coragem para insistir na privacidade, especialmente quando pessoas dizem que o desejo de tê-la é uma maneira de rejeitá-las. É uma inutilidade tentar explicar isso à maioria das pessoas. Você tem simplesmente que, com seu comportamento, exercer seus direitos e, fazendo isso com bastante frequência, ensinar aos demais como quer ser tratado. Se apenas falar sobre isso e analisar o assunto até a morte, vai se sentir, provavelmente, vitimado e acabará por desistir de sua privacidade.

Você nunca será compreendido o tempo todo

Você deverá recordar-se da discussão, no capítulo anterior, sobre a solidão existencial, que ninguém jamais o compreenderá o tempo todo e que tampouco você pode fazer isso. Seu cônjuge fará coisas que você não compreenderá, os filhos serão enigmas desnorteantes por toda a vida deles, políticos dirão e farão coisas em que você jamais acreditaria e pessoas continuarão a se decepcionar e a decepcionar. Se espera que pessoas compreendam tudo que você diz ou faz, irá sentir-se não só decepcionado a maior parte do tempo, mas também vitimado. Vejamos alguns conceitos muito importantes, nos quais pode pensar enquanto se esforça para adotar a postura de ser discretamente eficaz em sua vida.

- *Dar de ombros é uma virtude.* Aprenda a ignorar. Não pense que tem de protestar em voz alta contra atitudes e comportamentos de pessoas que pode achar irritantes mas que não o prejudicam. Simplesmente, dê de ombros e esqueça. Se está em uma festa e não está gostando, pode dizer a si mesmo: "Todo mundo aqui pode sentir-se obrigado a conversar bobagens e se vestir de maneira esquisita, mas não eu, e fico satisfeito com isso." Você pode ir embora ou divertir-se sendo discretamente eficaz. Mas não tem de dar grande importância ao comportamento dessas pessoas, fazer barulho, ser ofensivo, e acabar se machucando e machucando também os outros. Um "dar de ombros" e um "e daí?" para você mesmo e terá tirado de letra a situação. Essa é a marca da não vítima, não da pessoa falsa, apenas uma pessoa que não tem necessidade de informar ao mundo onde está, o tempo todo.

- *Ofender-se é uma opção vitimadora.* Você jamais precisa sentir-se ofendido, seja por menosprezo dirigido a você ou por situações que tenha se acostumado a considerar ofensivas. Se não aprova o comportamento de uma pessoa ou o que ela diz, ignore-a, especialmente se ela não tiver nada a ver com você. Ao se sentir ofendido e dizer coisas como "como é que ele ousa dizer isso?", "ele não tem o direito de me incomodar assim" ou "fico ofendido quando vejo esses tipos excêntricos", você está se vitimando com a conduta dos outros, o que equivale a ter suas emoções puxadas pelas próprias pessoas com quem antipatiza. Enfrente a coisa com um dar de ombros, ignore-a, olhe para o outro lado, pergunte a si mesmo se isso é na realidade tão ruim assim, ou ainda, se quiser mudar a coisa, vá em frente, e mude. Mas não escolha a situação de vítima, de se sentir ofendido e incomodado.

- *Analisar um relacionamento até a morte pode vitimá-lo.* Se acha que tem de se sentar e discutir regularmente seus relacionamentos, especialmente seu casamento, você talvez esteja participando de um exercício mais neurótico do que pensa. Discutir relacionamentos envolve com frequência longas conversas, tentativas de compreender as motivações de outra pessoa e a promessa de estar com ela emocionalmente o tempo inteiro. Essas atividades podem ser ótimas ocasionalmente, mas, caso tornem partes regulares de um relacionamento, vão tornar-se também criadoras de tensão, frustrantes e simplesmente chatas. Quem desejaria sair para trabalhar todos os dias, voltar para casa e trabalhar mais em um relacionamento? Observe novamente o que você quer, antes de considerar tal atitude como insensível. Os mais belos relacionamentos que conheci são aqueles em que as pessoas se aceitam como são, em vez de analisarem tudo o que fazem.

Namorados de 15 anos de idade não são imaturos, simplesmente se aceitam como são. Olham-se dentro dos olhos e adoram o que veem. Nem analisam o porquê nem exigem que cada um compreenda o outro. Mas se entrarem num relacionamento real, supostamente maduro, podem conversar da seguinte maneira após cinco anos de casamento: "Por que você fez isso?" "Você não é mais a mesma pessoa que eu pensava que fosse!" "Por que não faz o que quero que você faça?" "Você não me perguntou se estava tudo bem!" Pense duas vezes quando chamar amor verdadeiro de paixonite e pergunte-se o quanto aceita as pessoas amadas em sua vida pelo que são.

Embora compartilhar pensamentos e sentimentos possa ser uma bela experiência e eu a estimule quando não é "forçada" como obrigação regular, acredito que muitos relacionamentos são analisados em demasia atualmente e que, para muitos casais, estar junto é mais tormento que paixão. O fato é que duas pessoas são diferentes e que jamais vão se compreender inteiramente, nem iriam querer isso, se pensassem bem no assunto. Se é assim, por que não se aceitam como são, acabando com todo aquele esmiuçamento, reesmiuçamento, análise e tentativas de discutir a relação de ambos? Que cada um de vocês seja único e, como disse Kahlil Gibran, "que haja espaços na fusão dos dois".

- *Não vale a pena defender discussões.* O velho ditado que diz que quem ama briga deve ser firmemente contestado quando a briga o leva a tornar-se vítima de qualquer maneira. Você pode ser arrastado para uma discussão com alguém, descobrir que ficou nervoso, que a pressão arterial subiu, que foram plantadas as sementes de uma úlcera, que chegou perto da violência, e depois se esquecer da situação, considerando-a normal. Mas não é normal, é uma vitimação autodestrutiva.

Rejeite a ideia de que discutir é sempre sadio. Embora um bom bate-boca seja divertido se ninguém ficar machucado, isso geralmente não é possível com pessoas briguentas, com gente que realmente precisa discutir. É chato tê-las em volta, com seu linguajar ofensivo e suas explosões inesperadas, e todos os envolvidos geralmente acabam como vítimas.

Quando discute com alguém que não o compreende, você descobre, com surpresa, a frequência com que sua argumentação reforça a incompreensão e ajuda a outra pessoa a defender ainda mais veementemente seus pontos de vista. A briga consolida ainda mais a obstinação dela; e, não obstante, é provável que você defenda essas discussões como valiosas.

Recentemente, ao sair do carro num estacionamento, Hank bateu, acidentalmente, na porta do carro que estava parado ao lado. Um homem saltou do carro, rosto vermelho, coçando-se por uma briga: "O que você pensa que está fazendo?" Queria desesperadamente que Hank discutisse com ele, de modo a poder reforçar sua raiva e, por fim, ter sua briga.

Hank, porém, não caiu nessa: "Ei, escute aqui, fui descuidado e desatencioso. Sei como o senhor se sente. Também não gosto que batam na porta do meu carro. Se houve algum dano, eu pago o prejuízo."

O comportamento calmo de Hank desarmou uma situação potencialmente explosiva. O outro motorista acalmou-se logo: "Não sei por que estou tão nervoso com o senhor. Estou tendo um dia realmente difícil, hoje. Mas não quis ser hostil por causa de uma bobagem destas. Não houve nenhum dano. Esqueça." E eles acabaram por apertar as mãos.

É clara a moral da história. Deixar-se arrastar para uma discussão, esperando fazer com que pessoas compreendam sua posição, quase sempre o tornará uma vítima. Mesmo que supostamente ganhe uma discussão acalorada, a tensão física deve ser suficiente para que você compreenda que, realmente, não ganhou. Você pode tentar provar que é o vencedor com um comportamento que provoca úlceras, pressão alta e doenças cardíacas, se quiser; ou pode evitar essas discussões e conservar a sanidade e a saúde.

• *Mentir nem sempre é imoral.* No esforço para fazer com que todos o compreendam ou aprovem-no, quem sabe você adotou uma postura muito rígida no tocante à mentira, jamais se permitindo participar desse dito mau costume.

Pense duas vezes. Você é vitimado pela atitude de dizer sempre a verdade, custe o que custar? Você talvez concorde com a observação comum de que se, por exemplo, estivesse prestes a ser executado pelos nazistas, a menos que pudesse convencê-los de que não era judeu, e fosse mesmo judeu, você dificilmente seria obrigado a dizer a verdade. Em casos extremos como esse, todos concordam que você não deva a seus inimigos qualquer fidelidade especial à verdade. Na realidade, é considerado comportamento eficiente enganá-los de todas as maneiras possíveis. De modo que você não é contra mentir em todas as circunstâncias, mas provavelmente define em limites muito estreitos as circunstâncias em que julga ético mentir. Se é assim, o que você realmente precisa fazer é pensar um pouco mais em definir seus motivos para mentir. É sensato evitar mentir, quando sabe que a verdade será prejudicial a outrem? Seus princípios (ou políticas) são mais importantes que as pessoas às quais deve atender? Examine com cuidado essas questões e se pergunte se não está sendo vitimado por sua rigidez.

Outra pergunta a se fazer a respeito da mentira é a seguinte: O que, a meus olhos, constitui uma mentira?

Suponhamos que você tenha informações sobre si mesmo que, acredita, tenha o direito de manter privadas. Elas simplesmente não são da conta de ninguém. Então, aparece alguém lhe pedindo que revele essas informações, achando que tem o direito de invadir sua privacidade. Essa pessoa quer que você pense que constitui uma espécie de mentira recusar informações que acha que tem o direito de manter privadas. Quer que você se sinta culpado por não poder revelar as informações. Mas você tem, realmente, qualquer responsabilidade de dizer a ela? Claro que não. E você estará mentindo ao dizer: "Acontece que isso não é da sua conta."?

De que maneira você poderia estar mentindo? Todos os tribunais do mundo concedem às pessoas o direito de se recusar a responder certas perguntas, dada a possibilidade de incriminá-las; portanto, se você achar que algumas pessoas podem utilizar contra seus interesses o que lhes contar, não deve a elas coisa alguma.

As pessoas nem sempre o compreenderão. Esse é o tema deste capítulo. Observe com cuidado sua atitude em relação à mentira e verifique se não está se vitimando, ou sendo vitimado, ao permitir que outros controlem seu comportamento com sua compulsão de dizer a verdade. Uma vez que diga a verdade, e alguém fique machucado, você acha que ajudou alguém a compreendê-lo?

Há riscos em abordar o tópico da mentira, uma vez que muitas, muitíssimas pessoas, acham que mentir é sempre errado, motivo de culpa, mesmo que seja justificável em certas circunstâncias. Evidentemente, não defendo a mentira indiscriminada. Mas se, ao dizer a verdade, você acaba como vítima por revelar informações a seu respeito que, por suas próprias definições, devem ser mantidas privadas, então você está se comportando de maneira autodestrutiva e talvez seja bom reexaminar suas atitudes. Além disso, se mentir é a única ou melhor tática que puder usar para escapar de uma armadilha de vítima, não receie usá-la. O prisioneiro que conspira para escapar diria a verdade a seus carcereiros se eles perguntassem: "Você está pensando em fugir?" Ele mentiria e você, com toda probabilidade, aprovaria. Observe seu próprio comportamento de prisioneiro durante inquisições comuns e chegue a suas conclusões. Suponhamos que um assaltante lhe perguntasse, a arma apontada para você: "Você tem dinheiro escondido em casa?" Neste caso, você obviamente não insistiria em dizer a verdade. Você não tem, jamais, que ser manipulado pelos demais para revelar informações particulares nem ser vitimado por uma devoção cega à verdade.

Ter de provar seu valor significa ser controlado por pessoas a quem tem de mostrar a prova. O comportamento discretamente eficaz não implica a necessidade de alguém provar o que vale. Quando criança, você abusou do comportamento do tipo "olhe só para mim". Você queria que todos, principalmente seus pais, o observassem enquanto mergulhava na piscina, patinava para trás, andava de bicicleta ou participava de alguma nova experiência em que se tornava mais esperto. Naquelas ocasiões, você precisava desses olhares porque desenvolvia o conceito que fazia de si mesmo fundamentado na maneira como outras pessoas importantes reagiam ao que você fazia. Esses dias, porém, passaram. Você não é mais uma criança em desenvolvimento que precisa ser notada ou que tem de provar sem cessar o que vale, a menos que seja um desses adultos que ainda anseiam pela aprovação de todas as pessoas que o conhecem.

Ter de provar seu valor a alguém vai vitimá-lo bastante na vida. Ficará incomodado quando não o notarem o suficiente, quando o desaprovarem ou, mais vitimador ainda, quando não o compreenderem. Em consequência, irá se esforçar ainda mais para fazer com que o compreendam e, quando notarem que você age assim, mais poder ainda exercerão sobre você. Um exemplo disso ocorreu com um amigo meu, que tentou convencer a mulher de que jogar futebol americano nas tardes de sábado era um direito seu e não era responsabilidade sua ficar em casa fazendo companhia a ela. Ela simplesmente não conseguia compreender que ele quisesse lançar uma bola de um lugar para o outro com um grupo de homens suados, quando podia ficar com ela, especialmente porque não lhe fizera companhia a semana inteira. Quanto mais ele falava, mais evidente se tornava que a esposa não o compreendia. Não demorou muito para a conversa virar discussão: ela continuou a afirmar que não o compreendia e ele acabou não indo jogar. Resultado: não só a tarde foi perdida, porque não se falavam mais, como sua mulher continuou sem entender por que ele queria jogar futebol. Da parte dele houve uma tripla ação de vítima. Se houvesse entendido que ela não compreenderia seu desejo de jogar bola, e que era normal ela não compreender, teria evitado a armadilha de tentar provar a ela que continuava a ser um cara legal, mesmo que quisesse participar de algo que ela não compreendia.

O inverso do sentimento de ter de provar seu valor é a outra pessoa esperar que você faça isso. Não é raro você ouvir: "O que o levou a fazer isso?" Ou: "Ah, sim, pois então prove!" Ou algo similar. Mais uma vez, você terá de estar alerta para o fato de ter de provar alguma coisa a alguém. Mas pode também ser discretamente eficiente em ocasiões como essas e simplesmente fazer uma consulta a si mesmo, mais ou menos nestes termos: "Tenho, realmente, de provar alguma coisa a essa pessoa? O fato de provar meu valor tornará as coisas melhores? Talvez eu simplesmente deixe passar dessa vez e a deixe pensar o que quiser." Isso é especialmente importante no convívio com estranhos. Você já parou para pensar como é tolo provar seu valor para um estranho e gastar tempo tentando convencê-lo da correção de sua postura? Isso geralmente acontece porque você está tentando se convencer e usa o ouvinte (a vítima) como espelho.

Logo você aprenderá a apreciar as vitórias silenciosas. Em um concerto recente, durante o intervalo, Kevin foi até o bar na entrada e comprou quatro refrigerantes para ele e o grupo com quem estava. Na volta, notou um aviso na parede, próximo ao portão, alertando: "TODAS AS BEBIDAS DEVEM SER CONSUMIDAS DO LADO DE FORA."

Lá estava Kevin, com quatro bebidas nas mãos e algumas opções. Sabia que havia um segurança parado no portão, apenas esperando que alguém tentasse passar para que ele o impedisse, aumentando sua autoestima com um "estou apenas fazendo meu trabalho."

Kevin poderia beber todos os refrigerantes, dá-los para alguém, jogá-los fora, deixá-los para trás e fazer seu caminho de volta a seus companheiros. Também poderia argumentar para o segurança que não dava para esperar que as pessoas percebessem o aviso antes de comprar as bebidas, que ele deveria fingir que não viu que Kevin estava "contrabandeando" o refrigerante para dentro e remover o aviso. Mas enquanto pensava, enxergou uma forma de alcançar uma vitória silenciosa. Ele notou uma porta atrás da recepção, que levava a uma rua ao lado do prédio. Ao espiar por ela, viu que havia uma saída de emergência aberta que dava no salão onde seus amigos estavam sentados. Então foi para a rua e se misturou à plateia até conseguir chamar seus amigos, e eles se retiraram rapidamente, para que pudessem tomar suas bebidas.

Se Kevin tivesse a necessidade de dizer ao segurança "Eu consegui! Nah, nah, nah...", poderia acabar não sendo bem-sucedido na sua empreitada, gabando-se e fazendo drama ao perder tempo em uma cena desagradável. Mas avaliar a situação e encontrar uma solução em poucos segundos permitiram que ele saísse sem ser a vítima, sem magoar ninguém, e também sem a necessidade de provar sua superioridade aos outros.

Em todos os casos, o tato é um aspecto importante. Ter tato envolve não facilitar as coisas para que as pessoas se machuquem e demonstrar ter consideração por seus sentimentos e suas responsabilidades. Quando tem de provar seu valor, você com frequência carece de tato e torna-se não só grosseiro, mas também vítima. Relato a seguir minha história favorita sobre tato, contada por um dos maiores contistas de todos os tempos, John Steinbeck:

Dois homens estavam reunidos num bar, quando surge o assunto sobre Green Bay, Wisconsin. O primeiro homem diz: "É um lugar realmente bacana." O segundo responde: "O que há de bacana nele? As únicas coisas que saíram de Green Bay foram o Packers, time de futebol americano, e piranhas feias." "Ei, espere aí, seu filho da puta", diz o primeiro homem. "Minha mulher é de Green Bay." "Oh", responde o outro. "É mesmo? Em que posição ela joga?"

Provar quem é, entre parentes e amigos

A família é a unidade social que assume especial importância para que você construa internamente seu valor, muito mais que em confrontações acaloradas.

Muitas delas agem sob a suposição de que seus membros têm o direito de saber tudo a respeito dos negócios recíprocos e que a privacidade constitui não só um tabu, mas um desafio direto à própria existência da família. Seus membros vivem repetidamente pedindo uns aos outros que se expliquem, que deem respostas a perguntas de parentes dominadores etc. Famílias tendem também a marcar presença em ocasiões cerimoniais, tais como casamentos, enterros, formaturas, bar mitzvahs e festinhas, e se você não estiver presente, sua escolha pessoal não é considerada desculpa. Analogamente, os familiares tendem a questionar sua maneira de se vestir e, de modo geral, sua aparência. São igualmente competentes em exigir explicações sobre você não ter cortado o cabelo ou ter decepcionado este ou aquele parente. E são sem igual para fiscalizar qualquer comportamento que eles ou que pretensamente a sociedade considerem como depravado, por mais inocente que seja. São também as pessoas mais difíceis no mundo com quem lidar quando se trata de compreendê-lo, porque são as pessoas que, com frequência, insistem que o compreendem, e se esforçam nesse sentido, embora raramente aconteça. Conquanto os laços de família possam ser muito estreitos e belos, fique alerta para a grande vitimação que pode atá-lo num nó cego.

Fico sempre intrigado com o número de pessoas que, às vésperas do divórcio, dizem coisas como: "Sim, vou recuperar logo minha liberdade." Por que tantas pessoas consideram o divórcio como liberdade, mesmo que isto seja dito em tom de brincadeira? Será o casamento considerado geralmente o oposto da liberdade, que é a escravidão?

Em muitos, muitíssimos casos, casamento é escravidão de fato. No casamento, ou na família, numerosas pessoas não se sentem livres, principalmente porque vivem na expectativa constante de ter de provar seu valor ou porque temem não ser compreendidas. Removam-se esses dois aspectos e a maioria dos casamentos que terminaria em divórcio poderia ser revitalizada.

A amizade, por outro lado, dessas que duram a vida inteira, é um relacionamento em que nenhuma das duas partes tem de provar seu valor. O amigo não alimenta expectativas, exceto que você seja você mesmo, e a honestidade é a pedra fundamental de toda a ligação. Em todas as ocasiões em que converso com grupos de pais, sugiro que examinem com atenção suas amizades e que comecem a tratar os filhos e outros membros da família como fazem com os amigos. Se um amigo derramasse um copo de leite na mesa, por exemplo, você provavelmente diria: "Tudo bem. Deixe-me ajudá-lo a limpar isso." Mas, a seu filho, você talvez diga: "Seu estúpido, veja o que fez! Por que tem de ser sempre tão desastrado?" Seja como um amigo para seu cônjuge, seus filhos e os demais membros da família. É na família que se plantam muitas das sementes das perturbações emocionais, em parte porque poucas compreendem que, se os membros não forem respeitados com garantia de privacidade e o direito de não ter de provar seu valor e explicar-se a todo instante, os laços de amor serão estirados demais e se transformarão nas correntes do estresse. Acho que as palavras a seguir, do ensaio de Emerson intitulado *Amizade*, resumem tão bem esse ponto crucial que usei algumas delas na dedicatória deste livro:

> O amigo é a pessoa com quem se pode ser sincero. Na presença dele, posso pensar em voz alta.

Em minha experiência de aconselhamento familiar e matrimonial, foram poucas as famílias que conheci a usar os critérios da amizade em seus relacionamentos diários. Se fossem invariavelmente aplicados às famílias, contudo, haveria muito menos vítimas no mundo. Mas você pode ensinar aos membros de sua família que quer e está disposto a demonstrar respeito, comportando-se de maneira que não lhe exijam que se torne vítima deles, acabando com essa história de ter de se explicar.

Pessoas que querem que você sofra com elas

Leia o que escreveu Lydia Sigourney, escritora norte-americana do início do século XIX, sobre pessoas melancólicas:

> Fique longe da tristeza, diz um escritor islandês, porque a tristeza é a doença da alma. A vida, na verdade, está coberta de males, mas a mente que considera cada objeto em seu aspecto mais alegre, e cada disposição duvidosa como repleta de bem latente, tem dentro de si um poderoso e perpétuo antídoto. A alma sombria agrava a infelicidade, enquanto o sorriso alegre dissipa com frequência a névoa que anuncia a tempestade.

A maneira mais simples, e em geral mais sensata, de lidar com pessoas rabugentas que não estão dispostas a mudar é permanecer longe delas. Isso pode parecer duro, mas é uma estratégia muito útil. Pessoas resmungonas, como todas as demais cujos pontos fracos lhes dominam a vida, tiram alguma coisa de seu desamparo – e, em geral, o dividendo que recebem é sua atenção ou, pior ainda, a satisfação de fazer com que sofra com elas.

Você não tem obrigação de sofrer com gente infeliz nem mesmo de estar com elas. Cerque-se de rostos felizes, de pessoas interessadas em crescer e desfrutar, e não de queixosos e de pessoas que adoram falar interminavelmente da maneira como o mundo as trata. Você pode oferecer consolo e ajuda aos cronicamente infelizes, mas, quando sua generosidade é constantemente repelida, sua obrigação consigo mesmo é evitar estar com pessoas que podem arrastá-lo para a infelicidade delas.

Outros, para conseguir sua atenção, olham-no furiosos do fundo de suas tristezas e, se você reagir, reforçará ainda mais os próprios hábitos que quer extinguir. Fazendo companhia a essa gente amarga e irritando-se, você as ensina a manter o mesmo tipo de comportamento. Você fará um favor a ambos se ignorar essas pessoas que se tornam grosseiras em todas as ocasiões em que vem à tona seu comportamento desagradável. Não só elas aprenderão a deixar de se queixar e farão alguma coisa produtiva, como você poderá usar seu momento presente de forma mais útil.

Essas pessoas, contra cujo debilitante tipo de melancolia você tem de se acautelar, passam a vida prevendo desastres e procurando defeitos. Raramente têm alguma coisa agradável a dizer e esperam o pior, em vez de encarar o futuro com satisfação ou otimismo. Sentem-se arrasadas e, com suas histórias de sofrimentos, combatem todos os seus esforços para ser agradável. Vitimam os demais alegando que ninguém as compreende, ao mesmo tempo que se recusam inflexivelmente a ser compreendidas. Por definição, são impossíveis de agradar e se recusam sempre a começar a fazer alguma coisa por si mesmas. Alguns membros dessa categoria passam a vida inteira, da juventude à velhice, com a mesma disposição mental autodestrutiva. Você estará sendo extremamente tolo se conviver com essa gente, sejam seus familiares ou não, porque tudo o que se pode esperar dessas pessoas são suas histórias intermináveis sobre calamidades: esse assalto aqui, aquela morte acolá, o acidente que aconteceu ontem, meus gases intestinais, minha ciática, esse tempo horroroso, o frio intenso, os políticos desonestos, a economia nojenta, e assim por diante. Para elas, não há tempo bom. O melhor que pode conseguir é: "Provavelmente, vai chover."

Geralmente, esse comportamento persiste porque foi tolerado e reforçado por tolos durante anos. Você, porém, não tem de ser um deles. Pode ficar longe desse sofrimento, ignorá-lo totalmente ou reagir com frases do tipo: "Para alguém que teve uma infância horrível, não há dúvida de que você fala muito sobre ela." Ou: "Você deve gostar desses gases intestinais, pois continua a tê-los e a mencioná-los o tempo todo." Mas não seja sarcástico. Diga simplesmente que não vai tolerar intermináveis reclamações e queixas. Mostre-se bondoso, mas, se as queixas continuarem, vá embora e diga francamente o motivo. Você gosta da vida e não está interessado em ficar na fossa.

A melhor maneira de queixosos crônicos acabarem com o sofrimento é se envolverem em projetos que os interessem e aos quais possam se entregar de corpo inteiro. Procure ajudá-los, mas se seu sincero oferecimento for rejeitado, recuse-se a se sentir culpado e a escutar as desculpas das vítimas.

Seja um adversário voluntário, mas não vítima de uma vítima. Quando essa gente melancólica descobre que você não quer mesmo sofrer com elas, em geral param de tentar vitimá-lo e, ironicamente, a melancolia delas começa a desaparecer também.

Frases comumente usadas para vitimar pessoas, alegando incompreensão

Vejamos algumas pequenas e inteligentes variações do tema de não ser compreendido e não aceitar a eficácia discreta, que observará em si mesmo e em outras pessoas que as utilizam regularmente, de forma vitimadora.

- *Não compreendo por que você faz essas coisas.* Você está sendo informado de que tem a responsabilidade de se fazer compreendido e que, até que o faça, é um mau-caráter.

- *Como foi que você pôde fazer uma coisa dessas?* Não só a pessoa que fala está perturbada com o que você ousou fazer, como está tentando fazê-lo acreditar que é imperdoável ter feito alguma coisa que ela não compreende.

- *Nunca ouvi falar numa coisa dessas.* A dimensão da incredulidade é acrescentada aqui à tática precedente. O vitimador finge estar inteiramente chocado com o que você fez ou disse, insinuando que qualquer um reprovaria tal conduta e que, por conseguinte, você esteve e está errado, logo, deve fazer o que ele, o vitimador, diz.

- *Como pôde uma pessoa com sua inteligência e educação fazer uma coisa dessas?* Frases assim estão a um passo das táticas acima e acrescentam o ingrediente da culpa, temperado com lisonja oculta. "Estou não só chocado e escandalizado, mas desapontado por logo você, entre todas as pessoas..."

- *Estou arrasado, você me deixou muito perplexo.* Esse tipo de confissão transmite a mensagem tácita de que "é responsabilidade sua me tirar desta perplexidade". O vitimador utilizará essa tática se souber que você não pode tolerar não ser compreendido. Assim, como ele fica aturdido, você sente a obrigação de desaturdi-lo e lá vai você para o matadouro.

- *Por favor, repita isso mais uma vez, para que eu possa compreender.* Se atender ao pedido de repetir interminavelmente sua história, será também vitimado interminavelmente.

• *Você deve saber como eu estou sofrendo.* Neste caso, você é solicitado a se sentir mal porque não compreende como uma pessoa pode sentir-se assim. Essa tática inverte a não compreensão da parte do vitimador e põe em você a culpa por não compreender.

• *Não posso acreditar que você vá fazer isso agora, quando...* Esse tipo de estratagema pode impedi-lo de dar sua corrida, de ler, de tirar um cochilo, ou de fazer o que queira, por causa de uma programação que o vitimador preparou ou está preparando. Fazer o que você quer não seria tão ruim assim, mas o vitimador tem outra coisa em mente. Neste caso, o vitimador fica confuso ou magoado se você faz o que quer: o que constitui o jogo de vitimação. O pedido aqui é com frequência acompanhado de: "Você podia deixar isso para amanhã." Claro, o fato de você estar cumprindo um programa de corridas e não querer sair da rotina tem pouca importância, uma vez que o vitimador simplesmente não compreende sua intransigência neste assunto.

• *Não entendo como um simples pedacinho de bolo vai lhe fazer mal.* Com essa manobra, espera-se que você renuncie a sua firme convicção de que deve fazer dieta porque alguém não compreende sua resolução. Esse artifício é também usado para mantê-lo nos mesmos hábitos autodestrutivos que o vitimado acha difícil eliminar. A mensagem é que você deve fazer as coisas que não quer (ser vítima) porque alguém quer que você faça isso ou não compreende por que você não está pensando o mesmo que ele (ou ela) naquele momento. O método também pode ser usado de maneira oposta: "Não sei por que você está comendo bolo... Olhe para mim, eu não estou." É a mesma lógica, apenas usada para finalidades diferentes.

- *Você jamais me diz o que está pensando.* Essa pode ser uma tentativa para conseguir que você se revele e abandone sua necessidade neurótica, na visão do vitimador, de privacidade. Logo que contar o que está pensando, a outra pessoa pode saltar sobre você, insistindo que você não tem o direito de pensar dessa maneira.

- *Faça isso por mim.* Quando o vitimador não consegue que você se conforme, alegando que não o compreende, ele recorre a alguma súplica pessoal como essa, e você é solicitado a fazer o que não quer porque isso agradará a ele.

- *Você me ofendeu.* Cuidado com pessoas que se ofendem simplesmente para lhe dar boas razões para se sentir muito mal e mudar seu comportamento para agradá-las.

- *Eu exijo desculpas.* Esse artifício pode controlar seu comportamento, pressionando-o a dizer algo que não quer, ou acuando-o: você é posto na posição de não poder pedir desculpas, mesmo que queira, sem colocar-se também à mercê da outra pessoa. Mas não esqueça, e diga isso mesmo, que tal desculpa pressionada não vale coisa alguma, uma vez que não é pedida com sinceridade.

Essas são algumas das formas mais comuns de vitimação pela incompreensão que temos em nossa cultura. Esses exemplos foram colhidos em milhares de sessões de aconselhamento, de pessoas que contaram histórias em que foram transformadas em joguetes e humilhadas por vitimadores que se apresentavam como amigos, colegas, vizinhos ou parentes. Mas vejamos a seguir algumas táticas específicas que você pode usar para rechaçar e desarmar a artilharia do "eu não compreendo".

Estratégias contra o jogo do "eu não compreendo" e para ser discretamente eficaz

• Deixe de dar explicações se achar que não gosta de fazer isso. Lembre a si mesmo e aos demais que não é obrigado a explicar à pessoa alguma seu comportamento, e que qualquer explicação que dê será por ter resolvido fazer isso, e não para corresponder ao que alguém espera de você. Uma vez que tenha ensinado às pessoas a não esperar explicações a todo pedido que fizerem, elas deixarão de fazer essa exigência tola. Sinta-se à vontade para dar explicações, se gostar disso, mas se sentir-se obrigado, estará sendo manipulado por exigências absurdas dos demais.

• Pare de dizer a si mesmo que é responsabilidade sua fazer com que as pessoas o compreendam e diga francamente aos outros que espera ser incompreendido às vezes, mas que isto é mais do que natural entre seres humanos e não indica qualquer anormalidade em você ou em seus relacionamentos. Quando pessoas lhe disserem que não o entendem, experimente dar de ombros, sorrir e usar as famosas palavras de Emerson em *Self-Reliance*: "Ser grande é ser incompreendido."

• Pratique ignorar exigências de estranhos para que você se torne mais claro. Diga a si mesmo que é muito improvável que estranhos o compreendam, mesmo que estampe sua mensagem na camisa que veste, e sinta-se à vontade para continuar a ser incompreendido sem se sentir culpado ou fracassado como indivíduo. Você pode perfeitamente desligar de sua consciência os ataques verbais de estranhos. Faça isso exatamente da mesma maneira que desliga um rádio que não quer ouvir. Torne-se um desligador discretamente eficaz quando julgar necessário. Se você treinar "desligar" as frases mencionadas anteriormente, será mais fácil ignorar as exigências de estranhos.

• Quando achar que não poderá satisfazer a exigência de dar explicações a uma pessoa, apenas pergunte: "Você acha que poderia me compreender?" Se a resposta for afirmativa, peça à pessoa que lhe diga como interpreta seu comportamento e lhe diga os pontos em que ela acerta. Dessa maneira, você transfere a responsabilidade da compreensão para a pessoa que a exige, em vez de assumi-la.

• De maneira idêntica, quando pensar que alguém não o compreende como estratagema para vitimá-lo, tente conseguir que a pessoa repita exatamente o que você disse, antes de permitir que ela continue com seus pontos de vista. O importante desta técnica é que seu vitimador potencial tem de concordar com as regras fundamentais, que são:

Você manifesta seu ponto de vista e ele escuta sem interrompê-lo. Em seguida, repete o que você disse até você se convencer de que ele o entendeu bem. Quando achar que ele realmente o entendeu, ele poderá dar sua opinião e você terá que escutá-la e repeti-la até que ele se convença de que você entendeu. Em todas as ocasiões em que um de vocês disser: "Não, você não ouviu direito", o outro deverá repetir o que disse.

Com essas regras simples, você pode evitar ser vitimado e melhorar muito a capacidade de escutar seu interlocutor. É provável que você seja compreendido depois de completar várias trocas desse tipo.

• Pratique ser discretamente eficaz ao adiar o anúncio de seus sucessos. Espere uma, duas ou três horas e, em seguida, pergunte-se se ainda tem de contar a alguém. Isso é particularmente útil no caso de notícias que farão com que você pareça superior à pessoa a quem informa. O sistema de retardo funciona porque, depois de esperar várias horas, ou mesmo dias, você não sente mais a necessidade de se mostrar como vencedor e, logo que a notícia for divulgada (se for), você parecerá aquilo em que está se transformando: uma pessoa que aceita calma e modestamente seus êxitos.

• Quando estiver na companhia de pessoas mal-educadas, que acha que abusam de você com suas histórias, arrogância ou agressividade, experimente pedir licença, levantar-se e ir embora. Mesmo em lugares como restaurantes, você pode combater o hábito de simplesmente permanecer onde está e ter de aguentar. Saia e dê um pequeno passeio. Vai sentir-se melhor não só por ter exercido algum controle, mas também porque ensinou seus incômodos companheiros a deixarem de usar essas táticas, pois o que conseguiram foi que você se afastasse, sem dar explicação alguma.

• Identifique as tentativas de arrastá-lo para a fossa. Quando achar que alguém está querendo que você compartilhe o sofrimento dele, diga: "Acho que seu sofrimento está querendo companhia." Uma frase como essa, pronunciada sem hostilidade, demonstrará a seu vitimador potencial que você conhece esses jogos e exige respeito a sua inteligência e honestidade, mesmo que a pessoa possa negar isso no começo.

Em seguida, pode dizer ao queixoso que, por uma hora, não estará interessado em ouvir comentários sobre a triste situação da vida dele. Marque o tempo e no momento em que uma má notícia surgir, detenha-o com: "Nós concordamos em fazer uma pausa de uma hora." Isso lembrará delicadamente ao queixoso um hábito que ele talvez nem tenha compreendido que o domina tanto e talvez o encoraje a fazer alguma coisa para se livrar dele. No mínimo, isso o livrará de ter que ouvir a mesma história cansativa por uma hora, um dia, ou pela duração da trégua que firmaram.

• Mostre às pessoas, com seu comportamento, que insistirá em seu direito à privacidade. Não passe horas infindáveis exigindo ser deixado em paz. Simplesmente reserve para si o tempo que quer. Faça isso de maneira suave porém firme, mas faça. Dê um passeio, tire um cochilo, leia no quarto, faça o que quiser, e não se deixe enganar e renunciar a sua privacidade porque alguém não o compreende ou chama-o de recluso.

- Aprenda a aceitar naturalmente que outras pessoas o classifiquem, e não tenha isso como algo que o perturbe. Se for chamado de aberração, esquisitão, eremita, rebelde e mostrar que os rótulos não o incomodam, a rotulação torna-se inútil e acaba por cessar. Mas, como sempre, se sentir culpa com esses rótulos, alegar que não se aplicam a você, ou ficar perturbado com eles, só o que conseguirá será reforçar o comportamento rotulador.

- Utilize a estratégia de identificar os sentimentos da pessoa que começa a ficar nervosa com você ou tenta atraí-lo para a fossa. "Você está realmente se sentindo mal com isso e está recontando essa história para que eu também me sinta mal." Ou: "Você não está me compreendendo neste minuto e ficou perturbado porque eu o desapontei." Mostre às pessoas que está ciente dos sentimentos que as condicionam e que não tem medo de trazê-los à tona.

- Quando alguém insistir que você "coma só um pouquinho disso", ou parecer incrédulo quando você diz que vai fazer seus exercícios, diga com firmeza e sem hesitação: "Estou de dieta e não quero comer nada." Ou: "Vou correr agora." Esqueça todas as desculpas do tipo: "Espero que não se incomode..." Ou: "Por favor, desculpe, mas..." Ou ainda: "Tomara que você não se importe...", simplesmente porque essas palavras são convites para discutir ainda mais o assunto e, no fim, você vai acabar comendo para não ser indelicado com a pessoa. Seja firme e convicto e seus desejos serão respeitados.

• Use frases do tipo: "Foi você quem se ofendeu." Ou: "Você é quem está se ofendendo." Estes são os tipos de declarações que o impedem de se sentir culpado e que colocam a responsabilidade de alguém sentir-se ofendido onde ela deve estar, isto é, com a pessoa que resolveu se magoar ou se ofender.

• Livre-se da ideia tola de se sentir mal se alguns de seus amigos não gostarem de outros que você tem. Evidentemente, há muitas pessoas no mundo que você não escolheria para ser seu amigo e, se é assim, por que esperar que as que escolhe por razões pessoais automaticamente sejam amigas entre si? Ainda assim, pessoas ficam com frequência preocupadas ou chateadas porque falham em seus esforços de promover amizades, em vez de apenas aceitar as leis naturalmente seletivas da química da amizade.

Analogamente, deixe de ficar chateado quando amigos quiserem muito que você goste dos amigos deles. Você não é obrigado a compartilhar dos sentimentos de seus amigos pelos amigos deles, ou pelos amigos dos parentes, e, se não compartilha, isso não pode constituir restrição à amizade inicial. Simultaneamente, fique de guarda contra a manifestação, de sua parte ou a de outras pessoas, de sentimentos do tipo: "Como é que ela pode gostar dele? Acho-o tão antipático." pessoas não têm de prestar contas sobre seu gosto em matéria de amigos nem ser submetidas a pressão para rejeitar alguns em favor de outros. Se achar que esse tipo de pressão está sendo aplicada a você, não hesite em chamar atenção para o fato, ou em manter sua posição, usando estratégias das mais discretamente eficazes que conseguir reunir.

• Nos casos em que achar que corre perigo de ser atraído para uma discussão em que poderia ser vitimado, tente dizer: "Eu simplesmente resolvi não discutir este assunto. Se insistir, você vai ficar falando sozinho. Ou conversamos demonstrando respeito mútuo, ou não falamos." Seu interlocutor pode ficar atordoado com a dura honestidade desse tipo de terapia psicológica de choque, mas você deve levá-la até o fim, recusando-se terminantemente a discutir, mesmo que isso o obrigue a se afastar.

- Quando estiver sendo o mais lógico possível, e não conseguir coisa alguma com um suposto adversário, aprenda a abandonar a lógica e procurar estratégias em outra dimensão.

Um amigo meu chamado Jim teve certa vez uma discussão com uma encarregada do parquímetro em um estacionamento que estava prestes a multar seu carro. Ele disse que o medidor estava com defeito, fato que ela podia ver claramente. Mas ela argumentou que não era permitido estacionar em espaços onde havia medidores enguiçados e que ele deveria ter estacionado em outro lugar.

Jim respondeu de maneira lógica, dizendo que os locais de estacionamento destinam-se a servir pessoas, que não deveriam ser privadas de espaços inteiramente legais simplesmente porque os medidores estavam quebrados. Com todo cuidado, explicou três vezes sua lógica, mas em todas as ocasiões as respostas dela mostraram que ela não lhe estava dando atenção.

Finalmente, Jim abandonou a lógica e implorou-lhe que fosse boazinha e não o multasse, mesmo que ele estivesse errado. Disso ela gostou. Precisava ouvir Jim reconhecer que estava errado, de modo a estabelecer algum poder sobre ele. Logo que ele lhe pediu que ignorasse seu suposto erro, ela concordou e ele foi embora sem a multa.

Jim poderia ter continuado com sua defesa, na qual ainda acreditava, mas teria acabado como uma vítima da lógica, obrigado a perder um dia de trabalho para ir a uma vara de trânsito contestar uma multa de 10 dólares. Na vara, seria vitimado mais uma vez por toda a maquinaria burocrática que aprendera a evitar. A solução prática, que implicou abandonar a lógica e representar um pouco, obviamente serviu melhor a seus interesses.

- Pare de tentar provar a supervisores, figuras de autoridades ou gente renomada que você é um vencedor. Conceda-lhes os sentimentos de poder de que necessitam, deixe que pensem que eles venceram as discussões com você, e guarde para si o que sabe.

Os chefes não gostam quando, provam que eles erraram, e você pode se utilizar desse conhecimento para evitar uma série de problemas com eles. Mesmo que acredite do fundo do coração que tem razão a respeito de um procedimento ou de uma promoção etc., não enfrente o chefe com: "Acho que o senhor realmente se enganou a esse respeito", colocando-o numa posição em que ele tenha de combatê-lo para defender seu ego. O mais velho de todos os artifícios é levar as coisas de modo que o chefe pense que ele sugeriu o que você quer, especialmente se é algo como seu aumento ou sua promoção. Isso não significa absolutamente ser um fraco, mas apenas usar com eficácia a estratégia que melhor servir a seus interesses, o que implica saber quando calar e quando manifestar suas opiniões.

- Deixe de fazer pequenas coisas de que não gosta simplesmente porque eles não compreenderiam se não as fizesse, como, por exemplo, beijar parentes ou conhecidos que preferia não beijar. Apenas não faça na próxima vez. Se eles quiserem discutir o assunto, você pode usar qualquer uma das estratégias discutidas anteriormente para tratar com as pessoas que não o compreendem, mas, antes de chegar a isso, simplesmente pare. Desta vez, não vá àquele horrível chá da tia Miriam e veja o que acontece. Se os outros insistirem em tentar coagi-lo, utilize novamente as estratégias já discutidas, mas, em primeiro lugar, decida aonde vai com seu corpo. O corpo é seu, afinal de contas, e você não tem obrigação de colocá-lo em lugares aonde ele não quer ir ou onde não tem que estar.

- Pare de se desculpar. Você não tem de ficar consternado quando faz alguma coisa que não o agradou ou não agradou aos demais. Pode simplesmente aprender com o fato, dizer a quem quer que tenha sido incomodado que vai esforçar-se para não repetir aquilo, e continuar a viver. Além disso, lembre-se de que não é responsabilidade sua sentir-se pesaroso quando outras pessoas não o compreendem. Pedindo desculpas, você assume as responsabilidades delas e lhes ensina a seguir não compreendendo nem você nem seus motivos.

  Dizer "sinto muito" constantemente pode tornar-se um hábito vitimador horrível, um reflexo de assumir toda a culpa. Certa vez, vi uma mulher no metrô dizer "desculpe-me" quando um estranho pisou em seu pé.

- Se você costuma analisar tudo o que acontece em seus relacionamentos, assuma consigo mesmo o compromisso de parar com isso. Simplesmente "deixe a coisa rolar" por algum tempo, sem a necessidade compulsiva de interpretar todos os motivos, comportamentos, e assim por diante. A análise em si pode tornar-se uma doença, em vez de uma ferramenta útil para superar problemas, e inúmeros belos relacionamentos já foram analisados até a morte. Não se deixe levar por essa de discutir a relação até que ela se transforme apenas em discussão e nada de divertimento porque, nesse ponto, nada mais restará a ser discutido.

- Se não revelar alguma coisa é mais eficaz para todos os interessados, e revelar viola seu próprio senso de privacidade, então não o faça. Se não puder recusar, disfarce da melhor maneira que puder, e não rotule de mentira seu comportamento. Lembre-se de que tem o direito de suprimir informações pessoais, principalmente quando, para começar, acha que ninguém tem o direito de perguntar.

Você nunca será profeta em sua própria terra. Jamais será compreendido por todos e será quase sempre vítima, se achar que tem de provar alguma coisa aos outros. Ser discretamente eficaz implica a capacidade de piscar um olho para o mundo, com a maliciosa compreensão de que está fazendo com que aconteçam as coisas que quer e que, em seu íntimo, é suficientemente livre para não ter de dizer coisa alguma a esse respeito a ninguém. Para ser inteiramente apreciado pelo que é, você teria de ter deixado este planeta há muito tempo, e, se compreender bem isto, deixará de necessitar ser apreciado e tornará sua vida muito melhor, enquanto ainda está aqui para desfrutá-la. Dostoiévski compreendeu esse fato muito bem. Em *Os irmãos Karamazov*, ele escreveu:

> Os homens rejeitam e matam seus profetas, mas amam seus mártires e honram aqueles a quem mataram.

Se é assim, por que você deveria deixar-se assassinar, mesmo que psicologicamente? E, o que é mais importante, por que deverá esperar até que esteja morto para ser respeitado? Resolva viver agora e aceite o fato de que não será compreendido por todos, o tempo todo. A escolha é efetivamente sua.

6
Ensine aos demais como quer ser tratado

A maioria das pessoas demonstra mais consideração com estranhos que com seus entes amados e consigo mesmas.

Como você costuma ser tratado? É costumeiramente usado e maltratado? Acha que o exploram e não o respeitam como pessoa? Fazem planos sem consultá-lo, simplesmente supondo que você os aceitará? Representa papéis de que não gosta porque todos em sua vida esperam que você se comporte assim?

Esses são os lamentos mais comuns que ouço de clientes e amigos que se sentem vitimados de incontáveis maneiras. Em geral, minha resposta é sempre a mesma: "Você é tratado da maneira que ensina as pessoas a tratá-lo."

Se você acha que está sendo maltratado, observe seus pensamentos e seu comportamento e se pergunte por que permitiu ou estimulou a desconsideração de que reclama. Se não se tornar responsável pela maneira como é tratado, você continuará sem poder fazer nada a respeito.

Há dois mil anos, o filósofo romano Epicteto resumiu essas ideias do seguinte modo:

Não é quem te insulta, nem quem te fere ou que te maltrata mas a opinião que delas fazes, ligando a ideia do insulto ao seu procedimento. Quando alguém te provoca, saiba que não é ele que te irrita, mas sim a opinião que tens das coisas.

Este capítulo, numa referência moderna a essas antigas palavras, contém uma das mais importantes lições da vida. Sua mágoa resulta não do que os demais lhe fizeram, mas do que você resolveu fazer com o que fizeram. Se mudar suas atitudes e a expectativa de ser magoado, logo as desfeitas acabarão e seu status de vítima desaparecerá.

O processo de ensinar aos outros

Você ensina aos outros como tratá-lo com base na sua tolerância. Se simplesmente aguenta, e tem aguentado há muito tempo, alguma situação de que não gosta, então irradia mensagens de que não vai resistir se o tratarem mal.

Não se trata de uma teoria complicada. Se emite a mensagem de que não tolera ser tratado mal, e confirma isso com conduta efetiva, seus algozes não obtêm o resultado que esperam, que é imobilizá-lo e manipulá-lo. Mas se simplesmente aceita suas imposições, ou protesta debilmente e continua a ser controlado, você os ensina a continuar a usá-lo como vítima.

Gayle, uma cliente, procurou-me porque se sentia implacavelmente dominada pelo marido prepotente. Disse que era um mero capacho do linguajar ofensivo e das táticas de manipulação dele. Era mãe de três filhos, nenhum deles demonstrava muito respeito por ela e não sabia mais o que fazer, tal sua depressão e impotência.

Contando-me seu passado, ouvi a história clássica de alguém que se permitira ser vitimada desde a infância. Os pais haviam sempre falado por ela e exigido que ela lhes prestasse contas de tudo o que fazia. O pai era extraordinariamente dominador e havia fiscalizado seu comportamento desde a sua formação até o dia de seu casamento. Ao se casar, descobrira que o marido "por acaso" era exatamente igual ao pai, de modo que o casamento a recolocou na mesma situação de vítima. Durante toda a sua vida, alguém falara por ela e dissera o que ela devia fazer, enquanto ela sofria em silêncio porque ninguém queria escutá-la.

Mostrei a Gayle que ela mesma ensinara as pessoas a agir daquela maneira, que aquilo não era absolutamente culpa delas, mesmo que ela gostasse muito de culpá-las por seus sofrimentos. Logo depois, ela se convenceu de que se vitimara aguentando todos aqueles insultos por tantos anos, sem utilizar nenhuma contraestratégia eficaz. No momento em que Gayle percebeu que era responsabilidade sua olhar para dentro de si mesma, e não para fora, em busca de soluções para seus problemas, o aconselhamento ajudou-a a aprender novas maneiras de ensinar as pessoas a agir. Inicialmente, ela aprendeu minha teoria do "golpe de caratê".

A teoria do "golpe de caratê"

Procure lembrar-se da primeira vez em que seu marido a maltratou, elevando a voz, enfurecendo-se, batendo em você ou coisa do tipo. O que ele fez foi ajudá-la a ficar transtornada.

É muito provável que o incidente de que está se lembrando tenha ocorrido antes de vocês se casarem e terem filhos. Imagine-se de volta àquela situação. O comportamento grosseiro de seu futuro marido foi uma surpresa total, pois era a primeira vez que o adotava.

Suponhamos que, em vez de ter ficado chocada, atordoada, amedrontada ou chorando, você tivesse lhe mostrado a mão, dito a ele que aquilo era uma arma registrada, e lhe desferido um violento golpe de caratê no estômago, acompanhado das seguintes palavras:

"Não tenho nenhuma intenção de aguentar esse tipo de insulto de você. Considero-me uma pessoa com dignidade e não serei empurrada de um lado para o outro, por você ou por qualquer outra pessoa. Por favor, pense duas vezes antes de tentar novamente uma coisa dessas. Isso é tudo o que eu tenho a dizer." E, em seguida, tenha continuado com uma conversa inteligente.

Embora essa situação possa parecer absurda de se imaginar, ilustra um ponto importante: se você tivesse reagido desde a primeira vez, a partir de uma posição de força e de firme intolerância, você teria, de uma vez por todas, ensinado algo muito importante a seu companheiro, que não admitiria nem por um segundo um comportamento grosseiro como aquele.

Sua reação, porém, talvez tenha sido desastrosamente diferente. Você pode ter chorado, ficado magoada, insultada ou demonstrado medo, emitindo o sinal fatal de que, embora não gostasse necessariamente da maneira como ele a estava tratando, iria aguentá-la e, mais importante ainda, iria permitir ser manipulada emocionalmente por ela.

Quando conversei com Gayle sobre essa teoria, ela respondeu: "Eu nunca poderia ter reagido dessa maneira." No início, quis defender sua convicção de que o marido e os filhos eram os únicos culpados de seu status de vítima, e também que eu sentisse pena dela e me tornasse aliado de seu sofrimento. Quando insisti que o golpe de caratê não precisava de violência, física ou não, para produzir impacto psicológico, e que ela poderia ter deixado a sala, se recusado a falar com ele, ou mesmo chamado a polícia a fim de demonstrar sua intolerância, ela começou a entender a mensagem. Logo depois, aceitou o fato de que praticamente dissera a todas as pessoas que estava disposta a ser um saco de pancadas e resolveu, a partir desse momento, mudar a situação.

As novas formas de comportamento de Gayle visavam ensinar ao marido e aos filhos que não admitiria mais ser tratada como uma pessoa sem valor. Foi preciso algum tempo para que sua mensagem fosse entendida, uma vez que vitimadores odeiam renunciar a seu poder sem uma briga, mas ela estava resoluta e ganhou a maioria das brigas. Quando as crianças mostravam desrespeito, reagia em voz bem alta e com a exigência firme de que fizessem suas obrigações, ou o que quer que eles estivessem transferindo para ela. Foi um choque total para as crianças, que jamais tinham ouvido a mãe sequer erguer a voz. Recusou-se a servir de motorista alguns dias e deixou que as crianças resolvessem seus problemas por si mesmas. Se não podiam ir a pé a algum lugar, que usassem a bicicleta, ou arranjassem alguém que as levasse, ou então, que desistissem de ir.

Os filhos logo descobriram que a mãe não seria mais aquela vítima dócil, não porque ela falasse e gritasse um bocado, mas porque os ensinava com novos comportamentos e a determinação de mantê-los, por mais que eles se esforçassem para fazê-la sentir-se culpada.

No caso do marido, Gayle desenvolveu uma nova reação à maneira como era tratada. Uma das táticas favoritas do marido era a de enfurecer-se e ficar enojado dela, especialmente quando outros adultos ou as crianças estavam por perto para ouvi-lo. Ela sempre se acovardara nessa situação. Não queria criar uma cena e, assim, ficava envergonhada, calava-se e obedecia. Seu primeiro dever de casa foi responder ao marido em voz igualmente alta e, em seguida, deixar a sala.

Na primeira tentativa, o marido e as pessoas presentes ficaram em estado de choque. A pequena e humilde Gayle estava reagindo à altura. Não podiam acreditar naquilo. O marido reagiu com um clássico apelo ao sentimento de culpa: "O que as crianças vão pensar, ouvindo a mãe falar dessa maneira?"

Depois de vários meses de prática de comportamento mais efetivo, Gayle estava contente em me informar que toda a família a estava tratando o de outra maneira. Haviam tentado dissuadi-la, chamando-a de egoísta, de má, ou com frases do tipo: "Você não devia dizer isso, mamãe." Ou: "Se você gostasse da gente, não seria tão má." Gayle, porém, fora alertada em relação a esses argumentos e, quando os ignorou, eles deixaram logo de ser usados.

Gayle aprendeu por si mesma que as pessoas, de fato, são tratadas da maneira que ensinam aos outros. Hoje, três anos depois, ela raramente ouve manifestações de desrespeito ou grosserias de alguém, especialmente de sua família.

Você ensina as pessoas com seu comportamento, não com palavras

"Devemos acreditar somente em atos; palavras nada significam, em parte alguma." Assim falou Fernando Rojas, escritor espanhol, há quase quinhentos anos. Se tentar transmitir por longas discussões suas mensagens de não vitimação, o único resultado serão as palavras trocadas entre você e seus vitimadores. E, com frequência, as discussões longas são as ferramentas usadas por eles. "Muito bem, tivemos nossa conversa, entendi seu ponto de vista, você não quer que eu faça mais isso com você." Na próxima vez que o problema surgir, porém, toda a discussão será esquecida e você terminará recebendo o mesmo tratamento. Se tiverem outra discussão e concordarem que as coisas serão corrigidas, você afundará ainda mais na armadilha de palavras. Pode haver bastante comunicação entre você e todos os demais, mas, a menos que aprenda a se conduzir de maneira efetiva, continuará a ser empurrado de um lado para outro e falará muito ainda a esse respeito. Muitas pessoas conversam com seus terapeutas, que escutam histórias intermináveis sobre os terríveis vitimadores que infernizam a vida de seus clientes – e isso é tudo o que acontece, apenas muito bate-papo.

A terapia deveria ser uma experiência que ensinasse novos tipos de comportamento e que desencorajasse conversas sem sentido. Se você conta a qualquer pessoa como se sente mal e essa pessoa não pode lhe oferecer nada mais que empatia e apoio, você se transforma numa dupla vítima. Sofre, por um lado, nas mãos dos vitimadores deste mundo e, por outro, nas mãos da pessoa a quem paga para sentir pena de seus problemas.

O mais eficiente de todos os mestres do mundo é o comportamento. A ação que demonstra o que você resolveu praticar vale um milhão de palavras bem-intencionadas. Observe crianças pequenas e como elas enfrentam valentões. O valentão intimidará nove entre dez crianças menores e as vítimas suplicarão, chorarão, berrarão ou se queixarão a uma pessoa mais velha, mas, ainda assim, o intimidador continuará. A décima criança, porém, embora possa ser menor, reage com palavras e dá o troco ao valentão. O valentão tem agora um lembrete interno: "Esse aí reage e, mesmo que eu seja maior que ele, não quero passar por isso novamente, perder prestígio... Vou deixá-lo em paz na próxima vez e procurar outra pessoa que não reaja."

O comportamento é a única maneira de ensinar os demais a não intimidá-lo. A firmeza de atitude e a aceitação do risco, mesmo que você receba o troco, enviam a mensagem de que não está interessado em ser intimidado e que simplesmente não vai aguentar sem resistir.

Carlyle resumiu a situação da seguinte maneira:

> Se não quer que um homem faça uma coisa, é melhor conseguir que ele fale a respeito dela. Isto porque, quanto mais homens falarem, mais provável é que não façam outra coisa.

Nas ocasiões em que estiver tentando explicar a alguém como gostaria de ser tratado, pergunte a si mesmo se está tendo algum resultado favorável. Será que não está gastando suas energias com um vendedor que não se importa com o que você está dizendo? O que diz a seus filhos não está entrando por um ouvido e saindo pelo outro? Seu cônjuge escuta calado e em seguida faz a mesma coisa contra a qual você tanto reclama? Vejamos a seguir dois exemplos de situações nas quais palavras são inúteis. Com aplicação criativa do comportamento apropriado, porém, as pessoas começam a receber o tratamento que desejam.

1. *Filhos e pais.* Corinne tem três filhos pequenos, por quem se sente vitimada a maior parte do tempo. Passa praticamente a vida inteira conversando com eles, mas, aparentemente, isso não tem efeito.

Durante as férias, Corinne e a família estavam na praia. O pai estava se divertindo, mas a mãe ensinara aos filhos que serviria de árbitro em todas as disputas entre eles, e é isso o que ouve:

– Billy jogou areia em mim, mamãe.

– Billy, pare com isso, agora.

Três minutos depois:

– Billy está jogando água em mim, mamãe. Mande ele parar com isso.

– Fale com seu pai.

– Eu já falei. Ele me mandou falar com você.

Diálogos como esse podem continuar para sempre. As crianças se queixam a Corinne e recebem atenção dela. Corinne reage exatamente como ensinou aos filhos, repreendendo ou queixando-se, mas jamais conseguindo resultados.

No supermercado, o filho mais novo pede chiclete. Corinne diz que não. A criança fica emburrada até que Corinne não consiga aguentar mais aquilo, e acaba cedendo. A mensagem: "Se quiser alguma coisa, não me escute, simplesmente faça uma cena e conseguirá." Corinne passa praticamente todo o tempo falando com as crianças, mas elas nunca a escutam porque suas palavras não têm nenhuma relação com a realidade.

Corinne pode ensinar os filhos com seu comportamento, e não com palavras, ou pode usar palavras, seguidas de ação. Quando as crianças lhe pedirem para mediar uma briga, ela pode apenas desaparecer. Sim, isso mesmo, desaparecer fisicamente e deixar que elas mesmas resolvam seus casos. Pode ir ao banheiro e ficar por lá, sair para um pequeno passeio (se as crianças não forem pequenas demais para serem deixadas sozinhas em casa), ou algo assim. Ou pode somente dizer: "Desta vez, vocês mesmos vão resolver o caso." E ignorar as queixas delas.

Pode deixar que o filho mais novo fique emburrado, ensinando a ele que a mãe não vai ser manipulada por temer o constrangimento.

Sozinhas, as crianças são sensacionais em resolver seus problemas e raramente pedem árbitros, pois sabem que isso não vai lhes trazer atenção ou vantagem na solução de suas disputas. Quando se recusa a interferir e arbitrar em todas as ocasiões, você, na realidade, ensina as crianças a pensar de forma independente, a consultar sua própria força e a não manipular os outros. A maior parte dos tipos de comportamento de que se queixa Corinne é resultado de ter usado exclusivamente palavras, e não atos, para se comunicar com as crianças.

2. *Conflitos entre cônjuges.* George tem um péssimo relacionamento sexual com a esposa. Eles já conversaram, mas foi em vão.

Quando terminam de fazer amor, George costuma dizer à esposa o que sente, mas ela, aparentemente, não capta a mensagem. Ela não se sente muito à vontade.

George, porém, pode tentar agradá-la com novos tipos de comportamento sem usar uma única palavra. Pode colocar as mãos dela nos lugares onde gostaria, prolongar toda a experiência, reduzindo seu ritmo.

Se você não gosta da maneira como é tratado sexualmente, talvez ache ótimo falar sobre sua insatisfação, mas essa manifestação de desagrado, com toda probabilidade, causará ainda mais problemas. É muito melhor partir para obter o que se quer. Se o ato amoroso sempre foi rápido demais, prolongue-o com um comportamento que demonstre que mais tempo será melhor para ambos. Se não está tendo orgasmo, faça algo para ajudar seu companheiro a saber o que você quer, pelo canal inteligente do comportamento, e não o da discussão.

Não se trata de uma censura à comunicação verbal entre casais, mas de uma maneira de ser tratado como se deseja, depois de as palavras terem fracassado em transmitir eficazmente sua mensagem.

O que você espera de um bêbado?

Um dos jogos mais ilógicos que as pessoas fazem consigo mesmas é esperar reações inteiramente irrealistas dos outros e, quando eles não correspondem às expectativas, ficarem chocadas, escandalizadas, ofendidas ou desoladas. Esse jogo implica desejar que os outros aprendam o que não pode ser ensinado, ou que não é sua obrigação ensinar. Um exemplo clássico desse tipo de pensamento vitimador é encontrado na maneira como muitas pessoas reagem a bêbados.

Eis um bêbado. Você o conhece, classificou-o como bêbado e sabe muito bem o que é um bêbado. Bem, se ficar nervoso quando um bêbado age como um bêbado, será que você está sincronizado com o mundo e com a maneira como ele funciona? E quem é o maluco no caso? O bêbado, que age como tal, ou você, que espera que ele se comporte como se estivesse sóbrio? Se espera que o bêbado se comporte de maneira grosseira, fale demais, cambaleie, ou faça coisas parecidas, você dificilmente se surpreenderá quando ele demonstrar esse comportamento. Você vai então ignorá-lo, afastar-se dele, ou adotar alguma estratégia que funcione no caso. Dessa maneira, você evitará a manipulação.

Vejamos alguns exemplos da mentalidade geral de "esperar conduta sóbria de um bêbado", que vitima tantas pessoas:

- *Minha mulher é uma pessoa calada. Fico muito chateado porque ela não conversa mais comigo.* O que você espera de uma pessoa calada, que ela seja loquaz? Se sua esposa é caladona, ficar chateado quando ela faz exatamente o que você espera é um comportamento absurdo.

- *Meu filho não gosta de jogar beisebol. Incomoda-me que ele não seja bom em esportes.* Mas por que espera que uma pessoa que não gosta de atirar bolas seja boa nisso? Quem é o louco neste caso? O garoto, que está fazendo o que esperaria dele, ou você, que espera que uma criança sem inclinação para esportes goste de esportes?

- *Aquele meu cunhado está sempre atrasado. É muito chato que ele nunca chegue a tempo.* Esse tipo de lista poderia continuar, claro, indefinidamente, e continua mesmo. O importante é que, começando a ensinar as pessoas a eliminar hábitos que as vitimam, você lhes faz saber que não tolerará ser magoado ou imobilizado quando se comportarem exatamente da forma como previu.

Como ser assertivo com eficácia

Muitas pessoas supõem que ser assertivo significa adotar comportamento desagradável ou deliberadamente ofensivo, mas não é nada disso. Implica fazer declarações ousadas, confiantes, em defesa de seus direitos, de sua postura de não vítima.

Você pode aprender a arte de discordar sem ser desagradável e defender-se sem ser grosseiro. Se é tratado da maneira que ensina os outros a tratá-lo, e não é assertivo, então é altamente provável que seja tratado como vítima.

Indivíduos que atingem seus objetivos, controlando a própria vida, não têm medo de se levantar e de insistir em seus direitos quando os veem ameaçados. Aprenderam a combater seus medos interiores. Talvez não sejam bravos, mas são firmes e não admitem recuar quando confrontados com vitimadores potenciais. O outro lado da moeda é que quanto mais você evita um comportamento assertivo, mais ensina aos outros que está disposto a ser vítima deles.

Vejamos a seguir alguns exemplos de "sucessos assertivos" comunicados por clientes que estavam trabalhando especificamente nesses tipos de comportamento quando ocorreram tais incidentes.

- Lois leva o filho de 5 anos ao banco. De repente, ele precisa ir ao banheiro. Ela se aproxima do caixa e pede: "Posso usar o banheiro, por favor? Meu filho está com um problema." Ouve em resposta: "Sinto muito, mas o banheiro é só para os funcionários." Lois deve: deixar que o filhinho molhe as calças; correr até o banheiro do posto de gasolina mais próximo; ou escolher uma de várias alternativas que a vitimariam e a seu filho? Em vez das alternativas apresentadas, Lois procurou o gerente e lhe disse com firmeza: "Meu filho está apertado e eu gostaria de usar o banheiro do banco agora mesmo. O caixa disse que não e se o senhor também não permitir, não voltarei a fazer negócio com este banco." No mesmo instante, ela recebeu permissão para ir ao banheiro, acompanhada de desculpas pela insensibilidade do caixa. Conclusão: você é tratado da maneira que ensina aos outros, seja assertivo e não será vítima.

- Charlie entra em uma loja e pede a um vendedor que troque uma nota por moedas para inserir em um parquímetro. O empregado responde, irascível: "O que você pensa que o nosso negócio é? Um posto de troca de moedas? Estamos aqui para ganhar dinheiro, não para trocar moedas." Charlie, imediatamente, encara o empregado e diz: "Você está evidentemente aborrecido com algo, me desculpe, mas eu apreciaria muito a sua ajuda e gostaria que tivesse um ótimo dia." Charlie ficara chocado com a reação do empregado. Mas recebeu não só as moedas, como o seguinte pedido de desculpas: "Sinto, realmente, ter gritado com o senhor, mas as coisas não estão indo bem. Não leve isso para o lado pessoal." Se tivesse saído mal-humorado, seria uma vítima e não levaria as moedas. Um ato simples de assertividade virou inteiramente a situação a seu favor. Relatando o fato em uma sessão de aconselhamento, mostrava-se extasiado com sua recém-descoberta habilidade.

- O marido de Patti trouxe um cachorrinho para casa e disse a ela que agora "eles" teriam um cão. Mas esperava que ela limpasse o canto forrado de jornais, onde ele aprenderia a fazer xixi e cocô, que desse comida ao bichinho, que lhe ensinasse disciplina e que o aguentasse roendo os armários de cozinha, o guarda-roupa, os pés da mesa etc. Com seu comportamento anterior, Patti ensinara ao marido que suportaria essas tarefas desagradáveis, quando lhe fossem impostas.

  A solução dela, porém, foi dizer ao marido que tudo bem, ele podia ter um cão em casa, mas que aquilo fora decisão exclusivamente dele, como era também a responsabilidade de cuidar do animal. Recusou-se a mudar os jornais do cachorrinho, a deixar que ele entrasse na cozinha, a levá-lo para fazer xixi. Dois dias depois, o marido devolveu o cachorrinho à loja de animais e, pelo comportamento assertivo dela, aprendeu como devia tratá-la.

- Murray resolvera parar de beber. Sinais de alcoolismo iminente haviam sido mostrados a ele em sessões de aconselhamento e ele decidira ter o controle de sua vida. Mas não estava recebendo muita ajuda dos amigos, como mostrado no diálogo ocorrido numa boate:

– Murray, tome uma cerveja.

– Não quero beber hoje.

– Ora, não seja um estraga-prazeres, tome uma.

– Não, obrigado.

O outro, ao garçom do bar:

– Uma cerveja para ele.

– Não, obrigado!

Novamente o amigo ao garçom:

– Dê uma cerveja a meu amigo Murray. Agora, Murray, você vai ter de beber! Eu já paguei!

– Você pode pagar o que quiser, mas, ainda assim, não vou beber.

Recusando-se a continuar com um hábito autodestrutivo, Murray utilizou sua nova assertividade para ensinar aos amigos como queria ser tratado, a despeito de usarem várias maneiras para tentar vitimá-lo.

• Adele sempre preparava o jantar do Dia de Ação de Graças para toda a família e jamais recebia ajuda de ninguém. Nunca havia gostado dessa tarefa, mas o jantar, por algum motivo, se transformara em um grande acontecimento. Era obrigada a investir tempo e energia na preparação do cardápio, limpar a casa de cima a baixo, gastar mais dinheiro que podia, servir a refeição e lavar panelas e pratos depois, sem receber o mínimo reconhecimento. Sempre se sentia vitimada no feriado e, depois, passava uma semana em depressão, jurando que não deixaria que aquilo lhe acontecesse de novo. Ainda assim, depois de 22 anos, continuava a agir do mesmo modo, simplesmente porque era o que esperavam dela.

Certo ano, porém, Adele enviou no dia 10 de outubro uma carta a todos os parentes, informando-os sobre uma nova tradição. O jantar de Ação de Graças seria realizado num belo restaurante do centro. Cada família seria responsável por suas reservas. Depois todos poderiam ir juntos a um concerto.

Todos acharam a ideia maravilhosa. Nos últimos três anos, Adele tem evitado as crises de mau humor do Dia de Ação de Graças e apreciado, de fato, o feriado, que era até então uma ferida dolorosa em sua vida. O comportamento assertivo beneficiou a ela e a todos os envolvidos.

• Irene e Harold eram vitimados por um conhecido que adotara os dois e a casa em que residiam como lugar de refúgio. Sam chegava sem avisar e passava horas contando a eles sobre seu casamento desfeito e mais uma série de outras histórias sórdidas que se dispusessem a ouvir.

No início, Irene e Harold não queriam magoar Sam, dizendo o que realmente sentiam. Achavam melhor ser desonestos e vitimados pelo amigo do que ofender uma visita ou causar uma cena. Depois de dois meses, porém, Irene não conseguia aguentar mais e, finalmente, disse a Sam que não queria ouvir os tristes detalhes da vida dele e tampouco que ele invadisse sua casa todas as ocasiões em que precisava de uma plateia.

Daí em diante, Sam não abusou mais da amizade. Começou a telefonar e perguntar se podia ir à casa deles e visitou-os com menos frequência. O comportamento assertivo de Irene ensinou a Sam como ela queria ser tratada, da mesma maneira que seu comportamento tímido dizia que, tudo bem, se ela e o marido fossem vitimados.

• Tony sempre fora tímido ao lidar com vendedores. Com frequência, comprava o que não queria porque tinha receio de magoar o funcionário. No período em que se esforçava para ser mais assertivo, Tony saiu para comprar sapatos. Viu um par de que gostou e disse ao vendedor que ia levá-lo. No momento em que o vendedor o colocava na caixa, porém, Tony notou um pequeno arranhão em um dos sapatos. Suprimiu a vontade imediata de "deixar para lá" e disse: "Por favor, arranje outro par. Um desses sapatos está arranhado."

Para seu espanto, o vendedor respondeu: "Sim, senhor, imediatamente." Tony saiu dessa experiência com um par perfeito de sapatos e o conhecimento de que é fácil evitar ser vitimado, mesmo em pequenas coisas, caso se use um comportamento assertivo.

Esse incidente foi um ponto decisivo na vida de Tony. Ele começou a praticar o comportamento assertivo em todas as áreas de sua vida onde os resultados eram muito maiores do que conseguir um par de sapatos sem arranhões. O chefe, a esposa, os filhos, os amigos, todos falam agora sobre o novo Tony que não está mais apenas aguentando tudo. Tony não só consegue o que quer quase sempre, como conquistou o respeito dos demais e passou a se respeitar.

Algumas categorias de pessoas a quem voce ensinou a vitimá-lo

Listamos a seguir algumas categorias comuns de vitimadores potenciais e dicas sobre como avaliá-los, se quiser ensinar a essa gente como deseja ser tratado. Você, sem dúvida, reconhecerá que, no passado, foi vitimado por muitos desses tipos e, se for honesto consigo mesmo, notará também que se inclui nessas categorias ao vitimar outras pessoas.

• *Bêbados e pessoas que estão "alegres"*. Embora você talvez não queira ou não possa ensinar a uma pessoa que passou da conta alguma coisa de que ela vá se lembrar por muito tempo, a curto prazo você pode lhe ensinar que não vai conseguir nada usando táticas de vitimação com você. Bêbados e pessoas que estão "alegres" e que querem falar sem parar, babar em cima de você, cair por cima de você etc. geralmente vão cambaleando para outra freguesia se não obtêm reação. Se elas mal puderem diferenciá-lo da mobília quando tentarem acuá-lo em um canto, então vão procurar em outro lugar alguém que esteja vivo. E, se não forem, vá você.

• *Chatos.* Se você continua a escutar educadamente um chato, inclinando a cabeça mas rangendo os dentes de raiva com o egoísmo e a insensibilidade dele, você o ensina a fazer exatamente aquilo que o incomoda. Em algum nível, porém, os chatos geralmente sabem que o estão imobilizando e, com frequência, suspendem a pressão se você demonstrar que sabe como se livrar deles, talvez com alguma observação bem-humorada, mas firme, do tipo: "Ei, você notou que está falando há 15 minutos sem parar e nem sabe se eu estou interessado no assunto?" Para eles é melhor afrouxar um pouco que perdê-lo inteiramente.

• *Queixosos e reclamadores.* Pessoas que o maltratam como se você fosse uma grande orelha para ouvir suas reclamações e queixas podem ser levadas também a compreender que, sem vítimas, estão perdidas, e você pode ensinar muita coisa a elas apenas ao mostrar como inexiste o domínio que elas pensam exercer.

• *Tipos arrogantes.* Pessoas que intimidam as demais "de brincadeira" raramente reagem a sutilezas. Ensinar a elas que você não vai aguentar esse tratamento exige geralmente um comportamento bem assertivo.

• *Anfitriões vitimadores.* Se você é convidado de uma pessoa, ela pode tentar impor a você coisas que não aprecia, como ingerir alimentos de que não gosta ou fazer qualquer uma das muitas coisas que podem ser exigidas de um dito convidado educado. As estratégias discretamente eficazes, porém, podem ensinar rapidamente a ela que a educação tem de ser observada nas duas direções.

• *Tipos que gostam de discutir.* A fim de evitar discussões que não aprecia, você tem geralmente de se recusar por completo a participar do jogo. Brigões alimentam-se da concordância das vítimas em serem arrastadas inicialmente para conversas e, em seguida, em se tornarem objeto de insultos. O segredo com elas é permanecer emocionalmente desligado, de modo a poder implementar as estratégias mencionadas acima.

• *Fanfarrões e contadores de histórias.* Não conte vantagens em resposta a eles, nem se deixe envolver em uma disputa para ver quem conta a maior mentira de menor interesse para os ouvintes. Se não participar, você pode mostrar aos outros o que eles precisam saber, que os considera uns chatos.

• *Tipos que gostam de criticar.* Pessoas que adoram lhe dizer por que você não devia ter se comportado desta ou daquela maneira, ou que se dispõem a lhe passar sermões com base na convicção de que deve pensar, sentir e agir como elas, continuarão para sempre com esse costume, a menos que você lhes ensine que elas não podem manipulá-lo dessa maneira condescendente.

• *Tipos que interrompem o tempo todo.* Indivíduos que simplesmente não podem esperar por uma pausa na conversa para emitir suas opiniões precisam ser ensinados a ter um pouco de paciência. Se interrompê-los em seguida, você endossa a regra que diz "quem grita mais e insiste mais ocupa a tribuna". Mas, se reagir com um súbito "silêncio chocado" no instante em que o interromperem, faz com que compreendam o que fizeram e, normalmente, eles se desculpam. Se não entenderem a insinuação, na vez seguinte você talvez tenha de dizer: "Você acaba de me interromper pela décima vez! Não consegue se lembrar do que quer dizer até que eu termine?" A menos que o indivíduo queira intimidá-lo (e você sabe o que deve fazer neste caso), ele geralmente faz um esforço para controlar o hábito, embora possa continuar a precisar de uns lembretes bem-humorados.

- *Pessoas escandalosas.* Se você se sentir chocado com linguajar, imagens sexuais, piadas pesadas, histórias de arrepiar ou coisas assim, as pessoas irão usá-las para vitimá-lo. Ensine-lhes que isso não funciona, recusando-se a se mostrar ofendido para satisfação ou divertimento delas e, se necessário, mostre-lhes que considera infantil esse comportamento.

- *Vigaristas e charlatões.* A indiferença é em geral o único instrumento de ensino eficaz para usar com indivíduos que não se interessam absolutamente por você (embora finjam o contrário), exceto na medida em que podem passá-lo para trás.

- *Ressentidos.* Pessoas que tentam usar a mágoa por algo que você fez, a fim de manipulá-lo ou vitimá-lo, só desistirão quando lhes ensinar que se recusa a permitir que o ressentimento delas influencie suas decisões futuras. Tente dizer isso e, se não funcionar, experimente as estratégias para lidar com pessoas que não o compreendem.

- *Dedos-duros e delatores.* Você só pode ser chantageado se acreditar que a opinião de alguém sobre o que você fez é mais importante que a sua, ou se abriga medos paralisantes do tipo "o que acontecerá se...". Muitas vezes, um dar de ombros e um seco "E daí?" ensinarão ao dedo-duro que você não se sente intimidado. Lembre-se de que ameaças podem ser úteis a essas pessoas, mas que a delação real é quase sempre inútil.

- *Tipos teimosos e insistentes.* Pessoas perseverantes e inexoráveis em suas tentativas de que você faça as coisas como elas querem raramente, por definição, podem ser influenciadas por argumentos. A única maneira de combater as razões, súplicas, lisonjas e exigências delas é cultivar um ouvido surdo e recusar-se a ser convencido.

• *Mercadores de culpa.* Pessoas que querem vender culpa ao preço de seu controle, e que deixarão de tentar passar suas mercadorias adiante logo que compreenderem que você não as compra. Se quiser, experimente dizer a elas por que acha que considera nojento o que vendem, mas não espere que apenas a conversa as faça desistir.

• *Tipos depressivos.* Se uma pessoa que entra na fossa, ou em qualquer estado de espírito "adverso", puder arrastá-lo consigo, sua independência (para não falar de sua felicidade) pode ser solapada e você pode tornar-se uma excelente vítima. Continue no estado de espírito que preferir, diga à pessoa que o sofrimento dela não precisa de companhia, e vice-versa, pergunte-lhe se acha que duas pessoas revolvendo-se na tristeza são melhores que uma –, mas no fim, claro, prepare-se para ignorar esse comportamento melancólico.

• *Tipos gananciosos.* A cobiça bem pode ter sido o primeiro vitimador do mundo. Se uma pessoa próxima é gananciosa e se você é leal a ela acima de seus próprios princípios e independência, você pode ser possuído em tudo, seja em termos de tempo, dinheiro, liberdade etc.

É inteiramente possível amar alguém e não se deixar levar pela cobiça ilegal ou imoral deste. Na verdade, se você apenas se acomoda e aceita, não está fazendo um bom trabalho de amar. Cobiça significa querer mais que sua parcela de alguma coisa às expensas da parcela de alguém, e os cobiçosos jamais são felizes. A cobiça em pessoas que não conhece ou por quem não se interessa é de ser esperada e enfrentada com quaisquer estratégias de antivitimação que possam ensiná-las a deixá-lo em paz. A cobiça em alguém que ama, porém, tem de ser repelida com todos os princípios morais e estratégias de conduta de que a não vítima disponha.

As 17 categorias de vitimadores citadas irão manipulá-lo implacavelmente, a menos que lhes diga para parar com isso. Você tem muito mais controle de suas próprias reações e dos hábitos deles do que pensa.

Alguns alvos típicos de vitimação

Ninguém está imune às tentativas vitimadoras de outras pessoas. Rico ou pobre, negro ou branco, jovem ou velho, todos têm batalhas particulares para travar. Não importa quem você seja, em qualquer ocasião, sem aviso, o carimbo de vítima pode surgir do nada e marcá-lo para toda vida: a menos que leve consigo seu guarda-chuva antivitimador e fique atento às condições atmosféricas de ataque. Há, contudo, certas pessoas que sempre têm de lutar mais para não serem vitimadas. A filosofia e as estratégias de cada um para guiar a própria vida ainda se aplicam a elas, mas as batalhas em que se metem são mais difíceis e demoradas, e maior seu tributo de derrotas inevitáveis. Às vezes, o custo de ensinar pessoas que não querem ser vitimadas é tão alto que as vitórias parecem não justificar tal preço. Para os que perseveraram e venceram, porém, não houve essa história de acomodação. Como disse John Gardner: "Não há vitórias fáceis."

Os grandes líderes da humanidade sempre souberam muito bem que é pelo comportamento que pessoas ensinam e aprendem a tratar os demais. Afastando-nos por um momento do enfoque altamente personalizado da não vitimação que domina este livro e passando para o contexto social mais amplo, comparemos a filosofia da não vitimação, da forma até agora discutida, com as atitudes de alguns grandes homens que combateram a vitimação de massa, a vitimação de povos oprimidos, ao longo da história. Descobriremos que, em suas próprias épocas, eles se anteciparam à filosofia da não vitimação.

Abraham Lincoln sabia que a escravidão jamais seria abolida se as pessoas apenas conversassem sobre ela. Sabia que os senhores de escravos tinham de ser ensinados com atos, com conduta inflexível que demonstrasse que essa instituição não seria tolerada.

Martin Luther King sabia que as pessoas tinham de ir para as ruas, fazer barulho, marchar em passeatas, agitar, lutar para aprovar uma legislação favorável, para que seu sonho se realizasse.

Lincoln e King sabiam que os direitos civis de minorias estavam sendo violados porque não havia pessoas suficientes se levantando e bradando: "Parem, aí mesmo! Não vamos tolerar a escravidão em nossa sociedade nem por um minuto a mais!" Palavras, palavras, palavras... e finalmente ação, a fim de mostrar aos demais como você quer ser tratado.

Churchill sabia que não se podia barganhar com os nazistas, como Chamberlain dolorosamente aprendera. Todo o mundo teria sido conquistado pelos nazistas se pessoas não os houvessem enfrentado com atos, arriscado a vida e muitas vezes a perdido, a fim de deter a loucura da total vitimação gerada pelo nazismo.

Jefferson e Franklin sabiam que as colônias norte-americanas haviam ensinado aos britânicos que estavam dispostas a serem tratadas como súditas e que para as coisas mudarem os colonos teriam de deixar de falar e passar a agir, inspirados no desejo de independência.

Analogamente, as mulheres nos Estados Unidos aprenderam que devem reivindicar seus direitos com atos, em vez de com palavras vazias e clichês. E os índios norte-americanos aprenderam que tratados e conferências nada significam e começam a ser escutados porque não admitem continuar a ser vítimas.

São intermináveis os exemplos na história social. Nos Estados Unidos, esse conceito foi tipificado por Ralph Nader. Ele convenceu o povo, com seu comportamento e a conduta de seus "guerrilheiros", que não ficará passivo ante as injustiças aos consumidores. É um ativista que conseguiu resultados, ao tornar-se presente e demonstrar sua resolução com conduta efetiva, onde pode ser proveitosa. E obteve êxito. Concorde você ou não, ele conseguiu com que as grandes empresas do mundo (incluindo o governo dos Estados Unidos) notassem sua postura de antivitimação. Desse modo trabalharam todos os especialistas em mudança social, com atos e com o entendimento de que a pessoa sempre é tratada da maneira que ensina aos demais a tratá-la.

São bem visíveis as grandes categorias de pessoas que foram vitimadas na história recente. Gente idosa que se aposentou e deixou que as gerações mais jovens assumissem o controle tem mais a oferecer ao mundo do que qualquer outro grupo isolado, mas foi relegada à condição de cidadãos de segunda classe que a sociedade, na melhor das hipóteses, tolera, porque ensinou os mais jovens a agir dessa maneira. Qualquer pessoa de mais de 65 anos que não quer ser considerada inferior ou acabada para a vida geralmente não é, mas, como grupo, os idosos se deixaram tornar relativamente impotentes no mundo ocidental.

Grupos religiosos minoritários nos Estados Unidos foram também muito maltratados, incluindo, ocasionalmente, judeus, católicos e integrantes de praticamente todas as igrejas protestantes. Os grupos que insistiram no direito a sua fé e a defenderam geralmente emergiram da luta respeitados. Sim, o custo foi às vezes muito alto, mas, apesar de tudo, a lógica se mantém: se admitir ser perseguido e não oferecer resistência, você jamais conseguirá guiar a própria vida.

A história dos grupos minoritários raciais nos Estados Unidos tem sido de luta em cada passo do caminho. Norte-americanos negros, norte-americanos nativos, asiático-americanos, porto-riquenhos, todos tiveram de lutar e exigir seus direitos, ou continuariam a ser vitimados. Os grandes líderes desses grupos minoritários assumiram riscos porque se levantaram para ser contados. Embora a discriminação racial continue a existir, o remédio não se encontra em palavras, mas em uma ação que ensine aos vitimadores exatamente como os grupos minoritários devem ser tratados.

Muitos estudantes de universidades e de ensino médio aprenderam também, a duras penas, que a estrada para se fazerem ouvir não passava pelos grêmios estudantis que as direções dos estabelecimentos ofereciam, mas por sua exigência em se pronunciar em assuntos importantes. O que está em jogo em todas essas lutas de grupos vitimados é a independência, o direito das pessoas de guiar a própria vida. Na Declaração de Independência dos Estados Unidos, Thomas Jefferson escreveu sobre o direito de uma nação inteira, oprimida por um governo vitimador, de "alterá-lo, aboli-lo e instituir um novo governo".

As analogias com a vitimação individual são dolorosamente óbvias quando falamos em alterar condições sociais, de modo que grupos de pessoas não sejam vitimados por outros grupos que, por acaso, ocupem posições de poder. Você pode aplicar em sua própria vida as lições de libertação obtidas por alguns grupos. A pessoa que tentar forçá-lo a seguir numa direção que não escolheu não é menos irresponsável nem mais condenável que um senhor de escravos, um conservador ou um ditador. Para ser você, você precisa de sua independência e só a conseguirá ensinando aos demais os limites daquilo que está disposto a tolerar.

Estratégias para ensinar aos outros como quer ser tratado

Vejamos algumas atitudes e tipos de comportamento que você pode adotar, quando quiser ensinar às pessoas maneiras novas e não vitimadoras de tratá-lo.

- Pare de esperar que seja maltratado. Admita que tem uma história de maus-tratos não tanto porque os demais se aproveitaram de você, mas porque você os ensinou a agir assim. A convicção de que é responsável pela maior parte do tratamento recebido de outras pessoas transforma o que você espera sofrer nas mãos delas no que espera de si mesmo. Todas as mudanças no ser humano geralmente começam com tal atitude.

• Adote um código de ética de não vítima que possa aprimorar de modo discreto e eficiente, sem brechas para a acomodação. Por exemplo:

1. Não permitirei que bêbados se aproveitem de mim. Não conversarei com eles por mais de cinco minutos e jamais concordarei em ser levado em casa de carro por alguém que esteja bêbado.

2. Não vou dar explicações a quem não esteja evidentemente interessado em ouvir o que tenho a dizer. No momento em que perceber que estou falando com as paredes, vou me calar.

3. Não vou ser a segunda opção de ninguém.

Esses tipos de regras de conduta são importantes, mas a menos que suas resoluções contenham mudanças práticas que precisam ser comunicadas a outras pessoas – tal como dizer a seu marido que você se recusa a levá-lo de carro, com todos os amigos dele, ao campo de golfe todos os domingos, de modo que é melhor que eles procurem outra carona –, elas jamais precisarão ser discutidas com outros e em geral não devem ser. Você pode provocar brigas inúteis e terminar acreditando que isso é "fazer alguma coisa".

• Tanto quanto possível, pratique ter uma reação com atos, não com palavras. Reaja drasticamente se alguém o tratar mal. Experimente novos tipos de comportamento que choquem seus vitimadores. Se fica intimidado com os palavrões de alguém, pague na mesma moeda e mostre que é capaz de ser assertivo. Afaste-se quando alguém o atacar verbalmente. Não se esqueça de que você sempre pode pegar um táxi e voltar para casa. Adote uma conduta firme no começo de seu novo processo de ensino, de modo que se torne alta e clara a mensagem de que não vai mais admitir desfeitas.

• Se alguém em sua casa evita responsabilidades e sua tendência habitual é queixar-se e fazer o trabalho dele, lembre-se de que você mesmo o ensinou a comportar-se dessa maneira. Na próxima vez, ensine-o alguma coisa diferente. Se seu filho deve levar o lixo para fora e não faz isso, lembre a ele uma única vez. Se ele a ignorar, dê-lhe um prazo final. Se ele continuar a fazer pouco caso, esvazie o latão de lixo na cama dele. Um único exemplo desses ensinará a ele, de uma vez por todas, que você não está para brincadeiras e apresentará mais resultado do que todas as palavras inúteis anteriores e que apenas lhe causaram aborrecimentos.

• Elimine de seu vocabulário palavras e frases de explicação. Deixe de culpar os demais pelo mau tratamento que recebe. Pare de usar argumentos como "foi culpa dele", "a culpa é dela", "não pude evitar", "fizeram isso comigo", "não me respeitam", e outros mais. Em vez disso, pense: "Eu os ensinei a fazer isso comigo." Ou: "É culpa minha deixar que isso aconteça." Esses lembretes ajudam-no a agir para mudar seu status de vítima, em vez de reforçá-lo.

• Deixe de esperar que as coisas melhorem. Se espera que as pessoas deixem de maltratá-lo, vai esperar sentado. Torne-se um professor eficiente agora, em vez de alimentar esperanças de que a passagem do tempo vai lhe trazer um tratamento digno.

• Prometa a si mesmo assumir riscos quando tratar com vitimadores potenciais. Reúna coragem para reagir ao valentão ao menos uma vez e avalie bem os resultados. Fale grosso com a pessoa arrogante. Proteste quando ações de grupos o vitimarem. Evite situações que considere irremediáveis ou que não valham uma briga. Dê em si mesmo um empurrãozinho. Aja e descobrirá que a assertividade se torna muito mais fácil. Todas as corridas de mil quilômetros começam com um único passo, mas é preciso que esteja disposto a dá-lo, superando por apenas um fugaz segundo o medo e a inércia.

- Pratique frases assertivas, mesmo em lugares onde elas pareçam tolas. Considere esses exercícios como ensaios para atitudes mais importantes. Fale com firmeza com garçons, vendedores, desconhecidos, mensageiros, recepcionistas, encarregados de reservas, motoristas de táxi, leiteiros, todo mundo. Diga-lhes o que quer e verifique se não obtém respeito e serviço com seus treinos. Quanto mais ensaiar, mais bem preparado ficará para afirmar-se nas situações realmente importantes.

- Acabe com as frases que permitam ou convidem pessoas a vitimá-lo. Palavras negativas como "eu não sou muito importante", "não sou realmente tão inteligente assim", "não sou bom em contas", "não entendo de assuntos legais" ou "não tenho boa coordenação" são na verdade concessões para que os outros se aproveitem de você. Se disser a um garçom que não é bom em contas quando ele está somando a sua conta, está dizendo a ele que também não notará um erro.

- Recuse-se a fazer trabalhos desagradáveis, odiosos e que não são necessariamente de responsabilidade sua. Se detesta aparar a grama ou lavar roupas, deixe de fazê-lo por duas semanas e veja o que acontece. Se tiver recursos, pague a alguém para fazer o serviço ou ensine os demais membros da família a cuidarem de si mesmos. Se sempre lavou as roupas dos adultos da família, e todos são inteiramente capazes de fazer isso por si mesmos, você também os ensinou a usá-lo como vítima e escravo. A única maneira de escapar dessa armadilha é deixar de fazer o trabalho e, quando eles quiserem cuecas e calcinhas limpas, que as lavem. Não só você lhes fará um favor ensinando-lhes um pouco de autossuficiência, como se libertará do trabalho de ter de servir aos demais. Isso se aplica também a coisas como servir o café no escritório, ser responsável pela pauta de reuniões etc. De modo geral, você faz trabalhos ditos inferiores apenas porque acostumou os demais à ideia de que se encarregará deles sem queixa.

- Não se deixe enganar pelos esforços iniciais dos vitimadores para rejeitar o que você tenta ensinar a eles. As reações podem ser extremas nas duas direções. Pessoas podem ficar bravas e berrar, ou tentar suborná-lo com presentes e doses extras de consideração, quando você se torna mais assertivo. Considere todas as reações iniciais como testes e deixe que o tempo confirme se irão durar. Seja firme em sua resolução, qualquer que seja essa reação, que muitas vezes você poderá prever. Depois de algum tempo, as pessoas verão que você não está para brincadeiras e o tratarão como você lhes ensinou, isto é, com respeito.

- Não permita que os outros o façam sentir-se culpado pelo seu novo comportamento assertivo. Resista à tentação de se sentir mal quando alguém lhe dirigir um olhar magoado, lhe fizer uma súplica, lhe der um presente (suborno) ou reagir zangado. De modo geral, as pessoas a quem ensinou a vitimá-lo não sabem bem como reagir à nova pessoa que você é. Nessas ocasiões tente ser carinhosamente firme. Você pode explicar por que está sendo assertivo se elas estiverem dispostas a escutá-lo. Eles podem começar com "sim, mas..." ou queixando-se, "isto não é justo". Ou: "Você jamais fez isso antes. Por que está fazendo agora?" Então reverta ao comportamento que diz que está resolvido a implementar suas convicções. Fique alerta aos sentimentos autênticos de desespero, sobre os quais pode conversar, e simplesmente ignore as tentativas de manipulá-lo e fazê-lo voltar a ser a boa vítima que sempre foi.

• Ensine aos demais que você tem o direito de reservar tempo para fazer aquilo que aprecia. Não abra mão de tirar folgas no escritório sobrecarregado de trabalho, na cozinha etc. Saia para explorar o mundo. Considere seu tempo de lazer e desfrute-o, dando a isso a importância suprema que na realidade tem, e recuse-se a permitir que o invadam. Se é constantemente interrompido, tente as mesmas estratégias recomendadas antes para enfrentar pessoas que o cortam nas conversas.

• Recuse-se automaticamente a servir de árbitro para resolver as brigas dos outros, especialmente de crianças. Ensine às pessoas que se valoriza demais para ser árbitro (ou tomar partido) em suas batalhas, a menos que você queira e que isso possa claramente resultar em algum bem.

• Mantenha um registro da maneira como as pessoas o vitimam com palavras. Se é mãe e vive assediada por todo mundo, anote quantas vezes por dia ouve "mamãe, mamãe, o que eu faço?" ou "faça isso por mim" ou ainda "tudo bem, ela faz". Quando verificar com que frequência outras pessoas usam a linguagem para confirmá-la no papel de vítima, ficará mais bem preparada para combater esse costume com um novo comportamento, e um registro ou diário a ajudará nesse caso.

• Pratique não ficar chateado com pessoas a quem ensinou a manipulá-lo e a lhe provocar raiva. Se você habitualmente fica transtornado pela raiva e acaba dizendo ou fazendo coisas de que mais tarde se arrepende, recupere o autocontrole. Crianças são especialistas em fazer os pais virarem feras, mesmo que isso implique mandá-las de castigo para o quarto. O que elas conseguiram foi certo domínio da situação. Mostrando-se firme, em vez de absurdamente bravo, você mantém o controle e só dessa maneira pode evitar ser paralisado pelos outros e começar a lhes ensinar alguma coisa. Ao parar com suas explosões de ira, acabará com o comportamento vitimador dos outros.

• Arranje um aliado e discuta com ele, ou ela, suas novas estratégias de ensino. Forme um relacionamento confidencial com alguém que possa pensar com você sobre suas vitórias e derrotas. Seja franco. Compartilhar suas novas reações com um ouvinte e amigo receptivo pode dar-lhe forças, e talvez apoio em algumas circunstâncias.

• Lembre-se sempre de avaliar suas alternativas ao ensinar alguém a não vitimá-lo. Mesmo que algumas pareçam impossíveis em determinados momentos, liste todas elas. E pode discutir essas ideias com seu confidente e descobrir quais são as melhores. Detalhando-as por escrito, logo verá em preto e branco que uma abordagem rígida na maioria das circunstâncias pode ser desviada para inúmeros opções viáveis.

• Diga NÃO! Em todo o mundo, está é uma das palavras que melhor ensinam. Esqueça o talvez, as hesitações que dão aos outros oportunidade de não entender o que você diz. Você descobrirá que todos os receios que essa simples e básica palavra inspira estão dentro de você. As pessoas respeitam mais um firme NÃO que um bocado de evasivas que ocultam seus sentimentos reais e você mesmo se respeitará mais se usar a palavra sempre que precisar. Coloque-se em frente a um espelho e pratique: "Não! Não! Não!" Você terá o poder se apenas assumir o risco e disser a palavra. AGORA!

• Quando enfrentar queixosos, tipos que interrompem, brigões, fanfarrões, vigaristas, chatos ou vitimadores semelhantes, classifique seus comportamentos com declarações como "você me interrompeu", "você já disse isso", "você está se queixando de situações que jamais poderá mudar", "você passa um tempão contando vantagens" etc. Embora essas táticas possam parecer cruéis, em essência são meios de ensino extremamente eficientes para informar às pessoas que você não é apenas mais um a ser vitimado pelo comportamento alienante que eles adotam. Quanto mais calmo se mantiver, e com quanto mais firmeza direcionar suas observações, menos tempo você passará na cadeira de vítima.

Conclusão

Você é tratado da maneira que ensina as pessoas a tratá-lo. Se adotar isso como princípio, estará bem encaminhado para guiar a própria vida. Embora ensinar algumas pessoas seja mais difícil que ensinar outras, não se acomode: se pensar de outra maneira, renunciará ao controle de si mesmo e o passará a todos aqueles que, com todo prazer, tomarão suas rédeas.

7

Jamais coloque a lealdade a instituições e aos outros acima da lealdade a si mesmo

Se você é o que faz,
quando nada faz, não é.

Teste de 12 itens

A seguir, 12 perguntas sobre você e seu comportamento em relação a pessoas e instituições. Responda a esse pequeno questionário que mostra como instituições e atitudes de outros podem vitimar pessoas, desde que elas o permitam.

Sim	Não	
–	–	1. Você considera as responsabilidades com o trabalho mais importantes que as que tem consigo mesmo e com sua família?
–	–	2. Acha difícil relaxar e limpar da mente assuntos ligados ao trabalho?
–	–	3. Sacrifica seu tempo para ganhar dinheiro e adquirir objetos materiais?
–	–	4. Dedica a vida à obtenção de benefícios como pensões e planos de aposentadoria?

_ _ 5. Acha mais importante adquirir bens e prestígio que desfrutar a companhia de pessoas?

_ _ 6. Fica facilmente desnorteado com a burocracia e os obstáculos criados por burocratas?

_ _ 7. Julga terrível fracassar no trabalho ou acha que deve sempre dar o melhor de si mesmo?

_ _ 8. Acha uma equipe ou empresa mais importante que um indivíduo?

_ _ 9. Fica chateado quando faz parte de comissões ou cerimônias sem sentido ligados ao trabalho?

_ _ 10. É difícil para você tirar folga no trabalho sem se sentir culpado?

_ _ 11. Sempre se mexe e fala rapidamente?

_ _ 12. Torna-se impaciente com pessoas que não fazem as coisas da maneira como você julga que devem ser feitas?

Se respondeu sim a qualquer uma das perguntas relacionadas, você provavelmente faz parte daquela categoria de vítimas que coloca a lealdade a uma instituição acima da lealdade a si mesmo e da sua realização pessoal. Mais uma vez, é importante frisar sua importância como ser humano vivo e saudável. Coisa alguma vale a devoção de sua vida em sacrifício de sua felicidade. A doutrina da lealdade a pessoas e instituições é vitimadora e você deve contestá-la e bani-la de suas opiniões sobre o mundo.

A liberdade, conforme vimos na discussão do capítulo inicial deste livro, não se limita ao indivíduo ser isento da dominação de outras pessoas. De igual importância é estar a salvo da dominação de situações, cargos, empresas e outras instituições criadas pelo homem. Algumas pessoas lutam com unhas e dentes por liberdade em seus relacionamentos com a família e amigos. Exigem ser respeitadas e se recusam a aceitar que alguém lhes diga como guiar sua vida. Ironicamente, porém, são escravas sem esperança de seus empregos, das instituições que os pagam para servi-los. Com frequência, descobrem que não podem regular seu próprio tempo e que têm quase nenhuma autonomia na maneira como é conduzida sua vida diária. Raramente estão em paz consigo mesmas. Sua mente vive sempre a mil e nunca lhes sobra energia para se dedicar a outra coisa que não aos deveres para com o emprego. Ainda assim, essas pessoas alegam que obtiveram sua independência e não pertencem a ninguém.

Analise-se sem piedade enquanto lê este capítulo. Se é escravo de uma instituição, seja ela um emprego, uma organização, um hobby, uma escola, um plano de estudo etc., e não lhe sobra tempo para si mesmo, se você considera suas tarefas maiores e mais importantes que sua felicidade, então você se permitiu ser vitimado, ou se vitimou, pelas instituições que existem em sua vida.

O mau uso da lealdade

Lealdade não significa escravidão. Você pode ser fiel a qualquer organização e dedicar-se com honestidade e seriedade aos propósitos dela, mas sem ter de se tornar um servo. A pessoa mais importante em todo o mundo é você, e só a si mesmo deve-se ser inflexivelmente leal. Você só tem uma vida e é tolice deixar que um negócio ou instituição a controle, principalmente quando percebe tantas outras alternativas. A lealdade sofre abuso quando lucros tornam-se mais importantes que pessoas e quando o espírito humano é sacrificado em nome da boa e velha "Alguma Coisa S/A".

A maneira como presta lealdade cabe inteiramente a você. Você pode tornar a felicidade e a responsabilidade de ajudar e amor aos membros de sua família na parte mais importante de sua vida. Você não precisa explicar nada a ninguém, basta começar a fazer sua vida funcionar em torno do conceito de lealdade a si mesmo. Provavelmente, você descobrirá que essa orientação o tornará mais produtivo no emprego e de convívio mais agradável.

O executivo que não pode deixar a mesa de trabalho não deveria estar atrás dela. Mas você é o executivo de sua própria vida e pode planejar ativamente utilizar seu tempo de forma leal às instituições escolhidas, mas de uma maneira que o leve também à felicidade, à saúde e, o mais importante, à realização pessoal.

O mau uso da lealdade é, literalmente, um instrumento de morte. Encherá sua vida de estresse, tensão, ansiedade, preocupações e o levará ao fim da vida muito antes da hora. O que realmente importa para você será sempre posto de lado em favor de alguma tarefa que tinha de ser feita ontem, e todo esse jogo de empurrões, desgaste e intermináveis aflições e provocações será defendido em nome de um suposto dever. No fim, porém, o objetivo ao qual dedicou a vida será seu algoz. E o terá defendido com a mesma racionalização de todos os tolos que viveram antes de você, e alegaram que a glória de "Alguma Coisa S/A" era mais importante que as pessoas que trabalhavam nela.

Vá em frente e aceite esse absurdo, se tiver de fazer isso, mas compreenda que você será a maior vítima se erroneamente oferecer lealdade em troca de trabalho, lucro ou dever. Certa vez, escreveu Rudyard Kipling: "Mais homens são mortos por excesso de trabalho do que a importância do mundo justifica."

Na verdade, instituições devem ser construídas para servir ao homem, e não o contrário. Na realidade, empresas não existem de fato no mundo palpável, no mundo do homem. Tire o pessoal da General Motors e o que sobra? Um bocado de maquinaria enferrujando, fábricas e escritórios vazios, arquivos cheios de relatórios: equipamento inútil, enfim. São as pessoas que fazem as instituições funcionarem e, uma vez que você é uma delas, todo o seu envolvimento com instituições deve ter como objetivo melhorar a vida de gente como a gente, e o que é mais importante, a sua e a de seus entes queridos.

Competição e cooperação

Pessoas vitimadas por instituições são, em geral, devotas da competição a todo custo. Aprenderam a endeusar o sagrado espírito competitivo e tentam impor a todos a neurose da concorrência.

Preste mais atenção ao tema da concorrência. Pergunte a si mesmo se não está sendo vitimado por aquilo que aprova com tanto entusiasmo.

Instituições prosperam na concorrência entre si. Estão no negócio, ou existem, para vencer as demais e por isso se esforçam para incitar o espírito competitivo em todos os que estão sob seu poder. Criam maquinaria específica a fim de inculcar o apropriado espírito competitivo em seus devotos condicionados pelo dever. Estabelecem sistemas de recompensa com o objetivo de assegurar que pessoas se sacrificarão, disputando umas com as outras promoções e status. Indivíduos são ensinados a olhar por cima do ombro e prestar atenção ao outro que quer passar à frente.

Na cultura capitalista, dirigir uma instituição exige grande competitividade. E, sim, o mundo delas é competitivo. Você, porém, como indivíduo, pode competir dentro da estrutura institucional sem, erroneamente, levar a extremos a ênfase na concorrência e, mais destrutivamente ainda, em sua vida pessoal. Se você for um entusiasta da competição, pode pôr sua família sob terrível pressão, a fim de conformá-la ao que você é e competir com todas as demais pessoas. Muito embora os resultados da concorrência acirrada sejam evidentes em toda parte sob a forma de prédios modernos, superestradas, eletrônica sofisticada, veja só o que custou em termos humanos.

Nos Estados Unidos, os executivos sofrem agudamente de tensão e de estresse. Ataques cardíacos, úlceras e hipertensão são considerados normais no ambiente dinâmico dos negócios, onde os empregados reservam pouquíssimo tempo para suas famílias e normalmente se tornam fumantes compulsivos, altos consumidores de bebida alcoólica, viciados em comprimidos energizantes ou insones crônicos, sem tempo para amar ou para fazer amor.

O pequeno trecho abaixo extraído do *The Gospel According the Harvard Business School*, de autoria de Peter Cohen, ilustra a maneira como as pressões competitivas estão se infiltrando em nossas escolas e universidades.

> 8 de abril: A cena era bem conhecida. Em primeiro lugar, a polícia, depois, o reitor e, duas horas mais tarde, enquanto as pessoas jantavam, chegou o carro fúnebre. Nele, dois homens com uma maca de duas rodas... Levaram a maca para uma das alas do dormitório e, quando voltaram, havia uma coisa amarrada a ela... Foi assim que James Hinman terminou seu primeiro ano na Escola de Administração de Empresas de Harvard: morte por envenenamento.
>
> Ele é o terceiro estudante que se vai desse jeito. Só Deus sabe quantas vezes lhe disseram que a competição é o único estilo de vida norte-americano, quantas vezes ouviu isso em tribunas e púlpitos e como veio a acreditar nessa história. E depois você vê uma maca levar o que poderia ter sido uma vida inteira de risos, de ternura, de ideias brilhantes. De repente, você vê os problemas dessa situação, o custo, e se pergunta se não há realmente outra maneira. Porque, quando se pensa bem no caso, toda concorrência é nada mais que comportamento. Um tipo de comportamento que se

alimenta da necessidade de indivíduos de serem mais rápidos, mais inteligentes, mais ricos do que o vizinho. Todos se esquecem de que, a despeito de suas vantagens inegáveis, é um processo desperdiçador. Que cada vencedor emerge ao custo de cem, mil, cem mil perdedores. E é nessa situação em que se encontra a sociedade norte-americana: fala de competição como se nunca tivesse ouvido a palavra cooperação. Recusa-se a compreender que pressão demais não move pessoas, mata-as.

Acho que o ensaio de Cohen transmite uma mensagem bastante vigorosa. Você pode realmente vitimar esposa, filhos e a si mesmo ao dar prioridade à competitividade excessiva em sua filosofia de vida ou em seu comportamento. Escolas que exigem notas máximas de seus alunos e os obrigam a uma concorrência às vezes desleal podem produzir alguns gênios, mas é o fulgor do calor e da pressão o que você quer? E daí se todos o consideram o maior? Se precisa desse reconhecimento para fortalecer seu ego, você está se realizando pelos aplausos dos demais, e não por uma força interior, e este é um dos sinais mais convincentes de insegurança e baixa autoestima. Pior ainda, se seu valor como ser humano depende dos seus acertos, de estar por cima, de superar os demais, o que você fará quando os aplausos cessarem e não estiver mais no alto? Irá desmoronar porque não terá mais motivo para sentir que tem valor.

A competição é uma das maiores causas de suicídio neste país. Suas principais vítimas são pessoas que sempre se julgaram valiosas porque estavam deixando os outros para trás. Quando fracassaram nisso, perderam todo senso de valor próprio e chegaram à conclusão de que não tinham mais razão para levar uma vida de sofrimento.

A taxa de suicídio entre crianças de 8 a 12 anos subiu 400 por cento desde 1967.* Imagine só isso, crianças se matando, achando que sua vida não merece ser vivida, muitas delas por acreditar que têm de fazer as coisas melhores que outras pessoas para valer alguma coisa. Pressões para entrar nas ligas colegiais de beisebol, conseguir notas máximas, atingir os objetivos dos pais e agradar a todos – estes não são os valores de vida pelos quais se arriscam as pessoas ditas sadias.

Todos os seres humanos merecem a vida e podem ser felizes e realizados sem ter de viver sob tensão para confirmar seu valor. Na verdade, pessoas que vivem plenamente não estão interessadas em fazer coisas melhor que outras. Procuram dentro de si seus objetivos na vida e sabem que a concorrência reduzirá ainda mais seus esforços para atingir aquilo que realmente desejam. Lembre-se de que para entrar no estado chamado competição você precisa ter mais alguém para servir de comparação. E quando tem de olhar para fora de si mesmo para avaliar sua posição ou valor, você não está no controle de sua vida. Olhe para dentro de si, em vez de se comparar a outros.

Os resultados da competição em excesso

Embora a concorrência possa realmente gerar benefícios, e melhorar a qualidade da vida seja certamente uma ambição merecedora de todos os elogios, há também o outro lado da moeda. A cooperação é uma maneira muito mais eficiente de elevar a qualidade da sua vida e da dos demais. A ajuda mútua beneficia a todas as pessoas.

Nas escolas, se estudantes concorrem por umas poucas notas máximas, distribuídas escassamente por alguns professores

*Dados referentes ao ano de publicação do livro. (*N. do E.*)

irracionais, o resultado é um grande desperdício. Os alunos tornam-se paranoicos, começam a colar, a mentir, e fazem qualquer coisa para conseguir os primeiros lugares. Salas de aula cooperativas, por outro lado, geram crianças sadias, que querem compartilhar suas alegrias, em vez de guardá-las para si.

Nos Estados Unidos há mais de 12 milhões de alcoólatras. Mais de cem milhões de receitas de antidepressivos e calmantes são prescritas todos os anos, além de 25 milhões de receitas de anfetaminas para ajudar na perda de peso. Medicamentos de venda irrestrita para dormir, para permanecer acordado, para aliviar tensão, dores, câimbras, e coisas assim, são consumidos em quantidades assombrosas. Tornamo-nos uma nação de consumidores de comprimidos e viciados psicológicos. A insônia, a impotência e as crises de depressão estão assumindo proporções astronômicas e pessoas procuram tratamento em números recordes. Crianças estão sendo levadas a assistentes sociais, psicólogos e psiquiatras. O alcoolismo entre os adolescentes constitui um problema grave e é frequente o suicídio de jovens, especialmente com menos de 21 anos.

Esses fatos são produtos diretos de uma cultura que institucionaliza a competição em vez da cooperação. Alvin Toffler detalhou esses problemas em *O choque do futuro* e previu consequências horrendas, se não fizermos alguma coisa logo. Mas você não tem de ser vítima dessa mentalidade competitiva, caso resolva proceder de outra maneira. É possível funcionar com grande eficácia em qualquer circunstância de pressão. Você tem capacidade de dissolver quaisquer tensões que sejam parte de sua vida. Mas, como todos os problemas aqui discutidos, você deverá ficar alerta para suas próprias rotinas de vitimação, assumir alguns riscos e mudar seu comportamento, se deseja livrar-se dessa categoria de abuso.

Um executivo excessivamente competitivo

Alex tinha 40 e poucos anos. Procurou-me para aconselhamento depois de sofrer um leve ataque cardíaco e dois sangramentos de úlcera. Era um exemplo perfeito de executivo de empresa que conseguira sucesso fenomenal à custa de saúde mental, física e social. O casamento havia acabado porque a esposa se recusara a tolerar ser casada *in absentia*; a saúde corria sério risco e ele, além disso, estava passando dos limites toleráveis. Tornara-se bebedor social crônico (alcoólatra) e tinha dois ou três casos amorosos, todos banais, com mulheres mais jovens.

Era esforçado e, em seus dias de faculdade, buscara com furor a distinção acadêmica. Embora fosse um dos mais jovens presidentes de uma grande empresa, quem conversava algum tempo com ele logo percebia claramente que era um perdedor. Fora alimentado com uma dieta de competição, que o levara perigosamente para o suicídio, quer cometendo-o diretamente, com comprimidos, uma arma ou outro meio qualquer, quer indiretamente, com um estilo de vida que era um desafio à morte.

O teor de nossas sessões de aconselhamento foi firme e direto. Alertei-o de que estava se matando ao colocar o êxito no mundo empresarial acima de tudo, incluindo sua própria vida. Sistematicamente, ignorara tudo o que ele mesmo dizia que julgava de valor. Era competente, e, embora fosse bom como executivo, não queria ou sentia medo de dirigir sua vida para alcançar a própria felicidade. Disse que queria amor, mas ignorava os que o amavam. Queria paz de espírito, mas consumia todos os momentos em atividades alucinantes. Queria ser um bom pai, mas jamais passava mais que alguns minutos por dia com os filhos. Queria saúde e segurança, mas, além do ataque cardíaco e duas úlceras, conseguira levar a pressão arterial a alturas perigosas. Na verdade, tudo o que dizia contradizia o modo como se comportava.

Comecei por encorajá-lo a estabelecer metas diárias para si mesmo, em vez de fazer uma reordenação a longo prazo. Teria de deixar o escritório numa hora certa todos os dias, por mais importante que fosse uma reunião. Isso logo lhe ensinou que os negócios continuariam sem sua presença em todas as reuniões. Combinaria com a ex-esposa para passar uma tarde com os dois filhos, considerando esse acordo como se fosse um trato sancionado pelo juiz.

Não levou muito tempo para Alex adotar novos tipos de conduta, não competitivos, não esgotantes. Aprendeu a reduzir o ritmo, a deixar de exigir de si mesmo resultados que requeriam esforços sobre-humanos, e não mais insistiu para que a família fosse como desejava. Conseguiu uma reconciliação experimental com a esposa e juntos vieram para aconselhamento familiar. Gradualmente, Alex aprendeu, no seu trabalho árduo, a adquirir novos hábitos de pensamento e de conduta a fim de reduzir seu ritmo de atividades, a acabar com o supercomprometimento com suas metas e a viver o que declarava será seus objetivos na vida.

Uns dois anos depois de Alex e a família terem interrompido as sessões de aconselhamento, ele deixou o emprego e as correrias da cidade de Nova York para criar gado em Montana. Aceitou o risco evidente de renunciar a uma vultosa renda, em troca de um resultado mais satisfatório, isto é, de um estilo de vida muito mais tranquilo e de uma vida pessoal gratificante.

Essa história não é ficção. Alex é uma pessoa de carne e osso que mudou sua vida para se salvar. Mas, em primeiro lugar, teve de repensar o outrora impensável e aprender que competição não é a essência da vida. Aprendeu, em suma, a verdade fundamental exposta por filósofos durante séculos. Às vezes, mais é menos.

Às vezes, é preciso um bom choque de realidade, como o que Alex levou, para compreender que pessoas são mais importantes que bens. Você será uma vítima de alto nível se der mais importância à aquisição de bens que à vida humana, especialmente a sua. Caso se devote a bens, acontecimentos e dinheiro, é muito provável que termine derrotado.

Pessoas interessadas em bens materiais têm grande dificuldade em se relacionar com os outros. Acham chato conversar com pessoas, e por isso, em geral, falam, mas não as ouvem, dão-lhes ordens e usam-nas para conseguir o que desejam. As pessoas que recebem as ordens não gostam que outros tentem transformá-las em escravas emocionais e, assim, resolvem permanecer longe desses indivíduos, que, por sua vez, voltam-se ainda mais para o interesse material, repetindo-se o ciclo incessantemente. Por fim, no que diz respeito a conforto e a consolo, o indivíduo que busca bens só tem bens. Propriedades, porém, não podem dar consolo, são estéreis, mortas, sem afeição. Não podem amar e ser amadas e a solidão e a frustração são os resultados finais da ênfase excessiva na realização pessoal e na aquisição de bens.

Pessoas e seres vivos são o que importa. Sem vidas com que possa interagir e compartilhar, você não tem possibilidade de alegria. Caso desaparecesse toda a vida, nada sobraria no mundo para dar ou ter significação. A vida é só o que conta.

Quando se perceber sacrificando relacionamentos, diariamente, em troca de riqueza material, dinheiro e status, pergunte a si mesmo por que realmente vale ter essas coisas. Se não tem a quem amar, se não é amado, se perdeu os sentimentos pela vida, tudo mais se encolhe e se torna insignificante.

Conteste a ideia de que cada vez mais precisa de bens para melhorar sua qualidade de vida. A maioria das pessoas ricas realmente fala saudosa dos dias das vacas magras, quando apreciavam coisas simples, quando podiam confiar sem medo que o amor chegaria sem uma fatura anexa.

Não é preciso riqueza para você ser feliz. Olhe para criancinhas que não foram mimadas. Elas não precisam de dinheiro, de brinquedos, de coisa alguma. Deixe-as sozinhas e elas se alegram por simplesmente estarem vivas. O mesmo pode acontecer a você, contanto que queira rearrumar sua lista de prioridades e dar ênfase ao que realmente importa: a própria vida.

Louise estava na faixa dos 40 e se divorciando. O marido dificultava as coisas, procurando evitar que ela conseguisse uma divisão equilibrada das propriedades do casal. Ela se queixou a mim da injustiça de tudo aquilo e me disse que estava ficando louca de depressão e de preocupações com a questão das propriedades: a casa, alguns móveis, o carro, alguns milhares de dólares e umas poucas joias.

Nas sessões de aconselhamento, Louise logo admitiu que era consumida pela ideia do grande valor dessas coisas e que atribuíra mais importância a consegui-las do que à sua felicidade pessoal. Estivera disposta a sacrificar a felicidade e, na verdade, a sanidade mental, por alguns poucos bens.

Ela, como o marido, sempre buscara acumular bens materiais. O divórcio seria um campo de batalha, onde achava que devia provar ser a guerreira mais tenaz, conseguindo tantos bens quanto possível. Na infância, aprendera que ter mais brinquedos que as outras importava. Dera a tudo valores em dinheiro. Toda a sua fala girava em torno de custos, ativos e passivos e sempre discutira tudo em termos de valores monetários. Possuía uma personalidade orientada para o dinheiro, que estava dominando sua vida.

Em pouco tempo, ela aprendeu a colocar seus valores onde eles a serviriam, em vez de escravizá-la, a pôr sua realização pessoal no topo da lista. Alertei-a de que estava sacrificando a felicidade pela preocupação constante em vencer no processo de divórcio, quando havia tantas outras alternativas mais viáveis, incluindo a de ignorar o marido e deixar que seu advogado se encarregasse de tudo. Ela reconheceu que a falta de paz interior era motivada pela necessidade de vencer as batalhas de bens materiais e concordou em tentar novas maneiras de pensar e conduzir-se. Em consequência, disse ao advogado que fizesse o que fosse juridicamente possível por ela, mas que não queria saber mais de todos os pequenos detalhes do processo. Concordou também em deixar de discutir o assunto com o ex-marido e voltou a mente para outras atividades, mais compensadoras, como voltar a estudar, tirar umas férias do campo de batalha do divórcio, voltar a namorar e, principalmente, divertir-se e aproveitar a vida.

Numa sessão, perguntei a ela: "O que você terá, se ganhar a batalha do divórcio e conseguir tudo o que quer? Terá felicidade?" Ela teve certeza da resposta antes mesmo de responder e foi nessa altura de nossas sessões de aconselhamento que o objetivo passou a ser ajudá-la a se livrar dessa atitude autodestrutiva que vitima pessoas em todas as ocasiões. Lembre-se: pessoas são mais importantes do que bens materiais.

Sobre ganhar e perder

Se você perde uma partida de tênis, o que você realmente perdeu? Bem, nada. Simplesmente não mandou tão bem uma bola por cima da rede nem permaneceu dentro de certos limites, como o adversário. Mas é realmente espantoso o número de norte-americanos que aparentemente acham que jogos não valem a pena se os perdem.

A imensa ênfase em ganhar em jogos e esportes produz o mesmo número de vítimas em pretensas recreações que a ênfase na competição produz nos negócios e em todas as atividades. Mas, nesse contexto, o que significa vencer? Correr mais rápido, lançar a bola mais longe, fazer mais pontos num jogo de cartas. E daí? Claro que ganhar pode ser divertido, mais ainda que perder. Mas se precisa vencer para provar quem é, então você perdeu toda a perspectiva sadia. Se o jogo se torna maior que a vida, em vez de uma parte agradável dela chamada divertimento, e você fica imobilizado, enraivecido, deprimido, ou o que for, então você se vitimou. E, ironicamente, quanto menos ênfase puser em vencer, mais provável é que vença.

O pensamento absurdo de que derrotar os outros é o que torna o jogo valioso, sistematicamente propagado em nossa cultura, tornou-se uma doença. Para vencer, já vi treinadores dando a seus atletas pílulas energéticas em dias de jogo. Já vi jovens expostos ao mais absurdo e violento ridículo porque deixaram de jogar ou porque um pequeno descuido custou-lhes o jogo. Observei comportamentos escandalosos de parte de caçadores de talentos, oferecendo a atletas subornos, mulheres, pagamentos ilegais e tudo mais, em nome da vitória.

Se esses são os preços que temos de pagar para vencer, fico com os perdedores. Não precisamos de vitórias sobre outros seres humanos para comandar nossa vida e nos sentir realizados. Só os perdedores é que precisam ganhar, uma vez que precisar ganhar implica o indivíduo não poder ser feliz a menos que derrote alguém. Se não pode ser feliz sem derrotar outra pessoa, você está sendo controlado por essa pessoa, o que o transforma no perdedor final, visto que indivíduos controlados por outros são, psicologicamente, escravos.

Não, senhor treinador, vencer não é tudo nem mesmo a única opção: é apenas uma das opções. Pode ser divertido e mesmo maravilhoso buscar a vitória, mas nunca ao custo da vida humana, o mais precioso de todos os bens. Se você tem de tomar drogas, adotar comportamento grosseiro, insultar outros seres humanos para vencer, então vencer não vale seu aparecimento no pódio. O homem verdadeiramente sábio busca a vitória como se ela lhe importasse, mas logo que o jogo acaba, não acha que ela deva ser rememorada. Sabe que o que passou não pode ser revivido e, assim, passa a outros a experiência e a vive plenamente.

Quando você ensina a si mesmo que precisa da vitória a todo custo, torna-se vítima de seu ridículo sistema de crenças. Não se permite fracassar, mesmo que o fracasso seja parte natural e necessária do processo de aprendizagem. O fracasso é com frequência recebido com depreciação e raiva de si mesmo e dos demais. Você pode certamente considerar a vitória algo maravilhoso a realizar, mas devia acreditar ainda mais que sua essência como pessoa não depende de realização.

Características de vítimas mais leais a bens e instituições que a si mesmas

Conforme descrito anteriormente, pessoas que colocam a lealdade a seus empregos e a seus bens acima da lealdade a si mesmas vitimam a seus entes amados e a si mesmas. Os médicos Meyer Friedman e Ray H. Rosenman dedicaram um livro aos efeitos das "personalidades esforçadas" sobre os ataques cardíacos, intitulado *Type A Behavior and Your Heart*.

Pessoas do comportamento Tipo A dão ênfase explosiva a certas palavras, quando não há necessidade de acentuá-las, precisam sempre dar a última palavra em conversas e se movem, andam e comem rapidamente. São impacientes, insistem constantemente com outras pessoas (e consigo mesmas) para que andem depressa e "acabem logo com isso". É provável que fiquem irracionalmente enfurecidas com pequenos congestionamentos do trânsito e achem muito difícil permanecer em filas sem saltar para lá e para cá e se queixar um bocado. São quase incapazes de fazer uma única coisa de cada vez, tal como escutar uma pessoa sem ter de rabiscar alguma coisa ou pedir licença para atender a telefonemas. Acham quase impossível escutar os interesses dos demais sem interrompê-los com seus pontos de vista e virar a conversa para si mesmas. Sentem-se culpadas por relaxar ou "ficar de mãos abanando". Não conseguem observar o que é natural por sua própria beleza, uma vez que estão constantemente preocupadas. Levam vidas pautadas por agendas e calendários. Quase nunca reservam tempo para contingências imprevisíveis. Sentem-se obrigadas a desafiar outras pessoas do Tipo A, em vez de ter pena delas. Geralmente, andam com frequência com os punhos cerrados, soltam risadas nervosas, sentem tensão no corpo, esmurram muito as mãos e utilizam outros tipos enfáticos de comportamento não verbal.

Esses indivíduos, segundo cuidadosas pesquisas médicas, são candidatos privilegiados a doenças cardíacas, hipertensão arterial e a outros distúrbios físicos. Imagine só! Suas próprias opções e padrões de comportamento, como causas de ataques cardíacos e outros males físicos, são talvez ainda mais importantes que o fumo, os excessos alimentares ou a dieta imprópria. Friedman e Rosenman demonstraram, seguramente, que mais de 90 por cento de homens de menos de 60 anos que sofrem ataques cardíacos são da variedade Tipo A. E grande parte do comportamento autodestrutivo dessas pessoas é resultado de escolherem ser vitimadas pelo que fazem, colocando mal suas lealdades em instituições e dando mais valor a coisas e a dinheiro que a pessoas.

As seis categorias descritas a seguir constituem os tipos mais gerais de comportamentos vitimadores que, no fim, "acabarão com você", caso os adote como partes regulares de sua vida.

1. *Esforço intenso.* Esse é o tipo de comportamento não relaxante descrito no romance *O que faz Sammy correr?*, de Budd Schulberg: trata-se de seguir constantemente, querendo mais, e nunca se sentir satisfeito com o momento presente. O esforço não é necessariamente dirigido para metas. Consiste mais em esforço por amor ao esforço: um assassino, tanto física como mentalmente.

2. *Competitividade.* Tentar sempre estar à frente dos demais implica que o indivíduo não olha para dentro de si mesmo em busca de satisfação, mas julga seu valor com base no que realizou em comparação com outras pessoas.

3. *Urgência para cumprir prazos.* Pautar a vida pelo relógio e pelo calendário e viver sempre correndo para cumprir prazos gera intensa pressão e nervosismo, quando a data, ou a hora, se aproxima e as tarefas não foram ainda completadas. Consultar constantemente o relógio, correr para chegar na hora a encontros e levar compulsivamente a vida num cronograma apertado deixam-no sem tempo de se divertir e estar com a família.

4. *Impaciência.* Nesse caso, você exige sem cessar que as outras pessoas apressem as situações, impõe a si mesmo padrões que nem sempre pode cumprir, censura-se por não ter ficado à altura de seu plano e irrita-se sem cessar com situações como congestionamentos do tráfego, gente que fala devagar, crianças levadas, vizinhos sem ambição e colegas ineficientes.

5. *Fala e gestos bruscos.* São hábitos de falar ásperos que incluem um bocado de "sim, sim, sim", "ahn, ahn, ahn" e "sabia?", além de maneiras de falar que demonstram uma atitude apressada em relação à comunicação entre as pessoas e que se traduzem também em gestos que visam fazer com que as pessoas se apressem. E também usar ênfase desnecessária para expor um argumento.

6. *Energia excessiva e supercomprometimento com o emprego.* Trata-se do comportamento descrito anteriormente neste capítulo e que leva a pessoa a antepor tarefas, empregos, coisas e dinheiro aos relacionamentos humanos.

Se reconhece características, dessas seis categorias fatais em seu comportamento, você está, provavelmente, vitimando-se por arruinar relacionamentos pessoais, aplicar pressão emocional extrema sobre si mesmo e, da maneira mais neurótica possível, destruir seu próprio corpo.

Como funcionam as instituições

Organizações empresariais existem por uma única razão: obter lucros. Seu objetivo é apenas se perpetuarem, de modo a poder remunerar as pessoas que assumiram os riscos de financiá-las, manufaturar produtos ou prestar serviços. Não funcionam para fins caritativos nem fingem fazê-lo. Por isso mesmo, a vitimação que experimenta como resultado de sua ligação com uma delas ocorre provavelmente porque você permitiu que isso acontecesse.

Se pensa que uma empresa lhe deve alguma espécie de lealdade e deve recompensá-lo por seus longos serviços com inúmeros benefícios, então você anda por aí com um bom número de ilusões, sem nenhuma base na realidade. A empresa tentará lidar com você de uma maneira tão utilitária quanto possível. Ela pagará pelos serviços até que você não possa mais prestá-los, e em seguida o dispensará da maneira menos dispendiosa possível.

Essa não é uma opinião amarga sobre o mundo dos negócios na cultura ocidental, mas apenas a descrição da realidade como ela é. Mesmo que a empresa disponha de planos de aposentadoria, participação nos lucros, programas de incentivos ou outros expedientes destinados a conservar empregados, resta o fato de que, quando não precisar mais de você, ela o substituirá, e todos os esforços serão feitos para livrar-se de você da forma mais barata possível.

Empresas fazem apenas aquilo que foram criadas para fazer e nessas páginas não serão encontradas queixas contra elas. Mas você não é uma empresa. É um ser humano que respira, sente e experimenta a vida. Não tem de ficar perturbado com o modo como as empresas funcionam, nem escravizar-se a elas apenas porque é encorajado a assim proceder por seus porta-vozes, que só têm a ganhar com sua lealdade vitimadora. O homem que se aposenta depois de dedicar cinquenta anos de serviço fiel a uma empresa, e recebe um relógio de ouro e uma pequena aposentadoria por uma vida inteira de dedicação, não é vitimado por ela. A empresa nada lhe deve e ele deveria sentir-se grato pelo relógio. Fez seu trabalho, recebeu seu salário e a empresa recebeu seus serviços. É assim que deve ser. O aposentado, porém, foi vitimado se fez mais do que devia e sacrificou seus objetivos pessoais e atividades familiares, uma vez que as empresas continuarão a existir, esteja você se matando por elas ou simplesmente considerando-as um modo de obter seu sustento.

Seis jogos comuns de vitimação institucional

1. *Considerar a empresa uma pessoa.* Talvez a maneira mais prejudicial de se vitimar pelo trabalho ou pela ligação com uma empresa seja concebê-la como, de certa forma, humana e tratá-la como faria com um amante ou um amigo.

No dia em que pensar na empresa como uma pessoa que precisa de você, ou mesmo que não pode funcionar sem sua ajuda, fique atento a problemas. Executivos da empresa vão adorá-lo por pensar dessa maneira porque sabem que lhes prestará serviços 24 horas por dia e negará a si mesmo qualquer vida privada. Se realmente pensa que a empresa é um ser humano, pergunte a si mesmo:

"Ela continuaria se eu me demitisse?" "Morreria amanhã?" "Ficaria perturbada ou teria problemas?" "Choraria?" Você já conhece as respostas e, se é assim, por que não pôr a empresa ou outra instituição na perspectiva correta, e começar a tratá-la como, na melhor das hipóteses, um mecanismo por meio do qual lhe pagam um preço justo por um uso agradável, estimulante, produtivo e gratificante de seus talentos? Isto porque não há preço justo pelo sacrifício do bem mais importante que você possui: sua vida.

2. *Jurar lealdade para sempre.* Outra maneira de se vitimar é jurar eterna lealdade a "sua" empresa e tornar essa obrigação, que você mesmo inventou, mais importante que suas obrigações consigo mesmo e com sua família. Esse tipo de dedicação é absurdo porque, em nove entre dez casos, você se transferiria com prazer se recebesse oferta de melhor emprego em outra empresa e, se não fizesse isso, a pior razão no mundo seria que julgasse estar infringindo alguma lei consuetudinária de lealdade. Nos grandes times, onde o espírito de equipe e a lealdade podem realmente ser vitais ao sucesso, raramente se veem essas confusões. Atletas dão tudo jogando por um time em um dia, ao mesmo tempo que negociam contratos mais polpudos com outro. Se podem obter melhores condições em outras paragens, transferem-se de time e imediatamente se tornam leais ao time que antes juraram arrasar no campo, na quadra, na pista, ou em qualquer outra arena. Treinadores de times profissionais mudam regularmente de equipe e sempre entendem que sua lealdade dura tanto quanto seu contrato. Você se encontra numa situação muito parecida no que se refere a seu emprego. Se receber uma proposta melhor, será um tolo se não aceitá-la. Se não puder renunciar a sua lealdade ao empregador, lembre-se de que a empresa em si não tem esse tipo de problemas.

3. *Cumprir normas e regulamentos como se fossem sagrados.* Seguir as políticas da empresa e agir como se fossem regras pelas quais devesse pautar a vida podem também vitimá-lo. Em vez disso, considere as regras e regulamentos como artifícios de pessoas que não têm muito o que fazer.

Veja como faculdades e universidades são administradas. Não se engane a esse respeito: essas instituições são grandes empresas e estão no negócio para ganhar dinheiro e se perpetuar. São dirigidas por administradores que sofrem da "neurose da comissão", que nomeiam comissões para estudar tudo, mesmo o que é vagamente ligado à universidade. Há comissões para estudar o currículo, refazer o currículo, desfazer o currículo, estudar a viabilidade de instituir um novo currículo *ad nauseam*.

Se um camelo é realmente um cavalo projetado por uma comissão, a administração diária de universidades parece uma caravana interminável de camelos desfilando solenemente em círculos. Homens e mulheres reúnem-se semanas após semanas ao redor de mesas e discutem viabilidades, priorização, rearrumação, decisões sobre promoções e ocupação de cátedras, reforma de prédios, requisitos de linguagem, critérios de classificação, avaliações, procedimentos alternativos, e assim por diante. Raramente chega-se a um objetivo substancial. Professores, decanos e vice-presidentes continuam a se reunir religiosamente, semana após semana. Conversando entre si, reconhecem que todo esse jogo é muito tolo e que decisões que levam vinte semanas para serem tomadas em comissões podiam ser facilmente alcançadas por uma única pessoa inteligente e sensata em vinte minutos.

Mas como acontece com tanta frequência no caso de instituições, os procedimentos tornam-se mais importantes que as pessoas às quais deviam servir. E, em maioria, as pessoas que ficam presas no labirinto da "neurose da comissão" parecem adorar a situação. Afinal de contas, se não tivessem suas reuniões banais para comparecer, suas minutas de atas para ler e reler, suas questões de ordem e seus regimentos internos, pouquíssimo mais teriam a fazer.

Pessoas que se sentam e conversam raramente tomam atitudes. Tornam-se administradores emaranhados em suas próprias palavras e personificam o Princípio de Peter, isto é, o creme sobe até azedar. Pessoas que almejam realizações recusam-se a se sentar e a conversar sobre o que poderia ser feito, não ficam apurando interminavelmente as possíveis ramificações do que foi proposto.

Gail Thain Parker, ex-diretora de faculdade, descreveu da seguinte maneira no periódico *Atlantic Monthly*, sua primeira reunião com professores de Harvard em 1969.

> Era como assistir a um jogo de basquete, no qual o objetivo era pedir tempo, em vez de completar a partida. O homem mais ativo no plenário era o parlamentar que repetidamente saltava para o palco a fim de conferenciar com o presidente, que por sua vez encontrava-se tranquilamente sentado sob uma imensa bandeira vermelha, onde estava gravada a palavra VERITAS.

Tendo pago minhas contribuições, por ter passado seis anos como professor de faculdade, posso confirmar pessoalmente a veracidade das observações acima. Professores se sentam em reunião e exigem ser ouvidos sobre problemas sem importância. Segue-se um debate de trinta minutos, com o resultado de ser formada uma comissão *ad hoc* a fim de apresentar um estudo de viabilidade, que levará pelo menos dois anos para chegar a plenário. Quando chegar, será debatido por mais algumas horas perdidas, mastigado e cuspido de volta para outra comissão. Tudo será feito para evitar que o assunto seja resolvido e dê ensejo à ação, mesmo que seja tão sem importância que não requeira mais que uma sensata decisão administrativa.

Não executores conseguem respeito dessa maneira sem sentido; eles mantêm o status criando artifícios evasivos e costumam chamar todo o processo de processo decisório participativo democrático. As palavras a seguir, de um senador estadual de Dakota do Norte, Estados Unidos, mostram como a baboseira interminável, absurda, que transborda dos chamados corpos decisórios, atinge, às vezes, o cúmulo do ridículo:

> O que temos a fazer agora, obviamente, é suspender todas as atividades, até que possamos realizar um plebiscito a fim de selecionar um quadro que nomeie uma comissão autorizada a contratar um novo grupo de especialistas, para reestudar a viabilidade de se compilar um índice de todas as comissões que, no passado, fizeram o inventário e catalogaram os vários estudos destinados a descobrir o que foi que aconteceu com todas as políticas que foram arquivadas quando novas políticas foram decididas por mais alguém.

Se você participar desse tipo de atividade, ou mesmo se sentir levemente perturbado por ela, então está se vitimando. Esse tipo de conversa evasiva existe desde que homens passaram a se reunir em conselhos, comissões, governos etc. E continuará para sempre, não importa quem se levante e proponha que isso acabe. Sua única escapatória consiste em recusar-se a participar, sendo discretamente eficiente, e simplesmente dar de ombros ante as futilidades que campeiam a sua volta. Pode recusar tantas nomeações para comissões quanto possível e, quando não puder evitá-las, seja um membro mudo que será uma voz de razão quando tiver de romper seu silêncio.

Você pode deixar de ser perturbado pelo funcionamento de comissões e desempenhar suas próprias tarefas, minimizando ativamente sua participação nos absurdos que ocupam tanta gente por tanto tempo. Seja você mecânico, professor, dentista, motorista de táxi, florista, ou tenha qualquer outra ocupação, nunca estará imune ao esforço vitimador de órgãos coletivos que tentarão se impor a você em nome do progresso, da democracia ou do aumento da eficiência. Mas, quando notar que a "neurose da comissão" está vindo à superfície, opte por uma decisão discretamente eficiente que não o vitime.

4. *Ser seduzido pelo labirinto burocrático das instituições.* A grandeza institucional cria distância entre as organizações e as pessoas a quem devem servir. Quanto maior a organização, mais a maquinaria burocrática precisa ser lubrificada para continuar a operar. O governo dos Estados Unidos constitui um exemplo clássico. É dirigido por um número interminável de comissões, departamentos, órgãos, divisões e outros subgrupos. Todos os grupos têm seus diretores de departamento, chefes de divisões e outros burocratas que querem manter seus cargos e posições de poder. Além do mais, a burocracia emprega milhares de pessoas que não querem balançar o barco e, talvez, perder seus empregos. Você enfrenta funcionários temerosos que têm horror a dar respostas francas porque estão sendo fiéis a indivíduos mais bem colocados e que podem puni-los.

Você se transforma em vítima quando tenta obter um serviço. Tente apenas receber respostas diretas de políticos que foram burocratas durante toda a vida. Falam em termos vagos e respondem a perguntas que exigiriam um simples *sim* ou *não* da seguinte maneira: "Considerei as alternativas e resolvi fazer um estudo adicional. Eu odiaria lhe responder com um firme sim, mas, por outro lado, não excluo a possibilidade de uma resposta negativa, se surgirem outras contingências das quais ainda não tomei conhecimento."

Burocratas são embaralhadores de papéis que, em geral, mandam suas vítimas de uma repartição a outra sem nunca lhes dar uma resposta firme. Já vi pessoas sendo mandadas de um lado para outro o dia inteiro, quando tudo o que queriam era registrar seu carro em outro estado. Você sabe o que é tratar com o pessoal dos órgãos públicos ou hospitais do governo. Os formulários são intermináveis e o pessoal adota uma maneira especial para tentar vitimar quem quiser ser tratado com dignidade e receber serviço rápido.

5. *Cair na armadilha do jargão.* O jargão das burocracias é realmente algo a se pensar a respeito. Os burocratas inventaram uma linguagem própria que consiste em uma técnica de manter a ação à distância e perpetuar a evasão, que alimenta todas as suas instituições.

O pessoal da psicologia fala em seres humanos em termos apavorantes. Rapidamente, classificam pessoas com terminologia própria e esquecem que estão falando a respeito de seres humanos. Pessoas são rotuladas de maníaco-depressivas, psicopatas, sociopatas, esquizofrênicas, deficientes mentais (ou com disfunção cerebral) e coisas assim. Esses rótulos podem ser úteis aos terapeutas, mas são perigosos no sentido de com frequência vitimarem os seres humanos, que passam a não ser considerados pessoas, mas mero amontoados de sintomas.

Uma vez rotulada, uma pessoa é, para todas as finalidades, repudiada como ser humano. Se chama uma criança de autista e acredita que o autismo é incurável, você renuncia a esperança para um ser humano. Em *Meu filho, meu mundo*, Barry Neil Kaufman conta a história de dois pais amorosos que se recusaram a aceitar o rótulo de autista dado ao filho pequeno e se dedicaram inteiramente a ele, tirando-o finalmente de seu misterioso coma ambulante. Quando o levaram de volta aos muitos médicos que o haviam classificado de autista, foram informados que acontecera erro de diagnóstico porque o autismo é incurável. Essa é a lógica que rotuladores usam repetidamente para defender suas teorias e ignorar vidas humanas. Muito embora poucos profissionais assim procedam, é muito mais funcional rotular comportamento do que pessoas, como, por exemplo, "ele fica demais na cama" ou "não fala", em vez de rotular a pessoa de maníaco-depressiva ou muda.

A linguagem jurídica constitui outro bom exemplo. Os advogados se certificaram de que nossas leis fossem redigidas de tal maneira que o homem comum não tivesse a menor chance de entender os termos de um contrato e, por isso mesmo, tem de contratar "decifradores" especialmente treinados para interpretar documentos como contratos, arrendamentos, escrituras e apólices de seguro. Todos os esforços para simplificar as leis são combatidos por grupos de advogados. Grupos de cidadãos que tentam simplificar os procedimentos de divórcio ou instituir cláusulas de ausência de má-fé em apólices de seguro descobrem que seu caminho será bloqueado com os mesmos tipos de obscuridades misteriosas que estão procurando eliminar, protegendo os interesses de pessoas que tiram seu sustento do fato de serem as únicas capazes de fazer tais coisas, e que farão tudo para manter fora de seu bolo as mãos dos leigos.

Órgãos do governo são especialistas em usar a linguagem para obscurecer o significado e, em última análise, vitimar pessoas que pleiteiam serviço. Os militares constituem um exemplo clássico. O Pentágono, um dos locais de maior burocracia do governo norte-americano, criou uma subselva semântica própria e impenetrável, com seus regulamentos em quadruplicata para todas as contingências concebíveis, detalhados em linguagem extremamente complicada e rebuscada que o homem comum não pode entender de jeito nenhum.

Depois de anos arrancando os matagais semânticos burocráticos no Serviço de Saúde Pública dos Estados Unidos, um funcionário de 63 anos chamado Philip Broughton finalmente criou um método à prova de erros para converter frustração em realização – no que se refere a jargões. Eufemisticamente chamado de Projetor Sistemático de Frases de Efeito, o sistema de Broughton emprega um léxico de trinta palavras de efeito cuidadosamente escolhidas. A lista é apresentada a seguir, reproduzida da revista *Times* de 9 de fevereiro de 1976, página 27, num suplemento à seção "Army Times/Navy Times/Air Force Times".

Coluna 1	*Coluna 2*	*Coluna 3*
0. Opções	0. Administração	0. Integrado
1. Flexibilidade	1. Organizacional	1. Total
2. Capacidade	2. Monitorado	2. Sistematizado
3. Mobilidade	3. Recíproco	3. Paralelo
4. Programação	4. Digital	4. Funcional
5. Conceito	5. Logístico	5. Sensível
6. Fase temporária	6. Transitória	6. Opcional
7. Projeção	7. Adicional	7. Sincronizado
8. De hardware	8. Terceira geração	8. Compatível
9. Contingência	9. Política	9. Equilibrado

W. J. Farquharson, escrevendo na *Times*, explica o método, graças ao qual os burocratas podem simplificar o trabalho de obscurecer fatos: "Pense em qualquer número de três dígitos e, em seguida, escolha a palavra de efeito correspondente em cada coluna. O número 637, por exemplo, resulta em 'Fase temporária recíproca sincronizada', uma frase que pode ser incluída em qualquer relatório, com aquele tom de autoridade decisiva. Ninguém terá a mais remota ideia do que você está falando, mas o importante é que ninguém vai reconhecer isso."

Esse tipo de jogo de linguagem pode ser aplicado a praticamente todas as instituições que têm jargão próprio: grandes empresas, instituições médicas, de direito, de psiquiatria, de seguros, de contabilidade, órgãos do serviço público etc. A maneira de escapar do jogo vitimador burocrático é evitá-lo em todos os casos possíveis. Não sendo possível, procure compreender bem como ele funciona. Só assim poderá evitar ser perturbado por qualquer coisa que encontre e recusar-se a lidar com funcionários burocráticos. Você precisa ignorar essa linguagem e outros obstáculos burocráticos e jamais se permitir ser atraído para os mesmos tipos de comportamentos absurdos.

6. *Deixar de compreender a insanidade da lógica burocrática.* Além de só usarem a linguagem direta nos casos mais raros possíveis, os burocratas não funcionam de acordo com a lógica: apenas obedecem a regras e a precedentes, mesmo quando eles não fazem o menor sentido. Vejamos dois exemplos convincentes, ambos relatos autênticos.

O caminhão de leite. Joe era um leiteiro que possuía seu próprio caminhão. Um dia, para seu grande desalento, o caminhão foi roubado. A polícia então o recuperou, e Joe foi buscá-lo na delegacia. Não tinha outra fonte de renda e estava em desespero. Foi informado, porém, de que o caminhão ficaria em um depósito como evidência no julgamento do ladrão, o que poderia acontecer em até três meses.

Joe ouviu a mesma história em todos os escalões da burocracia. Não podia receber de volta o caminhão, a despeito de precisar dele para viver, a menos que estivesse disposto a retirar a queixa contra o ladrão! Se a queixa permanecesse, seria vitimado, ficando sem o caminhão por três meses.

Joe recusou-se a ser duplamente vítima, de modo que simplesmente retirou a queixa e o ladrão foi solto. Assim funcionam frequentemente as burocracias do mundo; à custa das pessoas a quem deveriam servir. Todas as pessoas com quem Joe falou disseram que não podiam fazer nada, e ele foi mandado de um lado para outro até que, finalmente, se encheu e resolveu abandonar o caso antes de ficar louco também.

A viúva. O marido de Nancy morreu de repente. Como geralmente acontece nesses casos, Nancy foi proibida de tocar nos recursos do casal, incluindo seu próprio dinheiro, porque tudo seria arrolado no inventário. Nancy esperou quatro longos anos antes de ser julgado o inventário. Todos os burocratas que a vitimaram explicaram-lhe que sentiam muito, mas era daquele modo que o sistema funcionava. Sua própria conta bancária foi congelada, bem como as posses conjuntas do casal, simplesmente porque burocratas, em seus ternos de flanela cinza, quiseram passar quatro anos debatendo como deveria ser manipulada a renda de Nancy. Em virtude da longa demora e dos muitos advogados que se beneficiaram do espólio, chegando a cobrar 60 por cento de honorários e de despesas judiciais, Nancy teve de procurar emprego para poder pagar suas contas.

A única forma de impedir esse tipo de vitimação é ser desonesto e não declarar uma morte, ou ocultar seus rendimentos para os burocratas famintos do Estado. A lei, que deveria servir as pessoas, ironicamente as encoraja a contorná-la para que possam sobreviver.

Certa vez, disse Honoré de Balzac: "A burocracia é um mecanismo gigantesco operado por pigmeus." Se você não se mostrar alerta, perseverante e resolvido a não ser vitimado, usando um bom número de estratégias, pode acabar como presa de burocratas armados de tentáculos institucionais, devoradores de gente, que o engolirão num instante. Descrevemos a seguir algumas maneiras típicas, por meio das quais instituições e seus representantes tentam vitimá-lo, com algumas sugestões muito específicas que você pode implementar para manter-se longe de suas garras.

Estratégias para eliminar a vitimação institucional

- Em primeiro lugar, você precisa virar pelo avesso seu sistema de convicções, a fim de livrar-se da ideia de que não vale tanto quanto a empresa onde trabalha, ou que as instituições são mais importantes que os indivíduos que as compõem. Em todas as ocasiões em que descobrir que está se sacrificando ou renunciando a seu tempo em favor de uma instituição, pergunte-se o que realmente quer para si mesmo. Você correrá alguns riscos ao eliminar qualquer status de escravo que porventura tenha merecido, mas, em primeiro lugar, é necessário que realize a mudança crucial de atitude, de acordo com a qual você ocupará o primeiro lugar da lista daqueles que merecem a sua lealdade.

• Avalie suas prioridades na vida em companhia das pessoas que contam mais para você. Converse com sua família sobre sua conduta e sobre o que busca. Peça-lhes opinião sobre suas responsabilidades no trabalho e se eles se sentem negligenciados. Faça uma lista daquilo que realmente quer realizar, e por quê. Em seguida, analise seu próprio comportamento. Está evoluindo para a realização pessoal a que aspira ou está se enfiando num buraco ainda mais profundo? Você só pode fazer mudanças quando colocar toda a situação em perspectiva e começar a viver a vida um dia de cada vez, na busca da felicidade e não da neurose.

• Gradualmente, aumente seu tempo de tranquilidade, de privacidade e de oportunidades de realizar o que é realmente importante para você. A princípio, você pode ter de se obrigar a conseguir pausas no trabalho para dedicar tempo aos filhos ou ao cônjuge, tirar um cochilo, sair para jantar fora com a pessoa amada ou conversar com alguém que andou negligenciando. Mas, se no início se conceder breves períodos como esses, eles aos poucos se transformarão em hábitos regulares, sadios e gratificantes.

• Pratique ser discretamente eficaz em aliviar a mente das tensões da escravidão institucional. Não fale com ninguém a respeito de sua nova atitude ou programa, apenas obrigue sua mente a trabalhar de maneira enriquecedora. Experimente esquecer-se do trabalho ao deixar o escritório ou a fábrica. Deixe de repensar tudo o que aconteceu durante o dia e de se preocupar com os negócios de amanhã ou do próximo ano. Em vez de martelar constantemente seus problemas profissionais, aprenda a conversar sobre os sentimentos, vitórias e ambições dos membros de sua família. Tranquilize a mente, deixando-a simplesmente se esvaziar por alguns minutos. Ignore os pensamentos relacionados com o trabalho, quando se surpreender envolvido em pressões e no emprego. Nas férias, procure gozar a trégua de seu mundo de trabalho, e que tanto fez para merecer, em vez de desperdiçar o tempo preocupando-se com o futuro ou revivendo o passado. Uma das técnicas mais sadias para ter sucesso numa carreira consiste em esquecê-la de vez em quando, o que também o leva de volta a ela restaurado, mais eficiente e capaz de encarar o trabalho de uma perspectiva nova e melhor.

- Risque a palavra aposentadoria de seu vocabulário. Resolva que jamais vai se aposentar, que quando deixar seu atual emprego continuará a ser produtivo e útil e que a vida será cheia de prazer. Deixe de pensar nos anos futuros e faça alguma coisa para tornar valioso o ano corrente. Qualquer que seja sua idade, se acredita que algum dia vai se aposentar e simplesmente passar a vida observando aves e o cair da noite, você está se enganando. Esse tipo de atividade o fará sentir-se inútil, embora comunidades de aposentados prosperem fazendo propaganda com esses supostos prazeres. Você pode viver plena e livremente todos os momentos que lhe couberem neste planeta e sua idade jamais será um fator inibidor, a menos que o permita. Se viver plenamente agora, jamais haverá um tempo em que estará aposentado. De modo que é melhor tirar essa ideia da cabeça. E se você tem agora um emprego que odeia e o mantém apenas para cumprir os requisitos para obter mais tarde uma aposentadoria, pergunte a si mesmo se quer realmente que sua vida seja desperdiçada dessa forma infrutífera. Deixe de adiar seu prazer. Lembre-se de que o futuro não é prometido a ninguém. Você pode cair morto um momento depois de ter sacrificado toda a sua vida em prol da aposentadoria.

• Se não gosta nem do seu cargo nem de trabalhar onde está, peça demissão. Não tenha medo dos riscos. Se é uma pessoa séria, que quer cumprir suas responsabilidades em um emprego que o realiza, logo encontrará um novo cargo. Você não tem de permanecer para sempre onde se encontra, simplesmente porque está nesse lugar hoje e é mais fácil ficar do que sair. Assumir riscos é vital para não ser vitimado por instituições e burocracias.

• Leve a vida como se tivesse apenas seis meses para vivê-la. Quando realmente pensar no tempo e nos seus infinitos milhares e milhões de anos, sua própria expectativa de vida vai se tornar, de repente, espantosamente curta. Seis meses podem parecer seis minutos. Se soubesse que dispunha de apenas seis meses de vida, o que faria de modo diferente? Em seguida, faça a si mesmo uma pergunta realista: "Por que, então, não estou fazendo isso agora?" Agora... Faça!

• Acabe com essa desculpa de "tenho responsabilidade com...", a fim de dizer a si mesmo por que não pode ser uma pessoa realizada. E quando vitimadores tentarem fazê-lo sentir que deve sacrificar-se por uma instituição, além do tempo e do trabalho pelos quais é pago, porque tem de provar sua lealdade a ela, lembre-se de que eles estão fazendo aquilo para o que são pagos, que é tirar o máximo que puderem de você. Quase sempre, você pode desincumbir-se de responsabilidades legítimas e levar uma vida feliz, especialmente quando deixar de racionalizar a respeito de sua infelicidade e começar a agir de modo diferente.

• Releia cada uma das características do comportamento do Tipo A detalhadas anteriormente. Exercite-se para eliminar os prazos fatais, a conversa rápida etc. Reduza o ritmo e desfrute a vida, um momento de cada vez.

- Não se deixe enganar pelos adornos do poder, tais como títulos que lhe serão conferidos se trabalhar como um escravo, promoções, selos para seu capacete, fitas, uma mesa maior, seu nome na porta da sala ou o que quer que seja. Todos esses símbolos de prestígio são agitados diante dos seus olhos para levá-lo a acreditar que terá mais valor quando lhe forem concedidos. Caso se lembre de que seu valor vem de dentro, não será ludibriado pela necessidade de juntar cada vez mais enfeites de poder que só contribuem para buscar cada vez mais a aprovação instantânea de todos que conhecer. Se não estiver em paz consigo mesmo, nenhum dos ornamentos do mundo significará qualquer coisa porque sua vida será um desperdício e, no fundo, você saberá disso.

- Simplesmente recuse-se a aceitar designações para comissões, quando as considerar inúteis. Educadamente, recuse ser membro ou, se for nomeado, apenas compareça, sem tomar parte ativa. Você descobrirá como é divertido evitar ser incluído em todas as comissões e grupos de estudo e como pode, criativamente, eliminar esses pequenos incômodos de sua vida.

- Pare de exigir perfeição em tudo o que faz e de cobrá-la também de seus entes amados. Permita-se o prazer de simplesmente fazer. Pinte um quadro apenas para se divertir. Não se preocupe se não é um pintor: apenas divirta-se pintando. Adote um enfoque analogamente relaxado, não competitivo, de quantas atividades puder, em vez de pressionar a si mesmo para ser perfeito em tudo. Pergunte-se o que o levou a aplicar tais pressões em si mesmo e, provavelmente, também em sua família. Você descobrirá que seu dom competitivo será ainda mais enaltecido nas áreas onde é útil ou necessário, quando deixar de competir em todas as áreas em que é inútil e destrutivo.

- Ocasionalmente, tente esquecer o relógio e o calendário. Veja se pode levar um dia inteiro sem uma programação. Liberte-se da compulsão de viver de acordo com o relógio, simplesmente fazendo coisas como comer, dormir ou bater papo quando tiver vontade, em vez de fazer o que deve.

Conclusão

Seu emprego pode originar grandes satisfações, mas também ser motivo fatal de vitimação. Atualmente poucos morrem de repente em consequência de exaustão puramente física, como acontecia há um século com escravos em algumas partes do mundo, embora a causa da morte de centenas de norte-americanos seja o excesso de preocupações e de ansiedade. Se for, de alguma maneira, vitimado por instituições, seja sua escravidão infligida por lealdade excessiva ou por resultado de políticas institucionais impostas que considera como se fossem as leis da Terra, você pode alterar isso, prometendo a si mesmo mudar de atitudes e comportamento. Se tem apenas uma vida para viver, por que deve viver à mercê de instituições artificiais? Obviamente, não deve e não viverá assim quando resolver não ser uma vítima.

8
Distinguindo entre juízos de valor e realidade

Todas as coisas que existem no mundo estão nele independentemente de sua opinião sobre elas.

Juízos de valor e realidade

Parece estranho à primeira vista, porém inúmeras pessoas se vitimam ao dar mais importância a suas crenças ou atitudes em relação ao que é real do que à própria realidade.

Antes de negar que você pertença a esse grupo de pessoas, considere a evidência de que praticamente todas as pessoas usam palavras e frases todos os dias que são julgamentos da realidade, como se fossem reflexo da própria realidade. Alguns, por exemplo, dizem: "Hoje o dia está realmente péssimo (ou bom)." Embora isso possa parecer uma pequena frase inócua, ela, na verdade, não se inspira na realidade. O dia só está péssimo ou bom dependendo do julgamento que se faz dele. Se veio a achar que chuvoso é péssimo, vai julgar dessa maneira todos os dias de chuva e a maioria das pessoas no mundo (com exceção de agricultores) concordará com você. Na verdade, porém, o dia simplesmente está assim, e o fato de rotulá-lo ou não de péssimo não terá consequências para o próprio dia porque ele será exatamente o que é, qualquer que seja o rótulo que lhe queiram dar.

Bem, toda esta conversa sobre juízos de valor e realidade pode parecer forçada, em comparação aos problemas práticos da vitimação de que você é objeto, e tola, quando nos referimos a falas aparentemente inócuas como: "Hoje o dia está péssimo." Mas ela se torna absolutamente vital quando aplicada a áreas da sua vida nas quais confusões entre juízos de valor e realidade podem vitimá-lo. Basta que você analise por um momento as implicações de deixar que um pouco de chuva lance sombra sobre um dia inteiro de sua vida, e isto sem nenhuma boa razão. Se levar a vida acreditando que juízos de valor e realidade são a mesma coisa, vai se tornar vulnerável a sofrimentos impostos por você mesmo. O conflito surge quando você espera que o mundo seja de determinada forma e descobre que ele não será como deseja, ou como era, ou, ainda pior, como insiste que ele seja. O conflito desaparece quando você vê a realidade exatamente como ela é e deixa de se afligir simplesmente porque o mundo gira da maneira que todos conhecem.

Vejamos um pequeno trecho de "Um homem disse ao universo", um poema escrito por Stephen Crane em 1899:

> Um homem disse ao universo:
> "Senhor, eu existo."
> "Entretanto", respondeu o universo,
> "esse fato não criou em mim
> um senso de obrigação".

Tal é a essência da realidade. O mundo não lhe deve nem sustento nem uma vida feliz, e quanto mais você pensar de maneira diferente, mais dificuldade terá em obter essas coisas. A realidade simplesmente existe, a despeito do que você exige ou daquilo em que insiste, e se não aceitar esse fato ficará paralisado por seus juízos de valor a respeito do que ela deveria ser.

Isso não significa que você não deva se esforçar para corrigir injustiças e as partes do mundo que acha nocivas, uma vez que a mudança é o próprio núcleo do progresso e do crescimento. Mas pode aceitar o que já aconteceu como simplesmente passado e, por conseguinte, útil como lição, mas não como motivo de transtorno. E tampouco vale a pena aborrecer-se com o que está acontecendo agora e você não pode mudar, o que equivale dizer que não precisa julgar as situações como boas ou más, mas simplesmente considerá-las como fato. Os acontecimentos que você possa prever, e nos quais talvez possa influenciar, tente torná-los melhores, mas nem exija que sejam diferentes nem fique frustrado se não forem.

Pessoas que praguejam constantemente sobre a realidade condenam-se a vidas de raiva desnecessária e de frustrações. É provável que se vitimem com afirmações como as seguintes:

• *Isto não deveria estar acontecendo neste exato momento.* Dizer que alguma coisa que está acontecendo não deveria estar pode vitimá-lo porque o deixa perturbado. Quanto mais contrariado estiver por causa da exigência de que a realidade seja diferente do que realmente é, mais apertadas serão as correntes da neurose em torno do seu mundo. Em vez disso, diga: "Isto está acontecendo neste exato momento, vou fazer o que puder para impedi-lo ou me certificar de que não aconteça novamente."

• *O mundo é um lugar cruel.* Pessoas que julgam o mundo cruel, em vez de aceitá-lo, ignoram o fato de que o mundo em si não é cruel: mais uma vez, ele simplesmente é. "Cruel" é um rótulo artificial, usado aqui para culpar o mundo por não ser sempre aquilo que gostaríamos que fosse. Você pode chamar o mundo do que quiser, e ficar abalado com isso, mas ele simplesmente continuará a ser o que é. Um modo mais sensato de pensar, com base na realidade, seria: "Há coisas no mundo que quero mudar, e vou trabalhar nelas. No tocante às coisas que não posso mudar, e que me desagradam, deixarei de esperar que sejam diferentes, uma vez que minhas expectativas serão sempre refutadas e, com isso, me perturbarão."

• *Pessoas são perversas e indiferentes.* Mais uma vez, "perversa" e "indiferente" são palavras usadas para condenar a maneira como pessoas se comportam.

O fato é que algumas pessoas agem com frequência de um modo que você não faria e que, em alguns casos e por questão de princípio, acha repreensíveis (ou algo pior).

Simplesmente evite rotulações desse tipo; esforce-se para não permitir que tais comportamentos usurpem seus direitos ou o direito dos demais. Se isso acontecer, faça o possível para acabar com esse comportamento, mas não desperdice energia rotulando pessoas e deixando-se contrariar e paralisar apenas porque elas existem. E, acima de tudo, não levante as mãos para o alto nem diga que as pessoas em geral são perversas e indiferentes porque isso implicará abdicar da esperança nos outros, inclusive em você, e, por conseguinte, renunciar a sua própria vida. É por isso que é mais útil rotular comportamentos do que pessoas. Pessoas mudam e nem sempre se encaixam perfeitamente em comportamentos isolados. "Ela está participando de um roubo, apresentando comportamento vergonhoso, e não vou tolerar isso" pode parecer uma frase estranha, mas é uma maneira muito mais efetiva de tratar uma pessoa cujo comportamento você acha censurável.

• *Que coisa horrível foi aquilo.* Nada é horrível, exceto na mente humana. O horrível não é palpável, expressa apenas o juízo de uma pessoa sobre algo. Embora você não tenha de gostar de determinado acontecimento, é bobagem rotulá-lo de horrível e prender sua mente ao horror, como se ele tivesse acontecido. Você pode reconhecer que os incidentes que o desagradam, como um assalto, uma falência ou um desastre, ocorreram e aprender com eles. Mas lembre-se de que o mundo não avalia fatos, só serve de palco a eles. Tudo bem com o rótulo que usar para classificar fatos, contanto que o processo de rotulação não o vitime, mas chamar coisas de horríveis geralmente o imobilizará no momento presente, encorajando-o a lembrar-se do horror e, se o fato aconteceu com você, vai despertar um bocado de pena de si mesmo, o que o vitimará ainda mais.

Juízos de valor são vitimadores apenas quando nos impedem de desfrutar os momentos presentes ou quando nos fornecem desculpas inerentes para nos comportarmos de maneiras autodestrutivas. Juízos sobre a realidade que não nos vitimam, e que apreciamos, certamente devem ser feitos, enquanto soubermos que são opiniões e não a realidade em si. A palavra bela, por exemplo, é usada em juízos sobre a realidade, e achar uma flor bela, ou agradavelmente perfumada, e em seguida desfrutá-la, é sensacional. De maneira análoga, rotular um comportamento de bom, emocionante, maravilhoso, fabuloso, majestoso, refinado, carinhoso, excitante ou de milhares de outras qualidades não é absolutamente vitimador. Mas devem ser contestados e erradicados os juízos que nos mantêm imobilizados, que são confundidos com a realidade ou que tendem a atribuir a culpa pelo que somos aos outros, a Deus, ou ao mundo.

Jamais se deixe vitimar pela realidade

Observe com atenção o mundo e as pessoas que nele vivem. Note como o mundo funciona, observe atento todos os elementos que constituem o que chamamos de realidade. O que quer que veja, esforce-se para não se deixar vitimar por ela. Nosso planeta funciona de formas bastante previsíveis, como também as pessoas que aqui residem. As não vítimas autênticas são aquelas que não se metem em brigas inúteis, que fluem com a corrente em vez de tentar detê-la e que tranquilamente amam e apreciam sua estada por aqui.

A realidade que vê torna-se muito interessante quando se para para desfrutá-la. Se está num deserto, o lugar é quente e arenoso. Ora, se quiser, você pode combater mentalmente esse fato, ou queixar-se, mas o deserto continuará a ser quente. Mas você tem também a opção de olhar em volta com novos olhos e começar a apreciar o deserto pelo que ele é. Pode sentir seu calor e deixar que penetre em seus poros. Pode ver e ouvir pequenos lagartos correndo por toda parte, apreciar uma flor de cacto, observar um falcão voando majestosamente. Há centenas de maneiras de apreciar o deserto se não o achar chato, se não queixar-se do calor, ou se não desejar estar em outro lugar e sucumbir a toda a insensatez que ocorre quando se deixa vitimar pela realidade.

Você pode experimentar uma tempestade de diversas maneiras. Pode temê-la, esconder-se dela, condená-la, praguejá-la, e todas essas opções o privarão da oportunidade de experimentar esse momento da vida de uma forma gratificante e realizada. Mas pode também se descontrair, senti-la no corpo, escutá-la, cheirá-la, acariciá-la, e deliciar-se com a excepcionalidade de tudo aquilo que uma tempestade pode ser. Quando a tempestade passar, você pode sintonizar com as aberturas no céu quando novas nuvens se formarem, observá-las, notar como os ventos as tangem, acompanhar suas formas mutáveis e, interminavelmente, apreciar a realidade de cada momento.

Da mesma maneira, pode optar por apreciar a realidade de uma festa, uma reunião de comissão, uma noite sozinho, um balé, um jogo de futebol ou saborear uma refeição.

Qualquer que seja a realidade, e você pode considerar a maioria de suas realidades como resultado de suas opções, você pode transformá-la em uma experiência gloriosa ou pode ser vitimado, se não se harmonizar com ela e julgá-la em termos irreais. Pense nisso: é a mais pura bobagem se permitir ser contrariado ou imobilizado por situações que sua perturbação não poderá mudar. A conclusão para a pessoa sensata é óbvia.

Se você pode ou não ser perturbado pela realidade, resolver ficar transtornado é claramente uma completa loucura.

Henry David Thoreau, à margem da lagoa de Walden, escreveu: "Nunca ajudei materialmente o sol a se levantar, mas, não duvide, foi da mais alta importância apenas estar presente." Esta é a atitude da não vítima. Esteja presente e aprecie. Reduza seu ritmo. Reconheça a insensatez de ficar chateado com o que simplesmente existe. Deixe de pensar que há essa tal coisa de dias ruins. Não se engane. Dias apenas existem. A quarta-feira não se importa se você gosta dela ou não, continuará apenas a ser quarta-feira. Suas opiniões a tornam ruim apenas para você.

Como suas convicções podem agir contra você

> "É minha convicção, Watson, baseada em experiência, que os becos mais sórdidos e vis de Londres não têm uma história mais pavorosa de pecado do que o belo e sorridente campo."
>
> Sir Arthur Conan Doyle
> *As aventuras de Sherlock Holmes*

O famoso detetive particular diz uma verdade inquestionável na pequena citação. As coisas que surgem sob a rubrica de crenças, ou convicções, tais como pecado, estão onde você as encontra. Você peca apenas se acreditar que faz isso e todas as pessoas neste mundo podem julgar o suposto pecado da maneira que quiserem.

Suas crenças o vitimarão apenas se conseguirem, de alguma maneira, impedir que você seja eficaz no momento presente. Embora a maioria de suas crenças sobre realidade seja exata e útil para mantê-lo como indivíduo em pleno funcionamento, muitas delas induzem ao erro e podem ser destrutivas.

Vejamos três dos tipos de crenças mais representativas e gerais sobre a realidade e que podem ser vitimadoras, principalmente porque não refletem a realidade como ela é.

1. *Bom e mau*. Se você acredita que a realidade contém opiniões de outras pessoas sobre o que é bom ou mau, da mesma forma que contém coisas que são vermelhas ou verdes, e passa seu tempo julgando ou tentando adivinhar qual é qual, você acaba de aceitar intermináveis frustrações ou sentimentos ainda piores. Bom e mau são juízos a respeito do que existe no mundo e se baseiam em geral em suas preferências pessoais. As coisas de que gosta ou com que concorda, você chama de boas e o restante, de mau. Por isso mesmo, quando conhece alguém diferente de você, em vez de rotulá-lo como diferente, pode etiquetá-lo de mau, justificando odiá-lo, combatê-lo ou ser abalado por ele. Quando encontra obstáculos no caminho, defeitos em produtos, buracos na estrada etc., pode classificá-los de maus, pensar que existem bolsões de maldade em toda parte e, assim, justificar seu pessimismo e sua melancolia. E pode igualmente ser vitimado pelas opiniões de outras pessoas sobre o que é bom ou mau, quando aplicadas a você. Se alguém pensa que seu comportamento é realmente mau, e pressiona-o a mudá-lo apenas por esse motivo, você deverá estar preparado para receber um ataque barato e vitimador, sem fundamento.

Pessoas vivem rotulando as coisas de boas ou más, quase como uma maneira de julgá-las e de esquecê-las, em vez de experimentá-las plenamente. "Isto tem um cheiro ruim." Pensemos um pouco no conceito de cheiro ruim. Você talvez não goste de um dado cheiro e talvez isso aconteça porque o corpo está lhe dando um aviso, por exemplo, de que aquilo que você cheira não seria bom para comer. Na realidade, porém, um cheiro jamais é mau. Analogamente, pessoas dizem que gatos são maus porque caçam aves. Mas gatos não sabem ser outra coisa que não gatos. Mau não é palavra que se aplique a animais, uma vez que eles só fazem o que sabem fazer. Gatos caçam instintivamente e, se os rotula de maus por caçarem, isso nada mudará, somente irá contribuir para vitimá-lo com expectativas de uma realidade que jamais existirá, independente de como a rotule. Se está sendo vitimado pela rotina do bom/mau, pense em vez disso em termos de benéfico/pernicioso, legal/ilegal, eficaz/ineficaz, funcional/não funcional, dicotomias baseadas na realidade que podem ter significado real na vida.

2. *Certo e errado.* Mais uma vez, o homem inventa termos para dizer que esse comportamento é certo e aquele é errado, que este fato é certo ao passo que aquele é errado. A realidade, porém, dispensa tais julgamentos. Se alguém o convencer de que você está errado, moralmente ou não, ele poderá manobrá-lo até você se comportar da maneira "certa", que é com frequência apenas a maneira como a maioria das pessoas se comporta. Qualquer observador logo perceberia que o comportamento tido como certo de uma pessoa é o errado de outra, e vice-versa. Trata-se meramente de um juízo de valor.

Muitas pessoas foram enviadas para morrer em guerras estúpidas porque era "a coisa certa a fazer", mesmo que ambos os lados acabassem apertando as mãos depois de tudo terminado. Em geral, as pessoas acreditam que a lealdade a um país, a um time, a uma escola, ou ao que quer que seja, está sempre certa, sendo definitivamente errado ter opinião contrária. Assim, dizer palavrão é errado, como bocejar, espirrar, contorcer-se ou mexer no nariz. Por quê? Porque pessoas resolveram desestimular esse comportamento e não porque haja alguma coisa inata ou sempre errada em qualquer uma dessas atividades. Você não tem de decidir se seu comportamento é certo ou errado, mas se é eficaz ou ineficaz na perseguição de objetivos legítimos. Uma maneira de descobrir o que se esconde por trás dessa história de dizer que você está errado é exigir de seu acusador que substitua o errado por alguma descrição de seu comportamento, provando que você está vitimando alguém. Se ele não pode fazer isso, ou simplesmente não sabe o que seja "certo" ou "errado", está tentando vitimá-lo.

3. *Belo e feio*. Quando aplicados a pessoas, esses julgamentos constituem pura irrealidade em sua forma mais cruel. Na verdade umas pessoas não são mais bonitas ou mais feias que as outras; são apenas diferentes. Um nariz grande não é feio, a menos que você resolva classificá-lo assim. Ser cabeludo não é feio, assim como ser baixo, alto, gordo, magro, preto ou branco. Quando a beleza se transforma em algo discriminador, pode ser usada por alguns para vitimar e diminuir os outros. Mas você não tem de concordar com isso se não quiser, e, menos ainda, usar termos que só servem para tornar pessoas superiores ou inferiores com base numa suposta beleza ou feiura. Se está vitimando-se por crenças equivocadas sobre sua aparência, que são na verdade as crenças de outras pessoas, então se livre desses rótulos ou devolverá ao mundo uma opinião irreal, quase sempre destrutiva para você.

Certa vez, Mark Twain escreveu: "O homem é o único animal que enrubesce, ou precisa enrubescer". Você acha que ele sabia que o enrubescimento era uma reação a um julgamento da realidade e que uma vez que os animais apenas sabem aceitá-la como é, sem julgá-la, eles são incapazes de se sentir envergonhados a respeito de alguma coisa? Embora não queiramos ser reduzidos às limitações que os animais enfrentam, bem faríamos se examinássemos com mais atenção seus comportamentos e se aprendêssemos a respeito de nos vitimar por crenças sobre a realidade.

Uma lista que não existe na realidade

Apenas por diversão, dê uma olhada na lista de palavras e frases a seguir. Todas elas são juízos de valor sobre coisas que não existem na realidade, mas sem as quais a maioria das pessoas julgaria sua existência impossível. Você, realmente, precisa dessas crenças?

desastres	uma pessoa perfeita
sorte	um tipo estúpido
o "povo exige"	uma atitude normal
erros	uma garantia
quase	um vestido horroroso
um mau cheiro	um penteado deslumbrante
o melhor vinho	você não devia ter...
para sempre	palavrões
um belo dia	gramática incorreta
carreira bem-sucedida	um magnífico ser humano
uma bela mulher	gosto exagerado
uma vista horrenda	péssimos modos
a maneira certa	um pouco grávida
um bom menino	um jogo depressivo
uma pessoa burra	um pão de qualidade inferior
uma morte não merecida	uma personalidade fraca
um sério acidente	uma exibição revoltante

Lembre-se de que não estou julgando o uso desses conceitos, mas apenas negando que existam na realidade. Todos são julgamentos sobre a realidade e, se esse julgamento não é autodestrutivo, vá em frente e julgue, mas, se vitimá-lo, mesmo que pouco, saiba que precisa contestar suas crenças e adotar outras que não apenas tenham base na realidade, mas que sejam também enriquecedoras.

Desenvolver uma mente tranquila como meio de obter uma perspectiva da realidade

Assim como o corpo precisa de uma sensata alternância entre exercício e descanso para ser sadio e funcionar plenamente, o mesmo acontece com a mente. Aprender a tranquilizar a mente e torná-la inteiramente livre de pensamentos, análises, elucubrações e lembranças constantes do passado constitui uma habilidade sumamente importante a cultivar, enquanto se esforça para reduzir seus juízos autodepreciadores sobre a realidade.

Pensar pode ser uma doença quando em excesso. Um grande número de clientes meus apresentava a "síndrome da mente inquieta", e sob seu domínio analisavam o mundo até a morte, não se permitindo a liberdade de um momento tranquilo, desprovido de pensamentos. A realidade é mais bem apreciada na ausência de pensamento, o indivíduo somente vivendo e experimentando.

Recorde-se da experiência mais bela que já teve. Enquanto relembra, pergunte-se: o que a tornou tão especial? O fato de que esteve tão imerso nela que nem mesmo se tornou consciente do que poderia estar pensando sobre ela enquanto acontecia. Qual foi a maior experiência sexual que teve na vida? Qualquer que tenha sido a ocasião, durante a experiência concreta você esteve tão absorvido no fazer, no amar, que sua mente não tomou conhecimento de estar passando por um grande momento, mas, em vez disso, esteve fechada a todas as análises e reflexões. Você deixou que seu corpo fizesse o que sabia fazer, isto é, ter uma bela experiência amorosa, sem remoer o que, como, por quê, ou qualquer outra atividade da "mente ativa".

A grande ênfase que nossa cultura vem dando à meditação constitui a expressão de um desejo natural de aprender a descansar a mente em meio às frenéticas atividades do mundo moderno e ainda continuar capaz de funcionar. Meditação não é uma disciplina esotérica que implique gastar tempo (e dinheiro) com um guru especializado, que lhe transmita os segredos de mestres antigos. A meditação é um processo muito simples que lhe permite aliviar as tensões, as preocupações, do estresse de sua mente sobrecarregada, unicamente fazendo-a relaxar e ficar em silêncio. Para alcançar esse estado, você pode concentrar-se numa cor, no vazio total, ou repetir lentamente um único som, com exclusão de qualquer outro pensamento. Quando sentir que seu campo mental está sendo invadido por um de seus pensamentos dominantes, não permita a sua entrada: literalmente, empurre-o para fora, dizendo-lhe que pode esperar até que acabe o período reservado para a meditação. O período pode ser de 15 segundos, para principiantes, a 20 minutos, depois de obtida alguma prática. Esse tipo de relaxamento mental é tão importante como relaxar regularmente o corpo, e você tem o poder de fazer isso quando quiser.

Ser e pensar em ser

Aprender a ser é realmente o processo de aprender a não pensar. "Ser" significa apenas permitir a si mesmo tomar parte numa atividade e fazer o que lhe for natural, sem qualquer estímulo ou perseguição da mente avaliadora, analista, planejadora. Se, por exemplo, ensinar seu corpo a realizar uma tarefa, a mente o inibirá na execução se estiver pensando constantemente no que está fazendo.

Pense numa atividade diária, como dirigir um carro. Depois de, pensando e praticando, aprender a dirigir, você não pensa mais no que seu corpo faz enquanto dirige. Você só deixa que ele faça o que sabe fazer. Para fazer uma curva, o pé deixa o acelerador e passa ao freio para reduzir a marcha e suas mãos giram o volante de maneira tal que o carro rode suavemente em torno de uma esquina, permanecendo na via, sem tocar o meio-fio e assim por diante. Em seguida, deixa o volante retornar à posição anterior, acelera novamente etc. Se começasse a pensar e a preocupar-se com cada pequeno movimento, provavelmente interromperia a fluidez dos movimentos e perderia a coordenação. Você, sem dúvida, conhece motoristas que prestam sempre atenção na maneira como dirigem, que parecem não ter ultrapassado a fase hesitante e desajeitada da aprendizagem. Eles parecem fazer pontaria com o carro, guiando, nervosamente, como se o carro fosse saltar da estrada a se der a chance. Preocupam-se com cada volta, com a mão da rua, com a velocidade, em suma, não são competentes ao volante porque não aprenderam a dirigir sem pensar no ato em si.

O mesmo princípio aplica-se à prática de todos os esportes, do tênis e do basquete ao pingue-pongue. Você faz suas melhores jogadas no tênis quando não pensa nelas. Se tranquiliza a mente e deixa o corpo fazer o que sabe, fará grandes cortadas, notáveis arremessos, e assim por diante. Como você sabe, o tênis costuma ser chamado de jogo mental e treinadores estão sempre falando em atitudes mentais. Os melhores jogadores são os mais relaxados mentalmente, o suficiente para não se sentirem nervosos ao jogar, e que podem deixar o corpo fazer aquilo que o treinaram para fazer.

Observei muitas partidas de tênis entre desafiantes e campeões, nas quais os primeiros obtiveram no início grande vantagem, principalmente porque apenas partiam para atingir a bola. Intimamente, nem mesmo sonhavam em ganhar e, por isso, não se preocupavam. Mandavam a bola para a frente, somente deixando o corpo jogar. Mais tarde, depois de construir um placar considerável, começavam a pensar. Poderiam mesmo vencer. A partir desse momento, tinham algo a defender e começavam a pressionar, a empurrar, a mente assumia o controle, passava a comandar as jogadas, tentava guiar a bola e, em um breve espaço de tempo, estavam perdendo. Se tivessem permanecido relaxados, com a mente tranquila, e deixado somente o corpo jogar, na certa teriam conservado a vantagem que conseguiram ao fazer justamente isso. Como dissemos antes, é como se você não pudesse pensar em vencer, se quiser vencer.

Grandes campeões em todos os esportes agem naturalmente, sem pensar, porque treinaram o corpo para responder de imediato às necessidades do jogo num dado momento, sem distrações. Afirma-se que a concentração é o caminho, e é o oposto de remoer, analisar, decompor todos os aspectos de um problema, assemelhando-se a meditar e não a pensar ou teorizar. Rick Barry era capaz de acertar 90 por cento dos lances livres numa quadra transbordante de pressão de basquete profissional porque não pensa em cada movimento que tem de fazer, não tem de pensar na pressão que há sobre ele ou em qualquer outra coisa. Johnny Unitas não pensava no que fazer com o braço, com as pernas, com os dedos etc., todas as vezes em que dava um passe. Grandes atletas não reservam tempo para pensar em fracassar, não mais do que você faz quando casualmente joga uma bolinha de papel num cesto de lixo.

Bem, você pode adotar o mesmo tipo de enfoque em todos os esportes que praticar e, na verdade, em todos os jogos da vida, grandes e pequenos. Se tem uma cortada péssima no tênis, mas, de vez em quando, arremessa uma elegante bola inconsciente por cima da rede, que se aninha num canto do adversário, marcando ponto, saiba que isso é algo que seu corpo sabe como fazer, contanto que você pare de interrompê-lo o tempo inteiro. Tornando-se "inconsciente" você deixa aflorar sua proficiência real e natural. "Inconsciente", na realidade, pode ser traduzido como não pensar enquanto joga, apenas deixando o corpo jogar.

As atividades sexuais são outro campo no qual a mente tranquila é necessária para integrá-lo na participação simples, sem julgamento, da realidade. Você já ouviu falar em ser necessário alguém ensinar um rapaz de 14 anos a ter uma ereção? Claro que não. Mas, provavelmente, já ouviu falar em alguém ter ensinado a executivos de 40 anos a se lembrar de como ter ereções. A impotência, como outras falhas do comportamento natural, é em geral causada por preocupações, distrações, apreensões, conflitos: ter, em suma, uma mente que não o deixa desprender-se de outras coisas, tais como os problemas do trabalho, que não permitem ao corpo fazer aquilo que sabe fazer melhor que ninguém. A ironia da maior parte da terapia sexual é que ela se concentra em ensinar as pessoas a deixar de se preocupar com o desempenho sexual e, dessa maneira, remover as pressões que aplicam a seus corpos por meio da mente ativa e insistente, que pode facilmente bloquear o funcionamento do corpo. Se simplesmente ficar com sua parceira e desfrutar do sexo, em vez de deixar que a mente vagueie em todas as direções, você terá as maiores experiências sexuais de sua vida.

É fato bem conhecido que não remoer os sintomas de muitas doenças físicas realmente os reduz: enquanto você não fizer coisa alguma para agravá-los. A meditação é cada vez mais usada, com o acompanhamento de exercícios bem dosados, em vez de medicamentos, para romper os ciclos de dor-tensão, mais-dor-mais-tensão das dores crônicas na coluna. E veja também o caso do resfriado comum. Pensando no resfriado, falando nele, desfrutando-o, você com toda probabilidade lhe reforça os sintomas, que seu corpo naturalmente suprimirá, se tiver coisa mais importante a fazer.

Howard ia dar seu primeiro salto de paraquedas. Saiu de casa com um forte resfriado: nariz escorrendo, tosse e sinusite. Chegou ao aeroporto e, de repente, viu-se por inteiro na perspectiva do salto. Teve de escutar o mestre de saltos e revisar todas as instruções, subir para o avião, ajustar o paraquedas, contar os segundos, passar para a plataforma de salto, colocar o corpo em posição correta, e tudo mais. Passou duas horas inteiramente envolvido na emoção e no entusiasmo do processo de saltar. Ao retornar ao carro para a longa viagem de volta para casa, passado o desafio e a atividade, percebeu subitamente, pela primeira vez em duas horas, que o nariz estava escorrendo. Durante o envolvimento total na atividade de saltar de paraquedas, a mente se esquecera do resfriado, enquanto o corpo ainda combatia o resfriado, da mesma maneira que medicamentos feitos pelo homem fariam.

Certa vez, tive uma cliente com um problema de descontrole intestinal. Ela sabia que seu caso era psicossomático porque as crises só ocorriam quando precisava fazer coisas desagradáveis. Era literalmente obrigada a planejar suas atividades em torno de banheiros, e sentia pavor de dirigir por longos percursos, por temer não ter um por perto. Depois de vários meses aprendendo a tranquilizar a mente, deixando de pensar na diarreia e em tentar combatê-la, o que lhe agravava ainda mais a tensão e o estado, superou o problema.

Esse tipo de estratégia de não pensar, quando o pensamento é contraproducente, pode ser muito útil na eliminação de diversas enfermidades. Embora, obviamente, ela não seja um substituto do tratamento médico adequado, quando a causa do problema é puramente mental, ou quando a mente pode agravar os sintomas de um problema físico além de todas as proporções de sua gravidade real, aprender a relaxar, deixar de pensar e, simplesmente, viver, podem ser um antídoto muito eficaz contra males físicos.

Comer em excesso e fazer dieta são ótimos exemplos da maneira como o excesso de atividade mental pode vitimá-lo. Seu corpo sabe como descobrir o peso ideal de que precisa. Se está obeso, isso em alguns casos se deve à sua mente, e não a quaisquer deficiências corporais. Se deixar de idolatrar a comida e resolver parar de comer quando o corpo não tiver mais fome, você jamais terá de pensar em dieta. Seu corpo geralmente se satisfaz com apenas algumas garfadas. As dores físicas da fome desaparecem. Mas você continua a comer porque tem uma mente ativa, orientada para a comida. Talvez diga a si próprio que deve comer tudo o que há no prato, que é hora da refeição, que se não comer uma tonelada agora terá fome novamente dentro de 20 minutos, que o assado está uma delícia, que o sundae está divino etc. Você espera estar com um apetite de lobo; tem um medo irracional da fome; mesmo quando suas expectativas de fome são atendidas, continua morrendo de fome. Na realidade, porém, seu corpo está sendo submetido à engorda e violentado, e você sabe disso.

Uma das maneiras mais úteis de perder peso consiste em pôr uma única colher de comida no prato, de cada vez. Depois de cada garfada, pergunte a seu corpo se ele ainda está com fome. Se não estiver, pare nesse exato momento e não coma mais nada até que ele queira. Alimente-o apenas o suficiente para satisfazê-lo. Corpos não gostam de ser obesos, barrigudos ou inchados. É doloroso comer demais. Se você tranquilizar sua mente glutona, observar os muitos sinais que o organismo emite e acabar com esse comportamento de empanturrar-se, dará uma trégua ao seu corpo. E ele o recompensará ajustando-se a seu peso normal. Todas aquelas sensações de aperto, cólicas, aquela respiração arquejante quando sobe escadas ou aquelas dores provocadas por gases são sinais do corpo para que o deixe comer em paz apenas aquilo de que necessita para funcionar. Tranquilize a mente no que se refere à ingestão de alimentos e logo se mostrará o espécime fisicamente apto que realmente é, e que está escondido sob um exterior autodestrutivo, orientado para a gordura.

Vários tipos de gagueira fornecem exemplos notáveis do que pode fazer a técnica de tranquilização da mente. Em praticamente todos os casos, esses tipos de interrupção do funcionamento físico normal são questões da mente e não orgânicos. A gagueira surge do costume de a pessoa falar consigo mesma de formas que resultam em meios antinaturais de comunicação.

Sheldon foi gago crônico a vida inteira. Como tantos gagos, tinha um medo de falar incorretamente que retroagia à juventude. Seus pais, críticos e perfeccionistas, não admitiam erros ou besteiras, nem sequer conversa fiada. Na infância, fora repetidamente corrigido, com o resultado de que punira os pais tornando-se gago. A única coisa que eles não poderiam controlar era sua maneira de falar.

Sheldon conservou o hábito de gaguejar até os 42 anos. Era o tipo clássico de mente muito ativa no tocante à gagueira. Sempre pensava antes de falar e, em consequência, não permitia que o corpo fizesse o que sabia perfeitamente fazer, que era falar sem hesitação ou erros. Seu primeiro projeto consistiu, por isso mesmo, em deixar de pensar antes de falar e dar-se ao luxo de gaguejar se o corpo quisesse isso, sem ficar preocupado com o que outras pessoas poderiam dizer. O objetivo era dar a si mesmo o dom mental de poder gaguejar sem avaliar-se, sem ter de verificar se falhara ou se fizera alguma coisa errada. Teve de aprender que falar de qualquer modo era simplesmente falar e que a ideia de que tinha de ser feito de uma maneira dita certa era um julgamento sobre como falar.

Logo que começou a tranquilizar a mente e permitir que as palavras viessem naturalmente à boca, Sheldon se pôs a fazer notáveis progressos. No momento em que não lhe importou mais a maneira como falava, ironicamente começou a acabar com a gagueira. A tranquilização da mente libertou-o também da autodepreciação, que fora seu estilo de vida desde os 3 anos.

Em quase todas as situações da vida, logo que ensinar o corpo a se comportar, empregando os processos de pensar, repensar, treinar e corrigir, chegará também o momento de parar e deixar que ele faça o que lhe ensinou a fazer, sem a interferência do pensamento persistente. Ironicamente, o fato de se soltar vai melhorar mais que prejudicar seu desempenho. Todos os grandes mestres sabem que os seres humanos precisam agir naturalmente se quiserem dominar algo. Em todas as ocasiões em que estresse é imposto a um organismo, venha de dentro ou de fora, a mente trabalha contra os próprios objetivos. O estresse é a "casa dividida contra si mesma" do organismo. A propósito, o romancista inglês Charles Kingsley escreveu as seguintes palavras sobre o ato de pensar, como causa destrutiva e sintoma do sofrimento humano:

> Se quer sofrer, pense em si mesmo; no que quer, no que gosta, no respeito que os demais devem lhe demonstrar; no que pensam de você; e nada mais será puro para você. Você estragará tudo em que tocar; encontrará pecado e sofrimento em tudo o que Deus lhe enviar; e será tão infeliz quanto escolheu ser.

Eis aí, novamente, a palavra "escolher". Você tem a capacidade de escolher não ter uma mente que trabalhe para impedir que desfrute da realidade.

Algumas técnicas com base na realidade para eliminar juízos de valor contraproducentes

Decida você fazer ou não algo a respeito de suas crenças ou convicções, a realidade continuará a ser exatamente o que é. Se puder tornar-se mais consciente do que constitui uma crença sobre a realidade, e se descobrir que ela o prejudica, poderá mudá-la, aceitar e compreender o que há no mundo em vez de desperdiçar a vida avaliando, julgando e deixando-se abalar por isso. Vejamos algumas medidas específicas que pode tomar, a fim de se tornar seu próprio "especialista em realidade".

• Comece por acreditar que pode controlar suas atitudes em relação a qualquer situação. Se as atitudes são suas, e de mais ninguém, você as comanda e não tem de continuar com aquelas que se opõem a você. Se persistir na ideia de que não pode modificar o que pensa e sente, e que é dessa maneira que foi programado, então ficará paralisado onde se encontra agora. Decida que atitudes tomar, em vez de ser escravo delas.

• Em certos dias, passe a si mesmo "deveres de casa" de compreensão da realidade. Tente estudar tudo que cruzar seu campo perceptivo em vez de deixar simplesmente que o passe para trás. Registre quanto puder do mundo em sua consciência. Não pense que tem de fazer alguma coisa com isso, a não ser experimentá-la. Se está num carro, note a maneira como funciona o tráfego, quem está à sua frente, a parte interna do carro, os acidentes do terreno etc. Observe os muros de proteção, a disposição das nuvens, a arquitetura dos prédios, a direção do vento, e tudo mais que houver para observar. Passe a si mesmo esses tipos de exercícios e não só eliminará o tédio, mas criará hábitos que, em última análise, tornarão os momentos de sua vida algo digno de apreciar.

• Reavalie o vocabulário que usa e como discute a realidade. Verifique quantas vezes por hora você usa frases que refletem crenças, e não a realidade. Quantas vezes diz que as coisas são horríveis, que teve um dia péssimo, que ele ou ela não vale nada, que ele ou ela é feio? Esforce-se, um momento de cada vez, para se corrigir quando se tornar destrutivamente crítico. Mudando o comportamento verbal, você mudará atitudes para aceitar a realidade como ela é, e descobrirá que, paralelamente, eliminará muita contrariedade que pode ser evitada na vida.

• Quando ouvir alguém defendendo ideias de que discorda violentamente, elimine a violência de sua reação interna. Por que ficar irado com o fato de que a pessoa não encara a realidade como você? Todas as pessoas são diferentes e quanto menos tempo passar aborrecido com esse fato, mais sadio você será e maior domínio terá sobre sua vida. Se ficou aborrecido com alguma situação e sabe que poderá superar isso, esforce-se para fazê-lo mais rapidamente. A técnica de "redução de tempo" vai ajudá-lo a se reprogramar para não permitir que o que já aconteceu o paralise de verdade. No fim, irá adquirir o hábito de não se contrariar com o que não pode mudar, e aprenderá a agir, em vez de ficar emburrado.

• Seja pessoal a respeito de sua realidade. Experimente ver as coisas diferentemente dos demais. Se eles resolverem ficar aborrecidos por causa do que você resolveu apreciar, ignore-os. Deixe que chafurdem no sofrimento, se é isso o que querem, mas você pode fazer a opção consciente (que, no fim, se tornará inconsciente) de desfrutar cada momento da vida. Lembre-se do famoso verso de Walt Whitman: "Para mim, cada hora de luz e sombra é um milagre. Cada centímetro cúbico de espaço é um milagre."

• Reduza a tendência de avaliar, atribuir valor, analisar e interpretar o mundo e substitua essa atividade inútil por agir, desfrutar, viver e amar. Faça isso um minuto de cada vez, controlando-se no processo valorativo, e nesse momento diga a si mesmo que não tem de descobrir o que significa, que pode simplesmente apreciar a delícia desse minuto.

• Há muito tempo você aprendeu a atribuir grande valor a notas e ao sistema de aferição de competência. No tempo de jovem estudante, ensinaram-lhe que as coisas tinham valor apenas se os professores lhe dessem altas notas; do contrário, nada valiam. Na realidade, porém, o processo de atribuição de notas é disparatado, uma vez que nada nesse mundo ocorre em melhores ou piores termos. Você será para sempre martirizado com as classificações de desempenho ou atividade se acabar medindo a vida em "termos escolares", tal como "vou dar a esse dia uma nota oito", inconscientemente ou não. Esqueça essa preocupação neurótica com atribuição de pontos, que aprendeu quando criança, e limite-se a agir. Se continuar a manter o "sistema de notas", como parte de sua vida, entre outras coisas, você desenvolverá o hábito de permanecer longe de tudo em que não possa "conseguir um dez" e, como consequência, perderá praticamente todas as coisas boas da vida. Você pode ter sido convencido no passado que um dez dava valor a tudo. Se assim foi ludibriado e se sentiu provavelmente contrariado quando não obteve um dez, não tem de continuar a ser enganado atualmente.

• Não considere todos os seus relacionamentos como situações permanentes, mas como decisões que toma a cada momento, a fim de renovar o que existiu até o presente instante. Em suma, se esqueça da palavra *relacionamento.* Reconheça que só pode viver com uma pessoa nesse momento e, como quer que o momento seja gratificante, vai fazer com que isso aconteça agora. Toda essa conversa de permanência pode perder o sentido num único segundo com a morte de um dos parceiros ou com a decisão de um dos dois de não continuar o relacionamento. Mas por que se desalentar por não haver uma permanência ideal, quando pode ser feliz neste momento?

• Aceite o fato de que haverá sempre esnobes, chatos, excêntricos, criminosos, gente preconceituosa, enfim, todos os tipos que o desagradam. Em vez de avaliá-los como maus e amaldiçoar o mundo por tolerar tanta "maldade", lembre-se de que eles provavelmente também o consideram mau, e que se pudessem fazer o que querem (o que não podem), provavelmente gostariam que você e sua espécie fossem eliminados deste planeta. Basta conceder-lhes sua realidade separadamente e não permitir mais que a própria existência dessa gente manipule suas emoções.

- Deixe de ocupar sua mente com os outros. Livre-se da ilusão de que seus filhos, cônjuge, amigos ou sócios lhe devem algo apenas porque vivem com você, trabalham com você ou para você. Você jamais será dono deles e, felizmente, tampouco poderá fazê-los pensar à sua maneira simplesmente porque os intimida. Munido desse conhecimento, você pode se libertar de muita dor de cabeça e de vitimação imposta por si mesmo, deixando que eles sejam o que são. Pode oferecer orientação aos mais jovens ajudar aos que a quiserem, mas nunca, jamais, alguém será propriedade sua, e, por mais que isso o aborreça, não vai alterar essa realidade.

- Recuse-se a permitir que o corrijam e elimine qualquer tendência que possa ter de corrigir os outros, ou seja, a obrigá-los a agir da maneira que você define como certa. Corrigir constantemente a fala de outras pessoas, por exemplo, ou fiscalizar as histórias que elas contam, corrigindo cada pequeno exagero ou inexatidão, é um hábito vitimador extremamente grosseiro. Quando as corrige o tempo inteiro, envia sinais de que sabe como deviam se comportar e que deveriam sempre conferir com você antes de fazer qualquer coisa. Se alguém corrigir constantemente sua fala, reclame: "Você acaba de me corrigir outra vez, sem razão alguma. Você acha que sabe como eu devo falar?" Ou tente: "Você entendeu o que eu disse? Se entendeu, para que pensa que há linguagem? Para pessoas se comunicarem ou para brincarem de certo-ou-errado o tempo inteiro?" Esse tipo de postura mostrará que não se interessa que sua vida seja fiscalizada e que não precisa de ninguém para avaliar sua própria realidade. Conforme vimos no exemplo da gagueira, crianças constantemente corrigidas tendem a se fechar, de uma maneira ou de outra, porque não gostam dessas intromissões vitimadoras em suas vidas. Conheci muitos pais bem-intencionados que acreditavam que corrigir continuamente filhos pequenos demonstrava sua preocupação com a comunicação, mas, na verdade, isso nada mais é do que mera intervenção, que apenas ensina às crianças a nem pensar nem falar como pessoas independentes.

- Faça exercícios para tranquilizar a mente, como os de meditação, especialmente em seus dias mais tumultuados. Expulse todos os pensamentos e permita a seu corpo e a sua mente reduzirem o ritmo e relaxarem. Você se tornará um autêntico apreciador da vida, e não alguém que, de tão preocupado em analisá-la, não pode mais experimentá-la.

Conclusão

A realidade simplesmente existe. Essa máxima filosófica e a atitude em relação à vida que a acompanha são tão importantes na sua busca de proteção contra a vitimação quanto qualquer uma das lições mais concretas dos capítulos anteriores. Na verdade, de certa maneira, é por isso que elas importam. Aprender apenas a apreciar a vida sem praguejar a realidade o tempo inteiro, assim destruir sua única chance de felicidade agora, pode ser tanto o primeiro como o último passo em sua busca da realização completa como ser humano.

9
Agir com vivacidade criativa em todas as situações

Não há caminho para a felicidade;
a felicidade é o caminho.

Você sempre tem opções. Em todas as situações, pode decidir como vai enfrentá-las e como vai sentir-se a respeito delas. A palavra *opção* tem grande importância neste capítulo, uma vez que você será encorajado a cultivar uma mente aberta a respeito de atitudes que podem tê-lo muito bem impedido de ser criativamente vivo. Onde quer que se encontre na vida, quaisquer que sejam as circunstâncias, você pode transformar a situação numa experiência de aprendizagem ou de crescimento, e recusar-se a ser emocionalmente imobilizado. Esteja num leito de hospital, na prisão, no meio de um trabalho rotineiro, numa cidadezinha do interior, nos cortiços de Nova York ou numa longa viagem – o cenário é irrelevante. Você pode estar vivo o suficiente para tirar algo da experiência ou gostar da situação em que se encontra ou, se preferir, tomar uma atitude e transferir-se para outra, mais satisfatória.

O conceito de ser criativo

Ser criativo não significa ter um talento especializado nas artes ou ser capaz de criar obras de artes. Criativo aqui nada tem a ver com música, literatura, artes, ciência ou com quaisquer das atividades típicas ligadas a essa palavra. Quando nos referimos a *existir, estar vivo*, temos em mente a capacidade do indivíduo de se lançar em qualquer empreendimento no mundo. Se consultar a si mesmo, e não a um manual ou a alguém sobre como algo deve ser feito, você pode ser criativo em qualquer aspecto. A não vítima age de modo criativo em todas as situações da vida e recusa-se a ser subjugada pelas circunstâncias em que, afinal de contas, ela mesma se colocou.

Ser criativo significa olhar em volta de qualquer ambiente onde se encontre e perguntar: "De que modo posso transformar isso numa experiência emocionante? O que posso dizer, pensar, sentir ou fazer que me traga aprendizagem e realização?" Você pode adotar esse tipo de atitude se quiser e se recusar-se a ser vitimado por si mesmo ou pelos demais.

Uma festa sem graça constitui uma situação típica na qual pessoas se vitimam porque carecem de vivacidade criativa. A conversa se arrasta e toca algum tópico banal, como a cor das cortinas, ou as gracinhas do cão no jardim. A maioria das pessoas consiste em vítimas que continuam no mesmo lugar, queixando-se a si mesmas de como são chatas as pessoas a sua volta, contrariadas e talvez até mesmo furiosas. A não vítima, porém, mantém a mente funcionando, pensa em um modo de mudar a situação ou pelo menos em não ser vitimada por ela. Sabe que dispõe de centenas de opções e começa a inventar algumas agradáveis alternativas.

Talvez se levante e permaneça de pé, enquanto todos os outros continuam sentados, de modo a causar estranheza ou curiosidade por sua atitude. Talvez pergunte: "Até que altura de um teto uma mosca pode chegar, antes de virar-se para baixo, uma vez que ela não pode voar de costas?" Ou talvez convide alguém interessante para dar um passeio, mesmo no meio da noite. Quem sabe, convidará alguém para dançar a música que estiver tocando ou fará uma pesquisa sobre os aromas favoritos dos convidados. Pode deixar a mente vaguear em sua própria viagem criativa. Ou talvez, ali mesmo, comece a trabalhar em um novo romance. Há milhares de alternativas a conversas sobre cortinas, pois a pessoa criativamente viva não será escrava das circunstâncias.

Gostar do lugar onde você se encontra

Quantas vezes você já ouviu pessoas falarem de cidades tediosas, acontecimentos chatos, lugares horríveis? A pessoa criativamente viva gosta de todos os lugares, uma vez que sua atitude é a seguinte: "Este é o lugar onde me encontro agora. Tanto posso gostar dele como não gostar e ser vitimado por minha contrariedade."

Pessoas vivem fazendo perguntas como: "Você gosta de Nova York?" Claro que pode gostar, especialmente quando está em Nova York. Se for a Bismarck, Birmingham ou Bethesda, poderá gostar também. Localizações geográficas são simplesmente lugares, pedaços de terra com certas características próprias e, naturalmente, você lembra, pelo que leu no capítulo 8, que lugares não são desagradáveis, são apenas julgados assim pelas pessoas.

Você pode gostar da rua onde mora, da sua casa, da festa em que se encontra, da companhia que tem, especialmente quando reconhece que os lugares onde se encontra são, em 99 por cento dos casos, opções suas e apenas um por cento puramente circunstancial. Você sempre decide em que local estará. Se é assim, o que ganha indo a lugares dos quais não vai gostar? Se está em um lugar onde preferia não estar, mas do qual, por questão prática, não pode sair, como uma prisão ou uma reunião, de que adianta não gostar dele, se não tem a opção de ir para algum outro lugar?

Esforce-se para romper o hábito vitimador de não gostar dos lugares onde optou por estar. Crie para si mesmo oportunidades de ser criativamente vivo, em vez de machucar-se com queixas, que só lhe trarão mais antipatia pelo lugar onde se encontra.

A VIDA É UMA SÉRIE DE EXPERIÊNCIAS, E NÃO UMA EXPERIÊNCIA ÚNICA

Muitas pessoas se vitimam ao considerar a vida uma experiência única, a ser julgada como um todo, que seria bom ou mau. Se uma pessoa teve uma série de experiências más, julga a vida como má.

A vida, porém, não é uma experiência única. A vida muda constantemente e todos os dias de sua vida, cada momento, constituem algo inteiramente novo, que nunca existiu antes e que pode ser usado de incontáveis novas maneiras se resolver considerá-los assim.

É raro os que encaram a vida como uma experiência serem felizes porque, consciente ou inconscientemente, estão revendo e julgando de forma contínua, o que já os coloca contra a realidade e os faz desperdiçar o agora. Normalmente, acham que algumas pessoas têm sorte por levarem uma vida feliz, enquanto a eles couberam vidas infelizes. Ficam imobilizados porque acreditam que não exercem controle sobre seu destino.

Os que consideram a vida como uma experiência contínua, porém, jogam em outro time. Entendem a vida como mutável, como algo sobre o qual podem exercer um grande controle. Tendem a procurar novas maneiras de viver, em vez de se apegar a velhos hábitos. A mudança não os assusta. Na verdade, ela é recebida de braços abertos.

Um dos momentos mais decisivos da minha vida aconteceu há muitos anos, quando, por acaso, passei 45 minutos supervisionando uma sala de aula, como professor substituto. No quadro-negro no fundo da sala estavam escritas as seguintes palavras: "O sucesso é uma viagem, não um destino."

Estudei essas palavras durante todos os 45 minutos e deixei que penetrassem bem fundo a minha alma. Até aquele dia, eu havia, na verdade, considerado a vida como uma série de destinos, de fatos, se preferir. Formaturas, diplomas, casamento, nascimentos, promoções e outros fatos semelhantes eram todos destinos, e eu seguia de um ponto de parada para outro, em vez de me considerar em viagem.

Prometi a mim mesmo naquela sala que acabaria com essa maneira de avaliar a felicidade com base na chegada a destinos e passaria a observar toda a minha vida como uma viagem em andamento, cabendo-me desfrutar cada momento dela. Aquele trabalho na sala de aula deu a este ex-professor uma das lições mais importantes da vida: não avalie sua vida em termos de realizações, banais ou monumentais, ao longo do caminho. Se fizer isso, estará condenado à frustração de procurar sempre outros destinos e de não se permitir sentir-se realmente realizado. O que quer que consiga, o levará imediatamente a planejar o sucesso seguinte, de modo a ter um novo critério de medição do quão bem-sucedido ou feliz você é.

Quando vez disso, acorde e aprecie tudo o que encontrar ao longo do caminho. Aprecie as flores, que estão ali para seu prazer. Sintonize-se com o nascer do sol, as criancinhas, o riso, a chuva e as aves. Embeba-se de tudo isso, em vez de esperar chegar a algum lugar, sempre no futuro, quando relaxar será permitido. Na verdade, o sucesso, ou seja, a própria vida, nada mais é do que momentos a desfrutar, um de cada vez. Logo que compreender esse princípio, reduzirá em muito sua postura de vítima. Deixará de avaliar a felicidade com base em realizações e passará a considerar a viagem da vida um motivo de felicidade. Ou, resumindo: não há caminho para a felicidade; a felicidade é o caminho.

Sua capacidade de ser criativamente vivo em quase todas as circunstâncias da vida dependerá em grande parte do tipo de atitude que resolver adotar. O teste mais importante do desenvolvimento da atitude correta acontecerá quando tiver de enfrentar a adversidade, e não quando a situação estiver calma.

Você pode achar muito mais fácil, ainda que mais autodestrutivo, render-se à adversidade e tornar-se vítima de sentimentos amargos. Mas se for suficientemente eficaz para não esperar ser vítima, você também pode esforçar-se para virar pelo avesso o infortúnio e fazer com que ele trabalhe a seu favor. O fundamental é ficar atento para tirar proveito das situações em que se encontra, tornando sua a expectativa de querer emergir como não vítima e procurando ativamente o tipo certo de oportunidade. Mesmo que ela não surja, você pode manter uma atitude positiva, de modo que o desalento não o siga para uma vantagem potencial.

Quando criança, você não tinha ideia de que a vida pudesse ser injusta com você, de forma que era um especialista em virar a adversidade pelo avesso e em fazer com que ela trabalhasse a seu favor. Mesmo que uma grande tempestade de neve cancelasse um programa que esperava com ansiedade, você não desperdiçava o dia considerando aquilo algo terrível. A nevasca transformava-se numa oportunidade para você ir brincar lá fora, construir fortalezas e bonecos de neve, fazer guerras de bolas de neve, ganhar dinheiro removendo-a da entrada das casas etc. Você simplesmente não tinha tempo para ser rabugento; continuava a ser criativamente vivo, então.

Em certa ocasião, você soube como transformar uma sala de aula maçante em algo divertido, inventando brincadeiras. Podia divertir-se fazendo praticamente qualquer coisa porque tinha propensão natural para ser criativamente vivo em todas as situações.

Você pode, a essa altura, ter perdido muito daquela criatividade, tornando-se vitimado por uma atitude de rendição quando algo não acontece como gostaria. E, em consequência, talvez esteja se sentindo exausto por não ser capaz daquela atitude de recuperação rápida que adotava na infância.

Virar a adversidade pelo avesso implica estar alerta para aqueles recursos evasivos que os demais usam regularmente para fazer com que as pessoas pensem que estão no buraco, de modo que é melhor desistirem e aceitarem o castigo por estarem vivas. Se uma vítima puder ser convencida de que nada pode fazer diante da adversidade, ela pode ser obrigada a esperar para sempre para começar a viver. Seguem quatro exemplos de recursos evasivos bem comuns:

1. *Trataremos do seu caso no devido tempo.* Esse é talvez o recurso evasivo em sua forma mais pura. Ele lhe diz para se acomodar e esperar, e equivale a: "Vá embora e seja uma boa e pequenina vítima." Você deve, claro, combater essas evasivas, recusando-se a aceitá-las e elaborando tranquilamente estratégias próprias para alcançar suas metas. Quer isso signifique ir procurar chefes, supervisores ou escrever cartas: você simplesmente se recusará a aceitar esses recursos, por mais que outras pessoas resolvam tolerá-lo.

2. *O cheque está no correio.* Esse recurso proverbial promete que aquilo a que você tem direito está a caminho, mas, claro, você não o recebe, pois o correio extraviou a correspondência e por isso as pessoas que lhe devem não podem ser responsabilizadas. Assim, você não tem meios de saber se o suposto cheque foi realmente enviado. O objetivo final dessa estratégia é mantê-lo desnorteado, na esperança de que desista. Se é literalmente um cheque que está esperando, você pode combater o estratagema, insistindo que outro seja emitido (o que está "no correio" sempre pode ser sustado), exigindo prova do

tesoureiro, ou do encarregado de que ele foi realmente emitido, pedindo para falar com um superior, ou o que quer que seja. Mas não permita que esse artifício evasivo o coloque em uma situação de vítima.

3. *Não é minha culpa. O que você espera que eu faça?* Ao colocá-lo na defensiva em circunstâncias adversas e isentando-se de qualquer responsabilidade, o vitimador espera obrigá-lo a ir embora. Mas você pode impedir que esse recurso o atrase, deixando claro que não está culpando ninguém, mas apenas querendo resultados.

4. *É o sistema.* Pessoas sempre querem "entrar em contato com você, no devido tempo"; alguns cheques estão "no correio" desde o começo da história; e foi, sem dúvida, algum homem das cavernas que descobriu que, se "não era culpa dele", ele podia deixar de ter que fazer alguma coisa a respeito da situação. O computador, porém, tornou-se, literal e figurativamente, a contribuição do século XX ao estoque de bodes expiatórios da humanidade para todos os tipos de enganos e comportamentos vitimadores.

As pessoas tendem a esquecer que podem sempre contornar um sistema, procurando aqueles que o alimentam com dados, por exemplo, por mais que os vitimadores possam querer que você acredite que também estão à mercê de seus insensíveis e obstinados monstros mecânicos. "Lixo entra, lixo sai", como diz o provérbio a respeito de computadores, de modo que se um computador encher você de lixo, procure as pessoas que o enchem de lixo. Lembre a elas que, hoje como sempre, a verdade é: se alguém o atinge com um martelo, a culpa não é do martelo.

Esses são quatro tipos de recursos evasivos e naturalmente uma grande variedade de temas pode e é tocada por todos eles. Mas quando a situação parecer adversa, se você estiver alerta e, que é mais importante, criativamente vivo e disposto a empreender uma ação corretiva, não terá de aceitá-las.

Não há uma única maneira de se fazer as coisas

A arte de ser criativamente vivo exige que você abandone sua rigidez tanto quanto puder. Se acha que há apenas uma maneira certa de se fazer alguma coisa, e que deve se comportar de algum modo específico em todas as situações, então você precisa não só de criatividade, mas também de espontaneidade. Se desenvolveu a fixação de fazer as coisas sempre de determinada maneira, e impôs aos demais esse padrão unilateral, você tornou-se vítima em todas as ocasiões em que as circunstâncias mudaram e foram necessários comportamentos alternativos. Mas se manteve a mente aberta e aceitou muitas maneiras possíveis de realizar a mesma tarefa, pôde conservar sua preferência por agir de determinada maneira em alguns casos sem se deixara cegar e transformá-la em imperativa ou absoluta.

Stuart tem apenas 26 anos, mas já desenvolveu a atitude da "única maneira". Embora seja extremamente competente como contador, acha cada vez mais difícil lidar com a esposa e com muitos colegas.

Numa sessão de aconselhamento, confidenciou-me que acredita firmemente que não há desculpa para se fazer as coisas "incorretamente". Na verdade, ele usava muito as palavras "devidamente", "corretamente", "certo", "preciso" etc. em seu vocabulário diário e estava resolvido a provar que a esposa e os filhos agiam constantemente de maneira errada. Queixou-se de que passava horas ensinando o filho pequeno a desempenhar tarefas simples e que, depois, se enfurecia quando o garoto se lançava a elas de maneira diversa, aparentemente "de propósito". Do mesmo jeito, a esposa parecia quase desafiadora na recusa em viver de acordo com as regras que ele baixava sobre o modo como o lar deveria ser administrado. Ainda assim, Stuart insistia para que ela fizesse as coisas da maneira dele, "a certa". Chegou a ponto de ter de dizer a ela como fazer o saldo do talão de cheques, e ficava furioso quando ela preenchia incorretamente um cheque, datava-o errado, ou fazia uma dessas coisas comuns que Stuart permitia que o deixassem louco de raiva.

Em nossas sessões de aconselhamento, sugeri a Stuart que analisasse sua própria rigidez, em vez de censurar a obstinação da esposa. Ele logo descobriu que pautava toda a sua vida de acordo com o princípio de mão única e se deu conta de que pouquíssimas pessoas de fato gostavam de sua companhia, por causa da sua grosseira insistência para que tudo fosse feito da sua maneira. Era sempre ele quem lia as regras quando participavam de jogos divertidos, como croquet ou Banco Imobiliário, e insistia na observância servil às regras, chegando com isso a estragar o divertimento das crianças. Na verdade, uma vez ele reconheceu que jogar era divertido, enquanto tudo fosse feito de acordo com as regras, mas não conseguiu admitir que pudesse ser divertido não segui-las, ou mesmo criar regras próprias, de vez em quando.

Stuart começou a fazer seus novos deveres de casa para livrar-se daquela rigidez paralisante. Foi difícil mudar, como geralmente acontece com pessoas muito rígidas, mas após alguns meses estava bastante disposto a se soltar e a permitir a si mesmo e a sua família mais espontaneidade e mais opções. No fim, suas atitudes austeras foram invertidas no trabalho, quando reconheceu a possibilidade de que o trabalho contábil não tinha de ser sempre feito do seu modo; embora, quando deixou o aconselhamento, cinco meses depois, ainda não estivesse disposto a pensar em mudar seu comportamento de contador.

Certa vez, disse Friedrich Nietzsche:

> Este é o meu caminho...
> Qual é o seu?
> O caminho não existe.

O lema acima é apropriado para pessoas que querem melhorar sua vivacidade criativa e eliminar de sua vida parte da rigidez autodestrutiva.

Se tem ligações profissionais com alguém que o vitima por ter uma mentalidade do tipo de mão única, você seria um tolo se não considerasse suas opções de acabar com esse relacionamento. Imagine, só por um segundo, os perigos de ter um advogado que não queira mudar suas estratégias ao descobrir novos dados, ou um cirurgião que, a despeito de qualquer nova evidência, continue a insistir que seu problema é o apêndice e insista em operá-lo "da forma planejada". A pessoa obstinada jamais é um autêntico profissional, mas um risco potencial que você pode eliminar de sua vida.

Analisemos um pouco mais a rigidez, que poderia ser chamada também de "inércia rotineira", em conexão com o campo crucial da medicina. Muito já se escreveu sobre o pavoroso volume de cirurgias desnecessárias habitualmente realizadas nos Estados Unidos. Mulheres, em especial, são vitimadas todos os anos por histerectomias desnecessárias, intervenções nos ovários e outros órgãos, que poderiam ser evitadas. Uma evidência disso foi o anúncio da Blue Cross/Blue Shield, da Grande Nova York, publicado na *Newsday* de 10 de novembro de 1976. Com o título "*Não cirurgia. A cura que nada tem para mostrar*", o anúncio prossegue com: "Não cirurgia. A cicatriz que não aparece porque você não entrou na faca. Não cirurgia. A opinião do segundo cirurgião que consultou e que disse que a operação não era necessária. Não cirurgia. A opinião cirúrgica pela qual não pagou, porque é o último benefício que lhe traz a Blue Cross e a Blue Shield." O texto descreve como obter uma segunda opinião médica gratuita e, em seguida, apresenta o argumento decisivo – a evidência irretorquível de que há muitos médicos tão resolvidos a fazer as coisas da maneira deles que abominam uma segunda ou terceira opinião de colegas: e seu primeiro cirurgião jamais precisará saber que você consultou outro.

Por que é necessário uma empresa de plano de saúde anunciar que pagará por uma segunda consulta ao cirurgião e omitirá essa informação do primeiro médico do paciente? Simplesmente porque muitos médicos são tão rígidos em seus raciocínios que não admitem sequer outras opiniões. Têm a chamada visão estreita, mesmo quando essa visão restrita pode ser prejudicial a você.

Obviamente, muitos cirurgiões querem e rotineiramente pedem uma segunda, terceira ou mesmo quarta opinião e parece lógico que qualquer médico capaz, disposto a admitir que é humano, fosse gostar que seu diagnóstico sobre a necessidade de uma cirurgia fosse confirmado por vários colegas competentes. Mas, de fato, as pessoas precisam desesperadamente de proteção contra a mente de "mão única" na medicina, e depois de analisar a literatura sobre os fatos cirúrgicos nos Estados Unidos em seu livro *A vontade de viver,* o Dr. Arnold A. Hutschnecker concluiu: "Hoje, reconhecemos que são multidões as vítimas de diagnósticos precoces de cirurgiões."

Nenhuma não vítima hesitaria em obter quantas opiniões fossem necessárias para que se convencesse, antes de concordar em submeter-se a uma cirurgia. E, se o médico insinuasse desaprovação, o paciente não vítima procuraria outro que colocasse a vida e o bem-estar do doente acima de sua própria vaidade e rigidez. A rigidez é também geral na educação, com exemplos variando de professores de escola certos de que só há uma maneira de ensinar aritmética, prática de laboratório e gramática a professores de faculdade que rigidamente prescrevem manuais de estilo a trabalhos de pesquisa. Você sem dúvida esteve exposto a isso pelos muitos anos que passou em escolas e, na maior parte do tempo, aceitou essa lógica ou ainda a aceita, porque, do contrário, seria vitimado por más notas, "ficaria atrasado": em uma palavra, "fracassaria". Mas não tem de aceitá-la atualmente e tampouco tem de impor a seus filhos essa mentalidade na aprendizagem.

Em todas as ocasiões em que são ensinadas que só há uma maneira de se fazer alguma coisa, pessoas são preparadas para vitimação. Nenhum escritor criativo consulta a gramática para resolver como usará sua linguagem natural. Da mesma maneira, nenhum grande artista acredita que só há uma maneira de pintar, de esculpir ou de compor. Em todas as grandes obras, a grandeza é sempre única, não lembra a de ninguém e tampouco pode ser imposta a alguém, embora possa ser cultivada. Assim, tome coragem e encoraje os outros e, de mente aberta, enfrente qualquer tarefa de uma miríade de maneiras, selecionando o método mais propício ao momento, com pleno reconhecimento de que outro enfoque poderá ser o mais apropriado no dia seguinte.

Em seu romance *Servidão humana*, W. Somerset Maugham incluiu a pequena descrição de um personagem tido como rígido: "Como todos os homens fracos, ele dava importância exagerada a não mudar de opinião."

Vítimas e vitimadores, igualmente, adotam essa maneira míope de encarar a vida, o que os impede de crescer e de deixar que os outros cresçam.

A importância da perseverança

As vítimas se rendem, principalmente à paralisia emocional, seja ela provocada por medo, raiva ou frustração. As não vítimas perseveram, sem sofrer essa imobilização. Se quer ser uma não vítima, tem de substituir sua paralisia por uma obstinada perseverança.

Conforme sugerido acima, inúmeros vitimadores agem com base na premissa de que se conseguirem enrolar por tempo suficiente a vítima que protesta, ela desistirá da luta. Diversos processos judiciais são conduzidos segundo essa estratégia. Os advogados dos vitimadores sabem que se a pessoa que os desafia não puder entrever a vitória nesse ano ou no próximo, poderá simplesmente dizer: "Que se dane tudo isso." E um dos princípios básicos de nosso sistema jurídico parece ser desencorajar a maioria das pessoas a buscar a justiça, ao fazer com que para elas a vitória raramente valha o preço que têm de pagar. Daí, você sempre tem de decidir se perseverar vale o esforço, no campo legal ou em qualquer outro, ou se o ato concreto de comprar a briga o vitimará ainda mais. Mas, se for suficientemente criativo, você poderá inventar maneiras de perseverar sem se envolver demais ou, se dispuser de recursos, poderá contratar outras pessoas para perseverarem por você...

Demonstrar que não admite ser vitimado implica geralmente escolher as batalhas em que quer lutar, em vez de evitá-las, e emitir em seguida sinais de que está disposto a ir até onde for necessário para vencer. Dificilmente será benéfico para você, e com frequência o prejudicará, dizer que vai combater algo de determinada maneira, se não estiver disposto a reforçar as palavras com atos. Na vida, como no pôquer, o blefe não adianta, a menos que você tenha a reputação de não blefar. Ralph Charell, em seu livro *How I Turn Ordinary Complaints into Thousands of Dollars: The Diary of a Tough Customer*, mostra como a perseverança dá resultados, como sua determinação e disposição de lutar até o fim deram resultados contra vitimadores potenciais de consumidores, geralmente considerados os mais difíceis de vencer. Trata-se de algo inteiramente possível para você, se quiser realmente deixar de ser vítima.

Talvez, o elemento mais importante para a perseverança como não vítima seja topar com situações sem ficar perturbado, sem intenção criminosa, ou outras emoções destrutivas que lhe desperdiçam o tempo e minam sua paciência e decisão. Considere esses choques como jogos em que pode usar sua imaginação e formular regras próprias para atingir seus objetivos, em vez de se sentir obrigado a seguir as imposições de alguma outra pessoa. Ralph Charell fala de seus complicados conflitos com uma companhia telefônica, com senhorios, gerentes de teatro, banqueiros e muitas outras pessoas. Sua mensagem é clara: "Se perseverar incansavelmente em seus esforços, jamais aceitando a ideia de ser ludibriado com evasivas, você quase sempre terminará não só alcançando suas metas, mas, em geral, excedendo em muito suas expectativas iniciais."

O fato é que as empresas e os indivíduos que habitualmente o vitimam não estão bem preparados para enfrentar pessoas perseverantes, principalmente porque são poucas as que encontram; e quando isso acontece acham mais fácil e mais prudente, uma vez que, por natureza, só provocam os mais fracos, desistir de enfrentá-las; e optam pelas vítimas mais dóceis. A maioria das pessoas age como ratos quando se trata de defender seus direitos. Vitimam-se, antes mesmo de começar, por não acreditar que possam vencer a grande empresa, ou "o homem" ou "a prefeitura". Mas você sabe agora que se trata de mitos, aos quais a pessoa criativamente viva não dá atenção. Não só é possível, mas é muito provável que você vença, se apenas saltar por cima das primeiras barreiras que colocarem em seu caminho e continuar a seguir seu plano de ação. Essas barreiras iniciais são postas simplesmente porque desencorajam a maioria das pessoas. Mas logo que você as transpõe, muitas vezes descobre, com surpresa, que são pouquíssimos os obstáculos que restam em seu caminho.

Não é necessário ser teimoso para perseverar. Sua determinação pode ter o sabor de uma simples e direta decisão de não ser vitimado. Você fará apenas o que for necessário para conseguir os resultados que busca, em vez de vitimar-se com todos os tipos de angústias e tormentos íntimos. Como, escreveu Henry Ward Beecher:

> A diferença entre perseverança e obstinação é que a primeira tem, em geral, origem num forte desejo, e a segunda em um forte não desejo.

Crianças pequenas que adotam o costume de perturbar os pais sabem que essa é a maneira mais eficaz de atingir seus objetivos. "Se eu insistir o suficiente e perturbar a mamãe o bastante para que ela me dê o chiclete, ela no fim desistirá e irá me atender." Esses pais esquecem que ensinaram os filhos a ignorar seu primeiro "não" e o segundo e o terceiro, em geral, porque os vitimam ao dizerem automaticamente não a quase todos os pedidos, na esperança de se pouparem de algum pequeno incômodo ou simplesmente para lhes impor sua autoridade. Essas crianças sabem que se pararem de reclamar, mesmo por um segundo, não conseguirão o que querem. Ora, inúmeros vitimadores, especialmente os institucionais e burocráticos, tentam agir como esses pais, e embora fique abaixo da dignidade deles abordá-lo como uma criança chorona e chata, deixam claro que você tem, no trato com eles, de aplicar essa lógica infantil. Embora isto não implique aprovar o costume de chatear os outros, esse comportamento é, às vezes, extremamente eficaz. Se não quer ser chateado, não reforce esse comportamento. Por outro lado, você pode tornar-se um chato, uma peste, uma pedra no sapato da grande empresa. Não desista. No exato segundo em que recuar, será empurrado de volta para a fila e se reunirá aos demais na lista de vítimas.

> Acredito em uma doutrina, à qual devo, não muito, mas todo o pouco que tenho, isto é, que com talento comum, e perseverança extraordinária, todas as coisas são possíveis.
>
> Sir Thomas Fowell Buxton

Ação e apatia

Ser criativamente vivo implica abandonar a postura de apatia em circunstâncias que habitualmente o imobilizariam. O nome desse jogo é ação. Fazer. Vencer a inércia e agir darão a você uma oportunidade inteiramente nova de ser criativamente vivo.

A ação é o antídoto isolado mais eficaz que existe contra a depressão, a preocupação, o estresse, o medo, a apreensão e, naturalmente, a apatia. É impossível ser simultaneamente ativo e estar deprimido. Mesmo que quisesse, você acharia difícil continuar a lamentar-se, queixar-se, refestelar-se na inércia e chafurdar na piedade por si mesmo caso se tornasse ativo e fizesse alguma coisa. Qualquer coisa! Agir simplesmente é parte importantíssima de ser uma pessoa inteiramente funcional.

Mas é preciso compreender também que a apatia não é o resultado da depressão, mas a causa. A inatividade é quase sempre mais uma escolha do que um fato inescapável da vida. A ação é também uma maneira infalível de evitar ser vitimado por si mesmo e pelos outros. Se resolver fazer alguma coisa a respeito de um problema, em vez de resmungar, estará a caminho de mudar a situação.

Diga a si mesmo: "Tudo bem, mas o que eu posso fazer?" A resposta será, na realidade, muito simples. Qualquer coisa é muito mais eficaz que nada.

Júlia, uma cliente, queixava-se amargamente de depressão o tempo inteiro. Defendia a depressão como se fosse uma aliada íntima, em vez de ser sua maior inimiga. As reações dela a meus esforços para torná-la ativa eram sempre as mesmas: "Já tentei isso e não deu certo." Ou: "Isso é besteira, meu problema é muito mais profundo que isso, e simplesmente me tornar ativa não mudará a situação."

Júlia queria descobrir explicações psicológicas profundas para seu comportamento depressivo. As respostas, porém, não eram muito profundas, nem complicadas. Ela apenas se acostumara a sentir pena de si mesma. Tinha 67 anos e não conseguia suportar ficar mais velha, de modo que tentava escapar desse fato permanecendo na cama pela metade do dia, recusando-se a sair de casa, queixando-se aos filhos e preocupando-se com uma sensação persistente no estômago, que temia que fosse uma úlcera.

Desafiou-me todas as vezes que sugeri ação como a maneira mais eficiente de livrar-se desse status de vítima imposto por ela. Expliquei-lhe que se envolver intensamente em qualquer atividade seria útil, mas a atitude dela precisava ser modificada antes mesmo que ela começasse a se mexer. Tinha de abandonar seu comportamento depressivo e compreender que era a única que sofria com as consequências de suas escolhas. Ninguém mais seria afetado com grande seriedade e certamente ninguém iria fazer-lhe companhia em suas fossas.

Quando, finalmente, reconheceu que estava fazendo tudo isso consigo mesma, ela disse que estava pronta para iniciar um plano de ação que a ajudasse a se tornar criativamente interessada na vida. No começo, quando a encorajei a escolher algumas atividades específicas, ela voltou a seus hábitos depressivos. Queixou-se, dizendo que não sabia como agir e que, por isso, nada faria. Em vista disso, dei-lhe a seguinte lista de atividades:

Passear em passos rápidos em volta do quarteirão.
Jogar beisebol.
Ir à biblioteca e conversar com a bibliotecária.
Conversar com cinco estranhos.
Praticar ioga.
Entrar para uma academia de dança.
Matricular-se em qualquer curso de educação.
Apresentar-se como voluntária em um abrigo de idoso.
Ir a um aeroporto e observar o comportamento das pessoas em suas despedidas.
Organizar uma rifa na vizinhança, no grupo de teatro etc.
Andar de bicicleta.
Ir a um clube e nadar um pouco.
Fazer uma massagem.
Ver dez filmes e fazer a crítica deles.
Dar uma festa e convidar vinte pessoas.
Jogar qualquer jogo.

Escrever um poema e um conto.
Candidatar-se a dez empregos.
Iniciar seu próprio negócio em casa.
Iniciar um jornal de bairro, um serviço de anúncios, um clube no quarteirão.
Tornar-se vendedora de algum produto.
Aprender gamão, damas, canastra ou algum outro jogo de cartas.
Cuidar de animais feridos.
Escrever dez cartas.
Trabalhar como babá.
Ir a um clube de solteiros.
Comparecer a palestras locais.
Visitar os museus da cidade.
Aprender um novo ofício, como estofamento de móveis, arranjo de flores, ou mecânica de automóvel.
Visitar uma nova cidade.
Começar a escrever sua autobiografia.
Ajudar crianças doentes.

Todas as pessoas criativamente vivas podem inventar uma lista de opções como essa, que transformará ociosidade em ação.

Júlia logo compreendeu o recado. Assumindo novas atitudes, em vez de tentar constantemente explicar por que lhe era impossível fazer alguma coisa, notou que seu estilo de vida depressivo desaparecia. Finalmente, libertou-se da dependência de drogas antidepressivas, que vinha tomando nos três últimos anos. Todas as vezes que notava estar recaindo na velha fossa, falava consigo mesma de novas maneiras. Seus pensamentos mudaram de "pobre de mim, acho que sou simplesmente uma velha e estou condenada a me sentir deprimida" para: "Não vou admitir piedade. Vou fazer alguma coisa para não ficar simplesmente sentada aqui, com pena de mim mesma." Não foi mágica que tirou Júlia de seus hábitos depressivos, mas ação.

Pessoas que resolvem ser ativas raramente são vitimadas. A pessoa orientada para a ação acabará por conseguir que as injustiças sejam reparadas, enquanto a inativa, ou a observadora passiva, será impiedosamente vitimada, irá se queixar um bocado e coçará a cabeça em desalento. O velho provérbio é verdadeiro: "Mesmo que esteja na pista certa, você será atropelado se simplesmente ficar parado."

A lógica de pessoas que não são criativas

As duas frases seguintes expressam maneiras de pensar que o impedirão de ser criativo em quase todas as situações, se deixar que isso aconteça. Proporcionam desculpas sem fundamento para renunciar à luta ante uma pequena experiência frustrante, em vez de pensar ou agir de novas maneiras criativas.

- *Não há nada que eu possa fazer!* Uma vez que diga isso a si mesmo, você estará condenado enquanto acreditar nessas palavras. Há sempre algo que você pode fazer, e seu trabalho como não vítima consiste em começar a experimentar, submeter a teste e desenvolver alternativas. Inverta essa frase e diga a si mesmo: "Embora não tenha certeza do que fazer, tenho absoluta certeza de que vou fazer alguma coisa, em vez de ficar parado e ser vitimado." Com esse tipo de atitude, você está, pelo menos, enfrentando o problema e desenvolvendo um novo hábito de ação, e não de passividade ou de apatia. Não exija de si mesmo uma solução correta. Insista, sim, em permanecer ativo e experimentar. Experimentando o suficiente, acabará descobrindo alguma coisa que funcione. Mas jamais terá a oportunidade de achá-la se, desde o início, disser a si mesmo que não há nada que possa fazer.

- *É exatamente assim que as coisas são.* Esse tipo de resignação tem origem na ideia errônea de que, porque as coisas se apresentam de certa maneira agora, você não poderá mudá-las.

A maioria das circunstâncias que vitimam seres humanos, porém, é na verdade criada por seres humanos e pode ser modificada de alguma maneira. Se houver alguma possibilidade de mudança, você vai repeli-la se disser a si mesmo que algo "simplesmente é assim". Você estará afirmando sua vitimação se passar uma hora na fila do caixa no supermercado e disser: "É assim que acontece. Ninguém pode fazer nada a respeito." Mas se diz: "Espere aí! Eu sou um cliente desse mercado e não devo ter de pagar uma hora do meu valioso tempo pelo privilégio que concedo a eles do me venderem! Vou ver o que posso fazer a respeito", então se abrem todos os tipos de alternativas interessantes. Você pode procurar o gerente, dizer a ele que não pode esperar e pedir que ele mesmo o atenda. Ou dizer a ele que vai perder muitos fregueses, inclusive você, se não abrir novos caixas. Se ele não o atender, você pode dizer que vai sair, que vai escrever uma carta à direção do supermercado falando das longas filas na loja, e que vai procurar convencer outros fregueses a fazer o mesmo. Ou você pode ir para trás do caixa e ajudar a pôr em sacolas as compras, a fim de apressar a fila. Mas nem mesmo pensará em uma dessas alternativas ou em quaisquer outras se disser a si mesmo: "Bem, é exatamente assim que funciona hoje em dia." Uma vez que mude essa atitude, você estará em condições de agir e de fazer com que coisas aconteçam.

Alguns exemplos de comportamento criativo

A seguir, alguns exemplos específicos de clientes, de amigos, da literatura e das minhas próprias experiências de vida nos quais o comportamento criativo venceu a vitimação. Eles proporcionam uma visão panorâmica de situações da vida real aplicável a todos aqueles que resolverem renunciar à paralisia e fazer com que as coisas funcionassem.

• *Procurar emprego.* Essa é uma área em que, especialmente numa época de alto desemprego, inúmeras pessoas são vitimadas porque pensam em termos limitados e procuram trabalho à maneira tradicional, confiando exclusivamente em currículos, pedidos de informações por telefone, viagens intermináveis aos mesmos velhos lugares, e em muitos casos esperança. Essas não são as melhores maneiras de conseguir emprego porque são os caminhos trilhados pela maioria das pessoas que, comportando-se "como todo mundo", têm pouca chance de se sobressair.

Sandra foi uma cliente que procurou aconselhamento com a finalidade expressa de apresentar-se a empregadores potenciais e conseguir um emprego. Contou uma longa e triste história de envio de centenas de currículos, de umas poucas entrevistas que conseguiu, e disse que jamais tivera uma boa oportunidade. Estava interessada na função de relações-públicas, mas não tinha ideia de como ser eficiente no mercado de trabalho. Expliquei-lhe que conseguir emprego é uma habilidade mensurável, exatamente como o desempenho do cargo que se consegue. Encorajei-a a abandonar suas ideias tradicionais sobre procura de trabalho e emprego e a iniciar uma reavaliação completa de suas metas, adotando novos tipos de comportamento para atingi-las.

Em novembro, Sandra me falou sobre um cargo que vagaria em fins de março, de diretora de relações-públicas em uma grande loja de departamentos, mas disse que não podia candidatar-se ainda porque o atual diretor só se aposentaria em fevereiro e não queria ofendê-lo. Insisti com ela para que abandonasse a atitude de vítima, que começasse a pensar em si mesma e a estudar a situação. Como resultado, Sandra assumiu seu primeiro risco na segunda semana de aconselhamento. Foi até a loja e conversou com o diretor sobre a possibilidade de sucedê-lo.

Ele ficou surpreso e não a encorajou e, em nossa sessão seguinte, Sandra disse que achava ter arriscado suas chances ao ter sido atirada demais.

Nada disso. Seu trabalho seguinte foi conversar com o diretor de pessoal, preencher um formulário e informar que não só estava interessada, mas determinada a conseguir o cargo. Os passos finais em sua maneira pouco ortodoxa de conseguir emprego foram escrever ao presidente da empresa, sem detalhar suas qualificações, mas relatando o que pretendia fazer para realçar a imagem da loja na comunidade, e apresentando um conjunto dinâmico de planos de relações-públicas para o ano seguinte.

Sandra conseguiu não só o emprego, mas um salário que superou suas expectativas mais otimistas. Provou seu valor abandonando a "maneira certa" de procurar emprego, substituindo-a por um comportamento criativo, individualizado, que a levou aos resultados que queria.

- *Uma alternativa ao emprego.* Há milhares de maneiras de se ganhar a vida sem ser empregado por outra pessoa ou empresa. Vítimas do emprego ficam paralisadas porque só imaginam poucas maneiras de ganhar dinheiro. Se sempre foi assalariado, talvez deva pensar em novas maneiras de ganhar a vida, especialmente se não gosta do modo como é manipulado por empregadores ou se é obrigado a levar a vida de acordo com a programação de outra pessoa. Mas você pode se livrar dos pensamentos rotineiros, fazer uma lista de alternativas, calcular os fatores de risco, escolher a melhor possibilidade e lançar-se a ela, em vez de continuar a falar interminavelmente "e se...", "talvez...", "não tenho certeza...". Ninguém pode ter certeza de coisa alguma, até começar a agir. Mas se acredita que não pode, então esqueça tudo, porque sua crença derrotará a realidade.

A técnica mais eficiente de se acabar com a vitimação pelo emprego é tornar-se seu próprio especialista em marketing, de acordo com suas próprias ideias. Você pode conceber uma ideia e vendê-la a qualquer pessoa, se puder demonstrar que ela funciona. Ou talvez você possa transformar seu hobby em um trabalho lucrativo.

• *Transformar seu hobby em negócio.* Vejamos alguns exemplos de abordagens criativas da maneira de ganhar a vida, do tipo que todos poderiam empreender pela grande recompensa de ser seu próprio chefe.

• Marilyn estava interessada em macramê. Fazia isso como hobby até que percebeu as oportunidades de negócio que havia nessa distração.

Suas amigas queriam artigos feitos sob encomenda e estavam dispostas a pagar bem. Um ano depois, ela transformara um hobby em trabalho de tempo integral e obtinha uma excelente renda.

• Louise tinha talento artístico e adorava pintar camisetas. As amigas pediam-lhe constantemente que as pintasse para aniversários ou acontecimentos especiais. Resolveu transformar o hobby em negócio. Com prazer, as amigas fizeram encomendas para ela. Dentro de seis meses, Louise estava ganhando 2.000 dólares por mês pintando camisetas. Abandonou o emprego de caixa, triplicou sua renda e sente prazer em seu ofício.

• Joel era um maníaco por tênis que jogava sempre que podia tirar uma folga do odiado emprego na fábrica. Melhorando cada vez mais, começou a ensinar aos amigos. Em seguida, por sugestão de seu conselheiro, anunciou aulas em grupo nas manhãs de sábado. Três meses depois, havia criado seu próprio negócio e deixado o emprego na fábrica. Sua clientela hoje chega às centenas. Joel adora cada dia de sua vida porque está combinando seus interesses com um negócio e conseguiu duplicar sua renda em um único ano.

- Ben ficou inválido na Segunda Guerra Mundial. Embora confinado a uma cama, resolveu não permanecer nela até o fim de sua vida, sentindo pena de si mesmo. Iniciou, em vista disso, seu próprio negócio de *clipping*. Fez assinaturas de vinte jornais, cortou notícias deles e enviou-as a pessoas, empresas etc., mencionadas nas notícias, juntamente com a solicitação de um pequeno pagamento, caso desejassem o serviço. Em seguida, passou a ter clientes certos e logo estava dirigindo, de sua cama, uma grande empresa. Ben tornou-se milionário, adotando uma abordagem criativa para vencer a adversidade e ganhar o próprio sustento.

- Sarah era uma violinista desempregada, falida e desesperada. Plantou-se do lado de fora de um teatro de Nova York e tocou uma bela música para as pessoas que entravam, saíam, ou esperavam na fila. Em duas semanas, conseguiu que atirassem mais dinheiro na caixa de seu violino do que ganhara nos seis meses anteriores. Mais uma vez, um modo criativo de encarar a questão do emprego, em vez de irritação resignada.

Se é do contra, você pode estar dizendo a si mesmo que métodos imaginativos como esses podem ser ótimos para os outros, mas que não funcionariam no seu caso. Mas tudo pode funcionar no seu caso, se você estiver disposto a assumir riscos, abolindo sua desconfiança vitimadora e agindo. Se acredita que precisa de uma licença especial para fazer o que quer, ou que as restrições devem ser muitas, analise novamente a situação de um ponto de vista criativo. Há sempre exceções às regras gerais que governam a busca de empregos. Alguns dos profissionais mais influentes no campo da psicologia não tiveram treinamento especializado. Entre eles, podemos citar Gail Sheehy, que escreveu um best-seller sobre desenvolvimento de adultos com base em seus interesses como jornalista, e Werner Erhard, o criador da teoria Est nos Estados Unidos. Em outros campos, são extremamente profusos os exemplos de pessoas sem treinamento específico que tiveram sucesso em campos tidos como estranhos a seus interesses: Larry O'Brien, que foi Presidente do Partido Democrata nos Estados Unidos e se tornou Comissário da Associação Nacional de Basquete; professores de física que escrevem romances de sucesso; advogados que se transformam em apresentadores de programas de televisão etc. Se quer trabalhar em alguma coisa, e está disposto a ignorar a maneira "como deve trabalhar", ou a maneira "como todo mundo trabalha", e trabalhar da sua maneira, e com a expectativa de que finalmente vencerá, vencerá mesmo. Do contrário, permanecerá imobilizado onde se encontra e nada mais fará do que defender sua posição de vítima, dizendo que isso não pode ser evitado.

• *Negociando com uma administração de faculdade.* Gordon foi multado em 25 dólares por sua universidade por se matricular com atraso. Em vez de simplesmente pagar a multa, adotou um enfoque criativo para evitar o pagamento. Conseguiu que o diretor de seu departamento escrevesse uma carta dizendo que fora impedido de matricular-se antes por motivos alheios a sua vontade e solicitando que a multa fosse cancelada, o que aconteceu imediatamente.

• *Brigando com o sistema.* Duzentos dólares em cheques de viagem foram roubados de Nick em seu quarto de hotel. Haviam sido comprados três anos antes em um banco na Alemanha, de modo que ele não sabia os números dos cheques nem o local exato onde os comprara. Escreveu à empresa emissora dos cheques e recebeu uma carta em formulário de computador, informando-o de que teria de fornecer os números, ou não poderia ser reembolsado. Obviamente, o "sistema" não lera sua carta com muita atenção. Portanto, enviou uma carta bem específica ao presidente da empresa, explicando, mais uma vez, as circunstâncias especiais, e deixando claro que não queria receber outra carta, dizendo-lhe que a empresa "sentia muito, mas...". Queria que o presidente examinasse o assunto pessoalmente ou entraria com uma ação contra a empresa. Na semana seguinte, Nick recebeu um cheque no valor de 200 dólares, e uma carta com pedido de desculpas. Como não admitira ser vitimado por uma carta padronizada, adotou um enfoque criativamente assertivo do problema, e acabou por receber aquilo a que tinha direito.

- *Os horrores de um dia no departamento público de trânsito.* Eugene foi obrigado a passar um dia inteiro em um departamento de trânsito, esperando horas sem fim, sendo mandado de um lado para o outro, recebendo constantemente tratamento grosseiro de servidores públicos, e tendo sido finalmente julgado culpado de uma acusação que achava injusta. Perguntou a si mesmo: "De que modo posso transformar isso em algo positivo?" Teve a ideia de escrever um artigo sobre sua experiência, detalhando os horrores de seu dia no departamento de trânsito, e tentou vendê-lo. Fez exatamente isso. Uma revista de circulação nacional pagou-lhe, em três prestações, 1.500 dólares para publicar seu artigo de um dia no tribunal. Outras editoras procuraram-no e seu dia de provação transformou-se em uma nova e interessante carreira como autor freelance. Sendo criativo e procurando uma oportunidade mesmo durante um dia no assoberbado departamento de trânsito, Eugene passou de vítima a vencedor.

• *Uma longa demora no aeroporto.* Wesley chegou ao aeroporto e soube que todos os voos haviam sido suspensos por seis horas. Olhando em volta, notou que todos estavam aborrecidos e queixando-se da tempestade de neve que fizera tal injustiça com seus planos de viagem. Compreendeu que ia ficar encalhado ali até a manhã seguinte, pois precisava estar em outra cidade no dia seguinte. Resolveu aproveitar ao máximo a situação, em vez de ser vitimado pela reviravolta dos fatos. Viu uma mulher que gostaria de conhecer, correu o risco e apresentou-se à Penny, que também ficaria esperando. Jantaram juntos no restaurante do aeroporto e passaram as seis horas restantes conhecendo o local. Wesley desfrutou de horas maravilhosas. Na verdade, ele e Penny tornaram-se grandes amigos e, três anos depois, encontravam-se sempre que possível. Quase todos no aeroporto naquela noite resolveram ficar aborrecidos, imobilizados e vitimados pelo tempo. Wesley, porém, nas mesmas circunstâncias, criou um novo laço de amizade.

• *Escrevendo um trabalho acadêmico.* Elizabeth era uma aluna de faculdade que muito tempo antes compreendera que a maioria de seus trabalhos de casa não tinha sentido. Era obrigada a escrever sobre tópicos de pesquisa maçantes e fingir interesse no assunto a fim de agradar aos professores, em vez de fazer trabalhos importantes para seu objetivo, que era o de tornar-se oceanógrafa. Resolveu, depois de receber alguma ajuda de um terapeuta competente, tentar virar aquela situação pelo avesso. No início do semestre seguinte, marcou encontros com cada um dos professores e sugeriu alternativas específicas aos deveres padronizados, mas que ainda atendiam aos requisitos do curso. Ficou espantada ao descobrir que quatro dos cinco professores concordaram com ela e estavam dispostos a lhe passar os deveres individualizados que sugerira. Adotando uma abordagem criativa, passou todo o semestre fazendo coisas que lhe agradavam, pertinentes para seus objetivos, e que lhe conferiam créditos de trabalho acadêmico.

• *Dividindo as despesas de um jantar*. Pela primeira vez, Andrew e Bárbara jantavam com um casal num restaurante. O outro casal pediu do bom e do melhor: bebidas antes, durante e depois do jantar (só a conta do bar foi de 40 dólares) e os pratos mais caros do cardápio. Andrew e Bárbara não bebem e pediram pratos um pouco mais baratos. Quando o jantar acabou, porém, uma pessoa do outro casal disse casualmente (da maneira como essas coisas sempre são feitas): "Bem, a conta é de 104 dólares, mais a gorjeta. Dividindo meio a meio, dá 60 dólares para cada um."

Por muitos anos, Andrew e Bárbara haviam permanecido calados nesse tipo de circunstâncias, envergonhados de protestar contra uma exploração tão descarada. Dessa vez, porém, Bárbara simplesmente anunciou: "Nossa parte na conta é de 30 dólares, e é isso que vamos pagar. A de vocês é de 90 dólares." O outro casal ficou atônito, mas não reclamou. Na verdade, logo concordou que aquela era a única maneira justa de dividir a conta.

• *Comprando um produto de qualidade inferior*. Kay comprou um maço de cigarros e descobriu que nele havia fiapos duros de fumo, de mau cheiro. Não conseguiu fumá-los. Escreveu à empresa e disse o que pensava a esse respeito. Dez dias depois, recebeu a devolução de seu dinheiro, três pacotes gratuitos de cigarros e uma carta com um pedido de desculpas.

• *Permanecendo criativo em circunstâncias extremamente penosas*. No romance *Um dia na vida de Ivan Denisovitch*, Aleksandr Soljenitsin leva o leitor a uma viagem pela vida em um campo de trabalhos forçados na Sibéria. O romance conta um dia na vida de Ivan Denisovitch Shukhov, repleto de histórias de mera luta pela sobrevivência e de atrocidades quase incompreensíveis perpetradas contra os prisioneiros no campo congelado. A atitude de Shukhov demonstra vivacidade criativa mesmo nas piores condições. O autor conclui o texto com as seguintes palavras:

> Shukhov foi dormir sentindo-se inteiramente contente. Tivera vários acasos felizes naquele dia: não o haviam recolhido às celas; não haviam enviado seu pelotão ao povoado; tomara uma tigela de kasha no jantar; o chefe do pelotão marcara bem as taxas; construíra uma parede e gostara do trabalho; conseguira contrabandear para a prisão um pedaço de lâmina de serra; naquela noite recebera um favor de Tsezar; comprara aquele fumo. E não adoecera. Tivera um dia feliz. Havia três mil, seiscentos e cinquenta e três dias como esse em sua pena de prisão. Da primeira à última batida no pedaço de trilho. Três mil, seiscentos e cinquenta e três dias. Os três dias extras eram de anos bissextos.

A sobrevivência nesses brutais campos de trabalhos forçados dependia de o indivíduo adotar um enfoque criativo de cada momento corrente e de vivê-lo ao máximo, em vez de proferir julgamentos sobre a experiência ou mesmo permitir-se o castigo de sentir pena de si mesmo e simplesmente renunciar a toda esperança.

As histórias de pessoas que sobreviveram a provações brutais impostas por tiranos são quase sempre as mesmas. Fossem elas prisioneiros de guerra, sobreviventes dos campos de concentração nazistas, ou Papillon, como conta suas experiências na ilha do Diabo, todos falam em terem usado a mente para permanecer criativos em contextos onde o que importava era o momento vivido. Aplicar o senso de valor próprio ao momento presente e se recusar a se deixar derrotar por atitudes parecem ser os ingredientes básicos da sobrevivência nas prisões e, embora com menos rigor, na vida diária, onde as grades são, com maior frequência, impostas pelo indivíduo a si mesmo.

Você é o produto do que resolve ser em todas as situações da vida. Tem, de fato, capacidade de escolher opções sadias, modificando-se e adotando atitudes de vivacidade criativa. Sempre alerta para virar pelo avesso a adversidade, melhorando suas atitudes e o que espera de si mesmo, e corajosamente pondo em prática alternativas que impliquem aceitação de riscos, você será logo beneficiado pela maneira como sua vida mudará para melhor. Seja plenamente vivo enquanto está aqui neste planeta, pois terá a eternidade para experimentar o oposto, depois que se for.

10
Vítima ou vencedor? Seu atual perfil com base em cem situações típicas de vitimação

A vítima usual comporta-se de maneira esperada.

Agora que absorveu a filosofia e a prática de não vitimação e, confiantemente, começou a exercer sua liberdade pessoal, adotando novos tipos de comportamento, você gostará da oportunidade de verificar por si mesmo se, tipicamente, deixa-se vitimar ou não. O teste a seguir deve ajudá-lo nessa questão. É uma lista de cem situações vitimadoras típicas, todas de ocorrência comum, contendo duas alternativas. A primeira é a reação da vítima; a segunda, a do vencedor, ou a da não vítima. Verifique qual reação é mais característica da sua maneira de agir, ou de como provavelmente agiria nessas situações.

A lista não é oferecida como um critério preciso de avaliação. Destina-se a ajudá-lo a avaliar seu próprio status ou progresso, e a lhe dar uma relação de comportamentos de vítima, os quais deseja esforçar-se para mudar. Assim, não se preocupe em ser absolutamente correto em suas respostas. Apenas leia a descrição da situação e faça uma estimativa de como normalmente se comportaria. Caso uma situação não se aplique a seu caso, dê um palpite. Se ficar obcecado pelo teste em si e pelo conteúdo exato das questões, você não estará pondo em prática um enfoque criativo. Então, simplesmente, divirta-se.

1. Em um restaurante, você acha que a qualidade da comida é insatisfatória e que o serviço foi medíocre.
   Reação de vítima
   Você dá ao garçom a gorjeta habitual de 10 por cento e reclama da comida quando está de saída.
   Reação de não vítima
   Você não dá gorjeta e diz à gerência por que está insatisfeito.

2. Um parente (mãe, filho, parentes distantes etc.) quer falar com você ao telefone em um momento em que você está muito ocupado e simplesmente não quer conversar.
   Reação de vítima
   Você fala com o parente e se sente pressionado, incomodado e aborrecido.
   Reação de não vítima
   Você diz ao parente que está realmente muito ocupado e que não pode falar agora.

3. O telefone toca enquanto você está fazendo amor ou ocupado de alguma outra maneira.
   Reação de vítima
   Você interrompe o que está fazendo e atende o telefone.
   Reação de não vítima
   Você deixa o telefone tocar e prossegue em sua atividade, sem se deixar interromper.

4. Seu cônjuge (companheiro/a) inesperadamente muda seus planos, criando um problema para você.
   Reação de vítima
   Você muda seus planos e aceita o inconveniente.
   Reação de não vítima

Você continua com seus planos iniciais sem considerar o incidente como motivo de perturbação.

5. Você está fazendo uma refeição e se sente agradavelmente satisfeito e farto, mesmo que o prato esteja ainda um terço cheio.
Reação de vítima
Você continua a comer e deixa a mesa sentindo-se empanturrado.
Reação de não vítima
Você deixa de comer no momento em que não sente mais fome.

6. Alguém na família perde um objeto e põe a culpa em você.
Reação de vítima
Você se transforma em detetive e usa seu tempo em uma busca desesperada pelos pertences de outra pessoa.
Reação de não vítima
Você continua com seus afazeres, indiferente a essa tentativa de manipulação sob o pretexto de culpa.

7. Você gostaria de ir sozinho a um acontecimento social.
Reação de vítima
Você pede permissão para ir e deixa que os demais membros da família decidam.
Reação de não vítima
Você diz à família que vai e, se necessário o for, que vai sozinho.

8. Você nota que alguém tenta arrastá-lo consigo para a fossa.
Reação de vítima

Você ouve as queixas da pessoa e, no fim, sente-se tão deprimido quanto ela.
Reação de não vítima
Você pede licença e vai embora, ou diz que, no momento, não está interessado em discutir assuntos tristes.

9. Um membro da família queixa-se de que sua roupa não foi lavada.
Reação de vítima
Você se desculpa e vai lavá-la imediatamente.
Reação de não vítima
Você se oferece para ensinar o queixoso como ligar a máquina de lavar, e deixa que ele faça o trabalho, ou simplesmente ignora a queixa e lhe diz que ele é responsável por suas próprias roupas.

10. Você está sem tempo e vê uma longa fila no caixa do supermercado.
Reação de vítima
Você espera na fila, fumegando de raiva pela falta de funcionários no mercado e pelo fato de ter seus planos desnecessariamente atrasados.
Reação de não vítima
Você insiste com o gerente para que abra outro caixa ou que lhe dê atenção pessoal.

11. Você chega a um restaurante que anuncia sua hora de fechamento às 22 horas da noite. São 21h30 e o restaurante já está fechado, embora os empregados continuem no estabelecimento.
Reação de vítima
Você dá a volta e vai embora, aborrecido porque foi enganado por um anúncio falso.

Reação de não vítima

Você insiste que os empregados venham até a porta e educadamente diz que é um freguês que vai pagar e quer ser servido. Se não for servido, informará à gerência.

12. O ar-condicionado de seu hotel não está funcionando.

Reação de vítima

Você não diz nada porque não quer incomodar.

Reação de não vítima

Você insiste que seja consertado imediatamente ou que lhe deem outro quarto.

13. Numa entrevista para conseguir emprego lhe são feitas várias perguntas constrangedoras.

Reação de vítima

Você fica inquieto, pede licença para sair, demonstra medo, ou pede desculpas por estar nervoso.

Reação de não vítima

Você responde com confiança e considera as perguntas como um esforço para intimidá-lo: "O senhor está perguntando porque quer observar minha reação, não porque esteja interessado na resposta. Não há uma resposta clara."

14. O médico informa que você precisa fazer uma operação, mas você sente algumas dúvidas e receios.

Reação de vítima

Você aceita tranquilamente e se submete à operação.

Reação de não vítima

Você procura uma segunda e terceira opiniões de outros especialistas, antes de se deixar operar. E diz a seu médico que considera isso um procedimento padrão.

15. Você acha que merece uma promoção ou um aumento de salário.
Reação de vítima
Você espera até que o chefe resolva agir.
Reação de não vítima
Você pede o que julga merecer, citando suas razões, sem demonstrar emoção ou pedir desculpas.

16. Morreu um parente distante e você não quer ir ao enterro.
Reação de vítima
Você vai de má vontade e fica aborrecido por perder seu tempo dessa maneira.
Reação de não vítima
Você não vai.

17. Alguém que você não quer beijar estende-lhe o rosto num cumprimento, esperando que você corresponda.
Reação de vítima
Você beija e sente que foi usado.
Reação de não vítima
Você estende a mão e simplesmente se recusa a beijar a pessoa.

18. Todos na família estão com fome e querem comer, mesmo que você não esteja com vontade de cozinhar.
Reação de vítima
Você cozinha e fica chateada com eles.
Reação de não vítima
Você diz que não vai cozinhar naquela noite e mantém sua palavra, dando aos demais oportunidades de sugerir alternativas diferentes para o jantar.

19. Pedem-lhe que organize uma festa no escritório, mas você preferia não fazer isso.
Reação de vítima

Você organiza a festa e fica aborrecido porque é sempre a pessoa a quem encarregam de toda a trabalheira.
Reação de não vítima
Você diz que não está interessado e se recusa a organizar a festa.

20. Você vai participar de uma festa na qual todas as mulheres estarão bem-arrumadas e você não quer se vestir desse modo.
Reação de vítima
Você se arruma, sente-se incomodada e fica furiosa por estar usando roupas que preferiria não usar.
Reação de não vítima
Você usa roupas do dia a dia, ou não vai à festa.

21. Sua casa está bagunçada, com objetos jogados por toda parte por outros membros da família.
Reação de vítima
Você recolhe e guarda os objetos.
Reação de não vítima
Você avisa que não vai recolher nada e deixa a bagunça como está.

22. Você não quer fazer amor, e seu parceiro quer, mesmo que a tenha tratado mal uma hora antes.
Reação de vítima
Você faz amor e se sente usada.
Reação de não vítima
Você diz a seu parceiro que não gosta de fazer amor depois de ter sido tratada mal e, simplesmente, recusa-se a ceder.

23. Alguém diz obscenidades na sua presença.
Reação de vítima
Você fica zangado e se sente insultado.

Reação de não vítima
Você ignora a grosseria e se recusa a permitir que o comportamento de outra pessoa interfira em suas emoções.

24. Você precisa usar o banheiro numa festa e todos podem ouvir o que se passa lá.
Reação de vítima
Você não vai ao banheiro porque não quer se sentir envergonhado.
Reação de não vítima
Você usa o banheiro e não se preocupa com o que alguém possa pensar de você. Você sabe que banheiros existem para necessidades humanas normais e que não deve envergonhar-se por isso.

25. Você se submete a regras tolas e sem sentido, que são na realidade inócuas, como usar branco numa quadra de tênis; ou a rituais, como ocupar o espaço reservado a moças numa igreja.
Reação de vítima
Você faz uma cena, fica contrariada, queixa-se a todo mundo e, de qualquer modo, cumpre as regras porque não tem escolha.
Reação de não vítima
Você simplesmente dá de ombros e cumpre as regras, mas sem endossá-las. Você se mostra discretamente eficaz.

26. Um motorista de caminhão dá uma fechada em você na estrada.
Reação de vítima
Você fica furioso, esbraveja e tenta vingar-se, dando uma fechada no caminhão.
Reação de não vítima

Você deixa o assunto para lá e lembra a si mesmo que não pode controlar o comportamento de outro motorista ficando contrariado.

27. Um colega lhe pede que termine um trabalho que você não quer e não tem obrigação de fazer.
Reação de vítima
Você o termina, de qualquer maneira, e se sente explorado e manipulado.
Reação de não vítima
Você diz que não o fará sem dar desculpas.

28. Você descobre que lhe cobraram a mais no supermercado.
Reação de vítima
Você fica calado porque não quer criar uma cena ou parecer chato.
Reação de não vítima
Você reclama do ocorrido e diz que deseja que o erro seja corrigido.

29. Você se hospeda em um hotel e o recepcionista dá a chave a um mensageiro, que vai acompanhá-lo até o quarto para pegar uma gorjeta, mesmo que você não precise dos serviços dele.
Reação de vítima
Você fica calado e ele o acompanha porque você não quer se sentir envergonhado.
Reação de não vítima
Você diz ao mensageiro que não é necessário e, se ele insistir em acompanhá-lo, não lhe dá gorjeta.

30. Seus filhos querem ir brincar na casa de um amigo e esperam que você cancele seus planos e os leve de carro.
Reação de vítima

Você cancela ou muda seus planos e os leva.
Reação de não vítima
Você diz a eles que vão ter de arranjar um jeito de chegar lá sem você, visto que tem coisas importantes para fazer.

31. Você está sendo manipulado por um vendedor insistente.
Reação de vítima
Você escuta pacientemente, esperando que o vendedor se canse.
Reação de não vítima
Você o interrompe e diz que não admite pressão. Se ele continuar, você simplesmente vai embora.

32. Você vai dar uma festa e tem três dias para preparar tudo.
Reação de vítima
Você passa o tempo inteiro arrumando, preparando e se preocupando para que tudo corra bem.
Reação de não vítima
Você faz os preparativos mínimos necessários e deixa que o restante flua naturalmente: nada de limpeza extra, de tratamento especial, apenas que tudo aconteça de forma relaxada.

33. Alguém critica seu trabalho.
Reação de vítima
Você fica nervoso, contrariado e dá explicações.
Reação de não vítima
Você ignora a crítica ou a aceita sem defender seu ponto de vista.

34. Alguém está a seu lado fumando, o que o distrai e incomoda.
Reação de vítima
Você continua no mesmo lugar e aguenta.

Reação de não vítima
Você pede delicadamente à pessoa para não fumar. Se ela se recusar, você se retira ou pede a ela que se retire.

35. Servem-lhe um bife passado demais num restaurante, quando você pediu malpassado.
Reação de vítima
Você come o bife porque não quer criar problema.
Reação de não vítima
Você devolve o bife e informa que seu pedido foi de um malpassado.

36. Alguém passa a sua frente numa fila.
Reação de vítima
Você não diz nada e fica furioso.
Reação de não vítima
Você diz à pessoa que não deixa ninguém passar a sua frente.

37. Alguém lhe pediu dinheiro emprestado e se esqueceu de lhe pagar.
Reação de vítima
Você sofre com esse comportamento desatencioso, mas fica calado.
Reação de não vítima
Você diz com firmeza à pessoa que espera receber seu dinheiro de volta.

38. Você é um estranho em um evento social.
Reação de vítima
Você se encolhe e fica na esperança de que alguém o convide para uma conversa. Sente-se constrangido.
Reação de não vítima

Você se dirige a uma pessoa, apresenta-se e evita o constrangimento de ficar apagado num canto.

39. Você está fazendo dieta e uma amiga bem intencionada insiste que prove um pouquinho de uma sobremesa feita especialmente para você. Ou deixou de beber e alguém insiste em lhe pagar um drinque.
Reação de vítima
Você aceita a sobremesa ou a bebida porque não quer magoar o amigo ou amiga.
Reação de não vítima
Você recusa a bebida ou a comida, diz que agradece muito a gentileza, mas que simplesmente não vai mudar de ideia.

40. Você é abordado na rua por um excêntrico que lhe quer empurrar um produto ou um ponto de vista.
Reação de vítima
Você escuta, na esperança de que a pessoa acabe logo com aquilo. Ou compra o produto para se livrar dela.
Reação de não vítima
Você dá as costas à pessoa e vai embora sem uma única explicação.

41. Alguém exige que você se desculpe por algo de que não se sente culpado.
Reação de vítima
Você concorda, pede desculpas e se permite ser manipulado.
Reação de não vítima
Você diz aquilo em que acredita e, em seguida, cuida de sua própria vida, em vez de ficar aborrecido porque alguém se recusa a compreender seu ponto de vista.

42. Um corretor continua a importuná-lo para que visite uma propriedade que não quer ver.
Reação de vítima
Você vai de qualquer maneira, porque se sente obrigado a ser atencioso com alguém que está tendo todo esse trabalho.
Reação de não vítima
Você diz claramente que não está interessado em conhecer propriedade alguma e se recusa a ceder a tais táticas de venda.

43. Você pede um refrigerante em um restaurante. Recebe três quartos de gelo e um quarto de refrigerante.
Reação de vítima
Você paga pelo copo de gelo e fica calado a respeito de sua insatisfação.
Reação de não vítima
Delicadamente, você diz à garçonete que quer pouco gelo e um copo cheio de refrigerante, pois é por isso que está pagando.

44. Alguém lhe diz: "Você não confia em mim! Você deve achar que eu o enganaria!"
Reação de vítima
Você nega que não confie na pessoa e é vitimado pelos fingidos sentimentos de mágoa.
Reação de não vítima
Você diz que ser enganado é uma possibilidade muito real no relacionamento com pessoas e que simplesmente está sendo cético. Se a pessoa não puder aceitar seu ceticismo, que trate com outra.

45. O médico lhe diz que volte para uma segunda consulta. Você não quer pagar uma segunda consulta e já se sente bem.

Reação de vítima

Você volta no dia marcado, diz que está se sentindo bem e paga a consulta.

Reação de não vítima

Você só volta a procurar o médico se houver necessidade. Confia em si mesmo, especialmente se o problema for banal, e sabe que a segunda visita é mais um ritual que uma necessidade.

46. Você está fazendo tratamento com um terapeuta, mas quer encerrar a terapia porque acha que não necessita mais dela.

Reação de vítima

Você acha que deve uma explicação ao terapeuta e, assim, passa várias sessões falando nisso e pagando-lhe para que participe do ritual de encerrar a terapia. É convencido a permanecer e discutir o caso e, todas as vezes que dá uma razão aceitável, ouve palavras como: "Você está zangado. Isso prova que você não está pronto para terminar o tratamento". Ao discutir a situação, você se coloca numa posição de não poder vencer.

Reação de não vítima

Você telefona para o terapeuta e diz que vai encerrar o tratamento, mas que gostaria de ter a opção de voltar no futuro, se necessário. Você se recusa a lhe pagar por lhe dizer que vai interromper por ora o tratamento e compreende muito bem que nada deve a ele.

47. Você solicita um empréstimo a um banco, e o funcionário responsável está se comportando de maneira superior e intimidadora.

Reação de vítima

Você diz "sim, senhor" muitas vezes, suplicante e humilde.

Reação de não vítima

Você pede imediatamente para falar com outro funcionário do banco e diz que não vai tolerar táticas intimidadoras.

48. Você manda aviar um medicamento, mas não sabe de antemão o custo ou o conteúdo manipulado.
Reação de vítima
Você aceita o que o farmacêutico lhe entrega, nada diz e paga o que ele pedir.
Reação de não vítima
Você pergunta ao médico e ao farmacêutico quais são os ingredientes e quanto vai custar o remédio. Se achar caro demais, procura outra farmácia e compara o preço antes de resolver onde mandar aviar o remédio. Se não gostar das substâncias, pede ao médico mais informações sobre o medicamento e sobre os resultados que espera obter.

49. Depois de voltar para casa, descobre que uma roupa que comprou não é satisfatória.
Reação de vítima
Você não devolve a roupa. Ou procura devolvê-lo, mas é censurado pelo caixa, que se recusa a receber a mercadoria de volta, de modo que você sai da loja insatisfeito.
Reação de não vítima
Você devolve a roupa e insiste na devolução de seu dinheiro. Se tiver o seu direito negado, leva o assunto até o dono da loja, se necessário.

50. Você é convidado para um acontecimento social ao qual não quer comparecer e espera-se que mande um presente, mesmo que não vá.
Reação de vítima
Você sai, compra um presente e se sente manipulado.
Reação de não vítima

Delicadamente, desculpa-se por não poder comparecer e não compra presente algum.

51. Você enfrenta o dilema de enviar ou não cartões no Natal, quando preferia não fazer isso.
Reação de vítima
Você compra os cartões, endereça os envelopes, paga o selo e odeia cada minuto de tudo isso.
Reação de não vítima
Você não envia cartão algum nem dá explicações.

52. Um rádio ou aparelhagem de som está tocando tão alto perto de você que lhe causa desconforto físico.
Reação de vítima
Você simplesmente aguenta sem dizer nada. Ou protesta aos berros e se mete em uma discussão.
Reação de não vítima
Você mesmo desliga o som ou pede à pessoa que o incomoda que faça isso. Se ela se recusar, você deixa o local ou notifica a gerência de que não voltará, a menos que os decibéis sejam reduzidos ou seja tomada qualquer outra atitude que remedie a situação.

53. O cão de um vizinho late alto pela manhã e perturba seu sono.
Reação de vítima
Você fica na cama e se enfurece.
Reação de não vítima
Você telefona para o vizinho e lhe diz que os latidos do cão o estão incomodando. Se ele não tomar nenhuma providência para acabar com o barulho, você lhe telefona no meio da noite, toda vez que o cão latir. Se isso não funcionar, notifica a polícia e apresenta queixa de poluição sonora.

54. Na reunião final para a compra de uma casa, você fica confuso com todas aquelas taxas e gratificações e acha que pode estar sendo vitimado.
Reação de vítima
Você fica calado, por receio de parecer ignorante, mas continua a se sentir explorado.
Reação de não vítima
Você suspende a transação até que receba uma explicação completa que o satisfaça e recusa-se a ser intimidado por sua própria ignorância.

55. O ar-condicionado foi desligado no cinema e você sente um calor intenso.
Reação de vítima
Você continua no mesmo lugar e morre de calor.
Reação de não vítima
Você procura o gerente e exige a devolução de seu dinheiro porque não pagou para se sentar num cinema sem ar-condicionado.

56. Cobram-lhe alguns centavos a mais em sua compra no supermercado.
Reação de vítima
Você paga porque outras pessoas podem pensar que você é um mesquinho por reclamar de uma importância tão pequena.
Reação de não vítima
Você paga apenas o que deve.

57. Você está tentando dar um telefonema internacional e é atendido por uma telefonista mal-humorada e que não coopera.
Reação de vítima

Você inicia um longo diálogo com a telefonista e acaba frustrado.

Reação de não vítima

Você desliga e disca novamente para ser atendido por outra telefonista.

58. Numa festa, um bêbado o incomoda com uma conversa chata.

Reação de vítima

Você fica onde está e se sente manipulado, desejando que ele vá embora.

Reação de não vítima

Você se afasta e evita que ele se aproxime de você.

59. Num posto de gasolina, o atendente ignora seu para-brisa sujo.

Reação de vítima

Você fica calado e furioso porque ele não faz o que deve.

Reação de não vítima

Você pede a ele que lave o para-brisa e se esquece do fato. Seu objetivo é um para-brisa limpo e não um mau atendente.

60. Você odeia a ideia de aplicar fertilizante a seu gramado, sequer acredita no seu resultado, mas porque todo mundo tem um gramado viçoso, espera-se que você o utilize.

Reação de vítima

Você gasta dinheiro em fertilizante e se lança ao trabalho, odiando-se por ceder a pressões tão tolas.

Reação de não vítima

Você simplesmente não aplica fertilizante, preferindo isso a ter de aprender com os vizinhos a se comportar. Se seu gramado não é tão verde como os dos demais, você aceita o fato sem se preocupar com o que os vizinhos possam pensar.

61. Seu médico o faz aguardar por uma consulta, mesmo que você tenha chegado na hora marcada.

Reação de vítima

Você fica calado porque sabe como médicos são ocupados e importantes.

Reação de não vítima

Você diz a ele o que achou de ter ficado à espera e pede redução do preço da consulta para compensá-lo pelo tempo perdido.

62. Você foi avaliado com uma nota que julga injusta.

Reação de vítima

Você fica calado e furioso com o professor.

Reação de não vítima

Você pede uma entrevista com o professor e diz a ele o que pensa. Se não conseguir resultados, escreve uma carta ao diretor, ao reitor, ou a qualquer outro administrador escolar. Segue as rotinas de pedido de revisão de nota. Persiste.

63. Um dono de funerária, explorando sua dor, tenta manipulá-lo a contratar um enterro mais caro.

Reação de vítima

Você concorda e encomenda o enterro caro porque não quer que ele pense que você não ama o(a) falecido(a).

Reação de não vítima

Você esclarece a si mesmo o que o dono da funerária está tentando fazer e insiste em um tratamento honesto, em vez de aceitar uma condescendência piegas.

64. Você está matriculado em uma turma cuja professora é monótona e desinformada e sente que está desperdiçando tempo e dinheiro.

Reação de vítima

Você permanece na turma e sofre em silêncio.

Reação de não vítima

Você se queixa ao diretor de departamento ou a alguma autoridade superior. Insiste em cancelar a matrícula e receber seu dinheiro de volta e diz que, se não for atendido, levará o caso à justiça, aos jornais, e até mesmo publicará um artigo sobre o caso.

65. Alguém deixa de lhe enviar uma nota de agradecimento por um favor que você lhe fez.

Reação de vítima

Você fica contrariado e se queixa bastante do ingrato.

Reação de não vítima

Você ignora o caso e lembra a si mesmo que não fez o favor pensando em receber agradecimentos. Se ele não tem as mesmas boas maneiras que você, isto não significa que ele seja mau, mas certamente significa que você não deve sentir-se contrariado.

66. Você só precisa de uma cebola, mas elas são vendidas somente em sacos de um quilo.

Reação de vítima

Você fica sem a cebola ou compra um saco de que não necessita.

Reação de não vítima

Você rasga o saco e tira somente uma cebola.

67. Você se sente sonolento depois de uma refeição pesada no fim de semana.

Reação de vítima

Você fica acordado e sofre porque não deve cochilar, segundo as regras ditadas por alguém.

Reação de não vítima

Você se deita sem se sentir culpado por querer tirar um cochilo.

68. Seu chefe lhe pede para fazer hora extra e você tem um importante encontro pessoal.

Reação de vítima

Para agradar ao chefe, você desmarca o compromisso e faz hora extra.

Reação de não vítima

Você diz ao chefe que seu encontro é importante e que, nesta ocasião, fazer hora extra com aviso em cima da hora é impossível.

69. Você gostaria de se hospedar num bom hotel, mas é caro demais.

Reação de vítima

Você se hospeda num lugar mais barato porque não consegue obrigar-se a ser extravagante, de vez em quando. Tudo tem de ser barato.

Reação de não vítima

Você gasta um dinheirão consigo mesmo e não se preocupa. Resolve desfrutar a experiência porque a merece.

70. No momento em que vai falar, alguém o interrompe e fala por você.

Reação de vítima

Você deixa passar e permite que o outro fale.

Reação de não vítima

Você diz que acaba de ser interrompido e que não precisa que ninguém fale por você.

71. Alguém lhe pergunta: "Por que você não tem filhos?"
Reação de vítima
Você inicia uma longa e constrangida explicação e se sente insultado.
Reação de não vítima
Você responde à pessoa que se trata de um assunto pessoal e que ela nada tem a ver com sua vida particular.

72. Você chega a um aeroporto, onde vai pegar o carro que alugou e é informado de que o carro prometido não foi entregue, ou não pode ser alugado pelo preço que lhe informaram.
Reação de vítima
Você aceita um carro mais caro e paga a diferença.
Reação de não vítima
Você insiste que lhe entreguem um carro pelo preço combinado ou procurará a concorrência e escreverá à empresa, dizendo que resolveu mudar de preferência, em razão do tratamento recebido. Exige, de maneira inflexível, que o atendam logo.

73. Você recebe do marido uma determinada quantia para as despesas da casa e não tem liberdade de gastar consigo mesma sem pedir permissão.
Reação de vítima
Você se queixa, mas continua a ser uma escrava financeira.
Reação de não vítima
Você deixa de abastecer a casa quando o dinheiro acabar, e que o gênio financeiro resolva como prover a família. Abre sua própria conta corrente, mesmo que seja com pouco dinheiro, e se recusa a dar satisfações sobre suas despesas.

74. Você acha que a companhia telefônica cobrou a mais.
Reação de vítima
Você paga, para evitar aborrecimentos.
Reação de não vítima
Você deduz o volume em questão (nos Estados Unidos) e inclui uma carta com o pagamento. Insiste num extrato detalhado das cobranças consideradas inadequadas e, se a companhia não o fornecer, você não paga.

75. Você, vegetariano, é convidado a uma refeição em que é servida carne.
Reação de vítima
Você come a carne para não ofender o anfitrião, ou pede desculpa por não comer e se sente mal porque exerceu sua opção de ser vegetariano.
Reação de não vítima
Você come apenas as verduras, sem dizer coisa alguma, ou com uma explicação muito superficial. Não sente culpa alguma e orgulhosamente mantém seu compromisso consigo mesmo de ser vegetariano.

76. Num jantar entre vários casais, a conta lhe é entregue e ninguém se oferece para pagar.
Reação de vítima
Você paga e fica com raiva dos que não se ofereceram para pagar sua parte.
Reação de não vítima
Você diz a cada pessoa qual é sua parte e lhes pede que assumam.

77. Você acabou de comprar um cartão telefônico e percebe que ele veio sem créditos.
Reação de vítima
Você o joga fora e fica furioso.

Reação de não vítima
Você se dirige a um posto telefônico, informa o ocorrido e solicita a troca do cartão.

78. Alguém insiste que o acompanhe a um acontecimento social ao qual você não quer ir.
Reação de vítima
Você vai, ressentido.
Reação de não vítima
Você diz que não vai e se mantém firme na sua decisão.

79. Você chega a um restaurante servido por um manobrista, mas não quer que ninguém dirija seu carro.
Reação de vítima
Relutante, você observa o manobrista levar seu carro para fazer com ele só Deus sabe o quê.
Reação de não vítima
Diz ao manobrista que você mesmo vai estacionar e, se ele criar caso, resolve o assunto com o gerente do restaurante.

80. Você está recebendo um sermão que não quer ouvir.
Reação de vítima
Você ouve, fumegando de raiva, mas esperando que a pessoa acabe logo com aquilo.
Reação de não vítima
Delicadamente, você diz a seu vitimador que não está interessado em ouvir sermões e que, se ele continuar, vai embora.

81. Você sente dores no estômago de fome, mas está se esforçando para perder peso.
Reação de vítima

Você come alguma coisa calórica e depois se sente mal.
Reação de não vítima
Você se recompensa, por resistir, com um tapinha nas costas.

82. Você tem mais atividades em andamento do que pode dar conta em sua agenda corrida.
Reação de vítima
Você fica tenso, irritável e tenta fazer tudo, dedicando o mínimo de tempo a cada assunto sem dar a nenhum deles a devida atenção.
Reação de não vítima
Você se acalma, delegando responsabilidades a outras pessoas e reservando a si mesmo algum tempo para relaxar.

83. Você é submetido a chateações.
Reação de vítima
Você aguenta e se aborrece.
Reação de não vítima
Você diz a quem o está aborrecendo que não quer ouvir nada do que ele está dizendo e que, se insistir, você vai embora, o que faz sem se sentir culpado.

84. Os filhos pedem que arbitre as brigas deles e obviamente eles estão apenas querendo monopolizar seu tempo.
Reação de vítima
Você tem uma longa conversa com eles, serve de árbitro, mas não gosta de nada disso.
Reação de não vítima
Você diz a eles que não está interessado, afasta-se e deixa que eles resolvam sozinhos seus problemas.

85. Alguns amigos convidam-no para uma visita à qual você não quer ir.

Reação de vítima

Você responde de forma vaga e acaba sendo convencido a ir.

Reação de não vítima

Você diz simplesmente: "Não, muito obrigado."

86. Alguém está se metendo em sua vida particular, usando táticas como "bem, talvez eu não devesse perguntar, mas...".

Reação de vítima

Você lhe dá a informação particular porque não quer magoá-lo.

Reação de não vítima

Você diz a ele que está sendo inconveniente, que a informação é confidencial e vai continuar sendo.

87. Alguém lhe dá conselhos não solicitados.

Reação de vítima

Você recebe os conselhos e se sente mal porque não reagiu.

Reação de não vítima

Você diz à pessoa que é capaz de cuidar de sua própria vida, mas que, apesar disso, agradece pelo interesse.

88. Alguém lhe diz quanto você deve dar de gorjeta.

Reação de vítima

Você faz o que ele diz, para que ele não se sinta decepcionado.

Reação de não vítima

Você dá de gorjeta o que acha justo e diz à pessoa que pode contribuir com o dinheiro dela na importância que achar devida.

89. Você recebe por um serviço uma conta que acha excessiva.
Reação de vítima
Você paga e se sente roubado.
Reação de não vítima
Você telefona ou se encontra com a pessoa que cobrou o alto preço e revisa cada item da conta. Diz a ela exatamente do que discorda e pede o reajuste da cobrança.

90. Você está preenchendo um formulário de emprego que contém perguntas ilegais e discriminatórias.
Reação de vítima
Você responde exatamente a tudo o que o formulário pede e, provavelmente, não consegue o emprego.
Reação de não vítima
Você ignora as perguntas discriminatórias.

91. Você gostaria de dizer aos filhos, ao cônjuge, aos pais, aos parentes, que os ama.
Reação de vítima
Não diz para não se sentir bobo.
Reação de não vítima
Você se obriga a dizer "eu amo vocês" pessoalmente.

92. Seus filhos querem que você brinque com eles, mas você não gosta de alguns jogos infantis.
Reação de vítima
Você vai em frente e brinca de cabra-cega, jogos de tabuleiro, entre outros, olhando o tempo todo para o relógio para ver quando tudo aquilo vai acabar.
Reação de não vítima
Você participa das brincadeiras de que todos gostam, das divertidas para todos, mas não das que não gosta. Da mesma forma que seus filhos não gostam de participar de seus jogos de adultos, porque não estão interessados, você só toma parte naquilo que lhe agrada.

93. Os membros de sua família esperam que você sirva de garçom ou garçonete, levantando-se da mesa toda hora para ir buscar coisas para eles.
Reação de vítima
Você assume o papel de garçom ou garçonete.
Reação de não vítima
Você diz a eles que não vai servir ninguém e simplesmente permanece em seu lugar quando começam os sinais de "ei, garçom".

94. Alguém diz que não o compreende.
Reação de vítima
Você tenta explicar-se novamente e se sente mal com seu fracasso em se comunicar.
Reação de não vitima
Você deixa de tentar explicar-se, com pleno conhecimento de que, de qualquer maneira, a pessoa provavelmente jamais o compreenderá.

95. Alguém diz que não gosta de seu penteado ou de suas roupas.
Reação de vítima
Você se aborrece e pergunta a si mesmo se gosta também, com base agora na opinião da outra pessoa, muda o penteado ou as roupas.
Reação de não vítima
Você ignora os comentários porque sabe que nem todos podem pensar da mesma maneira e que as opiniões dos outros nada têm a ver com o que você sente ou com o modo como você se comporta.

96. Sua privacidade está sendo constantemente invadida.
Reação de vítima
Você grita e fica irritado porque ninguém lhe permite um tempo só para você mesmo. Desiste de tentar ficar sozinho.

Reação de não vítima

Você passa a chave na porta e tira o telefone do gancho. Recusa-se a violar sua própria privacidade, levantando-se toda vez que alguém quiser algo de você.

97. Você está pronto para ir embora de uma festa. Sua companhia, embora bêbada, insiste em dirigir.

Reação de vítima

Você entra no carro e fica apreensivo o caminho inteiro até chegar em casa.

Reação de não vítima

Você insiste em dirigir, chama um táxi, ou simplesmente fica na festa. De qualquer modo, recusa-se terminantemente a entrar num carro com alguém bêbado ao volante.

98. A temperatura sobe para 41ºC.

Reação de vítima

Você se queixa a todo mundo do calor terrível e sofre um bocado.

Reação de não vítima

Você ignora o calor, recusa-se a falar do tempo e concentra-se em gozar o dia, em vez de se queixar dele.

99. Alguém que você amava faleceu.

Reação de vítima

Você se transforma em uma ruína. Perde o controle, fica paralisado por um longo tempo e recusa-se a continuar a viver. Diz constantemente: "Isso não devia ter acontecido."

Reação de não vítima

Você expressa sua tristeza por ter perdido uma pessoa amada e, em seguida, concentra os pensamentos na necessidade de continuar vivo. Recusa-se a permanecer interminavelmente melancólico e deprimido.

100. Você sente que vai ter um resfriado, gripe, dores etc.
Reação de vítima
Você espera ficar inutilizado e prepara-se para o sofrimento. Conta a todos o que vai acontecer e se queixa em voz alta e para si mesmo, amargamente, do incômodo iminente.
Reação de não vítima
Você deixa de pensar e falar em doença. Deixa de esperá-la e volta os pensamentos para viver a vida. Expulsa da mente pensamentos doentios e concentra-se em pensamentos "vivos".

Foram apresentados cem tipos comuns de circunstâncias nas quais as pessoas acabam frequentemente como vítimas. Se marcou pontos altos nesse teste de vitimação, você tem de dar duro para recuperar o controle da própria vida. Vejamos a contagem de pontos para ajudá-lo a verificar seu próprio índice de vitimação:

90 vítima, 10 não vítima	Sua vida está sendo manipulada. Você é a mais completa vítima.
75 vítima, 25 não vítima	Grande vítima, com algumas pequenas exceções.
50 vítima, 50 não vítima	Metade de sua vida está sob o controle de outras pessoas; você não guia as próprias atitudes.
25 vítima, 75 não vítima	Na maior parte, você controla sua vida, mas ainda se deixa manipular pelos outros.

10 vítima, 90 não vítima	Você está no controle de sua vida e raramente é vitimado pelos demais.
0 vítima, 100 não vítima	Você dominou o conteúdo deste livro, ou, se era assim antes de comprá-lo, foi vitimado por gastar seu dinheiro ao comprá-lo, e sua pontuação volta para 1 vítima, 99 não vítima.

Você tem dentro de si mesmo o poder de reduzir bastante seu índice de vitimação. A escolha é sua: ou você exerce o comando de sua vida durante sua curta estada aqui na Terra, ou deixa que outros façam isso e passa a vida sendo contrariado e controlado por vitimadores. Se permitir, eles farão isso com todo prazer, mas, se recusar, o jogo de vitimação terminará por completo.

Este livro foi composto na tipologia Minion Pro Regular, em corpo 10,5/13, e impresso em papel off-set 56g/m² no Sistema Digital Instant Duplex da Divisão Gráfica da Distribuidora Record.